湘江青年法学

LAW JOURNAL OF XIANGJIANG YOUTH

第二卷·第二辑

主编◎凌艳怡

郭道晖 题

湘潭大学出版社

— 特别鸣谢 —

（排名不分先后）

郭道晖、李步云、江平——法治三老

（以下按首字母排名）

陈云良	中南大学法学院院长
韩大元	中国人民大学法学院原院长
何勤华	华东政法大学原校长
何文燕	湘潭大学法学院教授
贾　宇	西北政法大学原校长
蒋大兴	北京大学法学院教授
姜明安	北京大学法学院教授
梁治平	洪范法律与经济研究所所长
单晓光	同济大学法学院院长
吴汉东	中南财经政法大学原校长
徐阳光	中国人民大学法学院副教授
张千帆	北京大学法学院教授

编者语 Editor's Notes

丁酉鸡年岁末，湘江青年法学第二卷第二辑面世。在此，《湘江青年法学》编辑部对关心《湘江青年法学》成长的诸位法学前辈、支持《湘江青年法学》工作的法律同行，以及惠赐稿件的作者们致以最诚挚的谢意！

本辑之成功付梓，需编辑部成员之一点浩然气，更需师长之引导。感谢湘潭大学副校长廖永安教授，法学院·知识产权学院党委书记黄德华老师，法学院·知识产权学院院长肖冬梅教授、副院长欧爱民教授、副院长吴勇教授及学术委员会的诸位老师的悉心关怀和用心指教！感谢湘潭大学出版社有关领导和刘文情编辑的大力支持和辛勤付出！因为倾注了众人的关心和期待，凝聚了大家的梦想和努力，《湘江青年法学》方能在我国法治发展的滚滚大潮中乘风破浪。

本辑在编纂过程中收到诸多优秀稿件，经反复斟酌，我们最终选定十三篇论文、四篇随笔和一篇名家论坛实录。文章之作者分别来自中国人民大学、湘潭大学、武汉大学、天津财经大学、中南财经政法大学、南华大学、湖南南舫律师事务所、湖南省湘潭市中级人民法院、上海建纬（长沙）律师事务所等多家学术研究和实务机构，以期为读者提供多元化的研究关注点和问题视角。

本辑延续前一卷之结构，由“访谈实录”“前沿关注”“思想源流”“司法理论”和“法学茶座”五个栏目组成。

“访谈实录”是湘潭大学名家专题讲座，本栏目选取了徐爱国教授做客论坛的讲座实录。访谈实录栏目组对徐爱国教授进行了专访。徐爱国教授就其近十年的研究变化作了精辟总结，认为其近年的研究形式虽然在发生转变，即突破传统研究方法，开辟新的理念，但始终坚守在“西方法律思想史”研究领域。他认为中国法学能否实现蜕变，关键在于法学学者能否形成自己的认识和思维方式。同时，由于法学是实践性科学，法学研究应扎根于社会实践。他还指出法律信仰应是法律的价值，而确保生活的有序性则是法律的基本价值。此外，徐爱国教授还回顾了其与批判法学的情缘，矢志不渝地探寻“法学圣殿”的心路历程。

“前沿关注”栏目以当前学界热点、重点问题为中心，收录了五篇文章。蔡高强先生、唐熳婷女士在《论航天产品贸易规则于军民融合背景下的新发展》一文中认为：上世纪形成的有关航天产品贸易的四大规则阻碍航天产品贸易的发展，已不符合现今国际社会追求合作的发展趋势。新时期航天产品贸易规则的发展需要国际社会同心协力，促进四大规则开放化、航天产品贸易民用化和航天产品贸易规则自由化。阙梓冰女士在《环境侵权引入惩罚性赔偿的探讨——以（2016）甘民终1号判决为引入》一文中指出，环境污染的加剧要求法律的介入，《民法总则》强调“绿色原则”，但实践中仅凭行政力量尚不足以实现《民法总则》和《环境保护法》保护环境的立法目的，她通过分析环境侵权引入惩罚性赔偿的必要性和可行性，加之以惩罚性赔偿金的计算问题，论证了其认为环境侵权应引入惩罚性赔偿的基本结论。张旭东先生的《互联网行业中VIE模式的法律风险分析及应对》一文针对互联网行业中VIE模式存在的问题以及法律风险进行分析，从内部治理强化升级和外部监管创新转型两个方面提出了切实可行的应对方法。林娇玲女士在《动物园动物致人损害规则问题之探讨》一文指出：由于动物园动物仍存在危险性，动物园的营利性以及负有承担更高责任的能力，现行法律对动物园动物致害的责任规定不具合理性。基于公平公正的原则，比较各国的立法规定，主张应对动物园动物致害归责统一适用无过错责任。王钰女士《以欺诈性抚养关系透视我国婚生子否认制度的构造》一文针对日益增加的欺诈性抚养案件，建议我国应当建立婚生子女否认制度以对欺诈性抚养案件诱发的身份关系、财产赔偿等问题予以明确。

“思想源流”栏目选取了四篇文章。其中，刘海鸥女士、张小虎先生《论野生动物栖息地法律保护的困境和出路——以完善东洞庭湖候鸟湿地栖息地保护为视角》一文通过分析东洞庭湖候鸟湿地栖息地的保护现状和导致候鸟湿地栖息地生态危机的原因，提出通过法律修订、职能提升、制度构建、国际合作等途径，以保护野生动物栖息地。任岳鹏先生《现代自然法方法论转向原因探析》一文从社会趋向、哲学趋向和法学趋向三个角度进行分析和思考，探究和揭示了现代自然法方法论转向的原因和条件。梁莹女士《论我国股东双重代表诉讼制度——兼评《公司法》司法解释四第三十一条》一文基于公司集团化趋势，母公司股东利益无法得到有效保护的现实情况，对最高法通过的司法解释四的相关规定提出合理性质疑，并结合我国司法实践适用不足的现状以及域外经验的分析与反思，进而就适格原告、被告范围、前置程序以及防止滥诉等问题，提出完善我国的双重代表诉讼制度的思路。吴升圆女士的《证据演变视域下的法律真实与客观真实》一文中指出：证据的演变导致了法律真实与客观真实的对立，使得法律真实永远不能与客观真实相等，但是它们又能于客观证据中统一。在证据的演变中人的主观性不可避免，解决法律真实与客观真实的冲突应以调动人的能动性为主线，最大程度的发现证据与认知证据。

“司法理论”栏目意图搭建理论与司法实践之桥梁，收录了四篇有关切入实践的文章。其中，罗春华先生《历史与逻辑、对立与统一：民事诉讼中的发现真实探析》一文指出：诉讼中的发现真实具有实在性和必然性，客观真实和法律真实具有对立统一的辩证关系，民事诉讼绝不能满足于法律真实，在一定程序、时间和成本的许可范围之内应当超越法律真实，力争达到客观真实，且接近客观真实要坚持实效主义，要靠科学的思想方法和科学的办案手段。周成锋先生《为司法确认制度辩护——对质疑的回应》一文针对学界对司法确认制度存在的种种误解，进行了全面的澄清。他认为，司法确认赋予调解协议强制执行力并非削弱调解协议效力,即便司法确认申请率低、数量少，也不能否认司法确认制度的价值。黄小龙先生、章浩先生在《律师介入职务犯罪调查程序相关问题探讨》一文基于《监察法(草案)》对律师介入调查程序未予明示所引发的争议问题，从被调查人人权保障的需要、法制改革的协调、提升调查程序本身的正当性三个方面出发，分析了律师介入监察委职务犯罪调查程序的必要性并有针对性的提出了可行路径设计。全宏亮先生的《死刑限制探源——兼论死刑适应之首要条件“罪行极其严重”》一文则从死刑存废之争出发，从两方论者各自的理论困境出发，并引出在我国限制死刑的实体进路，以及如何严格解释死刑适用的首要条件“罪行极其严重”。

“法学茶座”栏目有四篇随笔，虽是笔尖漫谈，却处处可见思深虑远。李小伟先生在《法官是如何审案的？——一个基层法官视野中的司法理念与裁判方法》一文从基层法官视角，分析了我国法院办理案件过程中存在的问题，以及司法实践中法官的办案理念、裁判方法存在的弊端等内容。陈辽敏女士在《新时代枫桥经验的创新发展：纠纷在线解决平台的构建》

中介绍了浙江纠纷在线解决平台构建的实践与经验，具体阐述了在线解纷平台的特点、设计思路、主要功能，并展望了平台发展的未来。上海建纬(长沙）律师所主任戴勇建先生在《遇见未来的律师：纠纷在线解决中律师的机遇与挑战》中从在线协商、在线调解、在线仲裁、在线诉讼等方面对律师参与在线多元化纠纷解决平台、构建新型法律服务产品进行了详细探讨，他认为律师参与在线多元化纠纷解决机制也面临多项挑战，完善律师参与在线纠纷解决机制需要律师、高校、律协、政府、法院、人大等主体的共同努力。胡雅丽女士在《协同创新——在线纠纷解决平台的必由之路》一文中针对我国在线解纷化解平台的发展现状及存在的问题，探讨了如何更好的在平台建设过程中贯彻落实协同创新的理念，推动我国纠纷在线解决平台的发展和完善。

《湘江青年法学》编辑委员会

二零一七年岁末

崇法以治世固本

尚道以济民维新

目录

访谈实录

前沿关注

思想源流

法

司法理论

法学茶座

CONTENT

Interview Report

Theoretical Frontier

Thinking Origination

Judicial Theory

Teahouse of Law

访谈实录

Interview Report

追寻法学的圣殿

——徐爱国教授访谈录

湘江青年法学:徐老师,您最近十年的学术成果相比之前而言有所变化,您最近十年在关注一些什么问题?

徐爱国教授:这十年我做过很多大家看来是离开法律史到外面去闯荡的事情,且不止十年。从1990年开始研究侵权法,之后五六年研究外国税法,近期在进行医疗与法律方面的研究。在外界看来,我似乎离开了法律史,实际上,我的研究领域从未改变,只是我不再按照以前的传统方法研究法律史,我试图开辟新的理念。

我也在研究这些应用法学,和部门法学者不同的是:我的思维方式一直是法理学和法史学的,我在用法史学和法理学的眼光审视部门法理论,即寻找它们各自学科的历史理论根基。我的研究只是形式在变化,实质并没有变化,我一直坚守在"西方法律思想史"这条战线上。

同样地,判断一个人的专业,衡量标准并非他所教授的课程、他师承何处,以及他所处的学术群体,应当以他的思维方式为判断依据。对于一个学者而言,最重要的不是他所研究的专业领域,而是他是否有自己独特的研究思路,如果他的研究是有思路的,他能够将这种思路应用到各个部门法,这才是法学真正走向学术化、成熟化的标志。我们不应当只看到学者所研究的某具体法律条规,而是要去看他对法律法规的分析中有没有自己独立的理论思考,这才是法学的根基所在。而且将来中国的法学能否实现这种蜕变,起重要作用的不是学者所研究的法律部门,而是学者能否对法学、法律现象形成自己的认识和思维方式。

湘江青年法学:我们注意到,您在2005年接受采访时,自比黄药师,当时提到的桃花岛是否还是您的追求?随着年龄的增长,您对精神家园的理解,如今有什么变化?

徐爱国教授:一个人在年过五十以后,很多东西便会成型,不可能有那么大的变化,所以本性是难移的。人的本性是什么,人是什么样的动物,上次在青岛开会的时候我们就在探讨这样的问题,这是一个关于海洋文明的问题。从一个欧洲式的海洋文明到一个亚洲式的大陆文明,其间的差异在何处?实际上,根本问题在于:人究竟是属于"大海的"还是"山里的"。每个人对此的看法都不一样,而我更支持"人是'山里的'动物"这一观点。

我还是追求那种清静无为的生活,这个是没有改变的。黄药师脾气古怪,跟世人都不同,武功很高但与他人有交流障碍,这种心态我一直都有,我自比黄药师,是因为我也喜欢过与世隔绝的生活,很多情况下都是把自己封闭起来进行面壁思过、进行反省,从而思考人类的一些终极性问题、法律的终极性问题,把自己关在禁闭室里面琢磨,这一点跟黄药师比较相似。桃花岛的情结一直都在,但不同的地方是什么呢,我也在思考?

随着年龄的增长,我在思考以一种什么样的生活方式才会比较适合现代的学者文人。在修道院、禁闭室里面完全不能够体会这个大千世界的纷繁复杂。到我这个年纪去思考这个问题,思考的结果可能是在五十岁之前还是只能追求那种自我封闭的状态,像传统的知识分子在修道院里面搞学术研究,但到五十岁之后会发现这种方式本身存在致命的缺陷,主要是因为法学本身是一门实践性比较强的学科,如果完全跟法律的现实保持距离,就无法体会到法律世界的纷繁复杂和矛盾冲突,事实上也确实存在一些无法仅通过自我封闭的思考就能解决的问题,这是致命的缺陷。正如亚里士多德所言,人本身就是一种社会性的动物,他不能单独的存在,必须要通过和他人共同生活来构成社会性,这正是人的本质所在。快五十岁的时候才悟出:完全脱离于人类群体的生活是不够真实的,或者说对社会的贡献是不够大的。以前我在修道院里进行思考,更多地是为自己,更多地是把外在的东西化为己有,拼命地吸收外在的养料来充实自己的人生和情感世界、理想世界。但是这样做并不能真正使我满足。因为佛教也好,基督教也罢,对于一个真正伟大的传教士来说,真正的贡献并不是索取,而是一种奉献。通过人与人之间的交往把自己所知道的东西传授给别人,甚至需要作出某种牺牲,需要人和人之间妥协。

说到底,一个真正的佛教得道高僧的最高境界到底是怎样的呢?是出世时的放生,还是像方正大师一样心怀天下,召集天下的武林人士联合起来共同防御外来的邪教?说白了,一个好的佛教徒是在庙里念经,还是普度众生?他究竟是出世,还是入世?思考良久,这个问题算是解决了:在早期的时候,需要提升自己功力，此时应该过一种出世的生活，躲在屋子里，研究西方法律思想史。而当积累到一定程度的时候，应该选择冲出去做贡献，更多地参与社会生活。这么去理解的话，佛学思考其实和法学思考是一样的。

湘江青年法学：您好像比较关注批判法学，为什么您会关注到批判法学？它有哪些特别吸引您的地方？

徐爱国教授：当然这就涉及了"左派"和右派的差异性，每个人肯定都存在一个偏左或偏右的判断，尤其是我们这代人，这种倾向更明显，因为我们出生于二十世纪六十年代中期，恰逢"文化大革命"伊始，我们接受的胎教，就是阶级斗争。举这个例子并不是说我们这代人好斗，而是在中国，在特殊情况下，有些人对于事物的批判性思维是天生的，这种情况在中国近几代人中都存在。比如说在文章写作中，偏向于政治类的文章，我们写得比较深入、比较见功底，反过来那些经济学的文章或者是自由主义的文章，通常写得非常浅。为什么呢？我们从娘胎里出来接受的都是批判性的理论，而我们官方的意识形态实际上从根基里都是批判性的。

这与现代西方法律相冲突，现代的西方法律思想史里有自由主义的源头。五个人分蛋糕，通过民主协商解决，谁也不能比谁多，设计出完美的分配方案就能解决分配问题。但是批判法学、一个左派的学者就必须搞清楚：凭什么男孩子吃的比女孩子多？分配的时候究竟是按照食量来进行分配，还是平均分配？如果平均分配，形式的平等可以满足大家的需要，但实质上可能排除了个体差异，实际上是不平等的。

批判法学就是要搞清表面上平等的法律中包含了哪些不平等的东西，而不是仅仅局限于法律的表面现象，批判法学希望剖开法律去观察它所隐藏的社会结构。从这个角度来分析，批判法学有敏锐的观察力，有非常深邃的批判能力、分析能力，来刨开法律表面的现象，找到其根基所在，这是批判法学的独特优势。这个问题在中国比较受欢迎，因为我们有这种传统，但西方认为这种理论比较偏激，它并不受欢迎。在二十世纪七八十年代，它达到其顶峰，那是因为它与世界的形势紧密相连，它走下坡路正好是在八九年之后，八九年之后，它被美国法学界当作一种极端思想，一种被排斥的学科理论。在西方学界的抑制下，批判法学备受排挤，但是它在中国比较受欢迎。在中国它被当作学术功底的标签，如果你能够熟练运用批判法学，会被认为学术功底深厚，这或许是我研究批判法学的原因之一。

通常在法理学领域,接受批判主义思想的人有很多,而在部门法学,它的受众面较窄,因而应用法学的人总觉得法理学的人无事生非,或者说无病呻吟,法理学的人则觉得部门法的人太肤浅。这种矛盾当然存在,但如果能达到某种相互交流或者说达成某种共识,比如让部门法的人培养一些批判的精神,让法理学、法史学的人变得温和一点,可能会更有利于法学的发展。

湘江青年法学:您对批判法学、解构主义这一块研究得非常深入,故在兴趣的引导之下,您写下《破解法学之谜》一书,这本书的书名听起来就很解构主义。而如今,您又出了新书,您的新书为什么要取名叫《法学的圣殿》,这圣殿是否有什么深层次的寓意?

徐爱国教授:《破解法学之谜》是2001年出版的。写了不少书,卖得好的有两本:一本是《名案中的法律智慧》,一本是《西方法律思想史》的教材。早些年,有编辑想要重印《名案中的法律智慧》,因为原出版社已经续签了,他就改为再版《破解法学之谜》。

《法学的圣殿》就是对《破解法学之谜》的进一步加工,这本书实际上就是在《破解法学之谜》的基础上把这十五年里新的所得、新的成果按照原来的体例进行编排之后,综合原书内容整编而成的。《法学的圣殿》是责任编辑与我琢磨好久才定的题目,定了之后大家都很满意。《法学的圣殿》让人联想到"圣殿骑士"。

湘江青年法学:其实您在朋友圈里发过,一个无畏的骑士,他的信仰是他的灵魂,他的铠甲是他的肉体。

徐爱国教授:怎么翻译更漂亮一些呢,他的信仰附和着他的灵魂,他的钢铁铠甲附着他的身体,或许这样翻译更加恰当一些。那个翻译就是后代人对圣殿骑士的理解。中世纪中后期,有很多基督教徒要去圣地朝圣,他们的圣地在耶路撒冷,路上出现了很多土匪或称异教徒抢劫杀人,要护住这部分虔诚的教徒去朝圣,就需要有一批骑士来保护朝圣者。法国的国王就组建了一批骑士,配置精良的武器和设备,组成圣殿骑士团来保护朝圣者。国王给了他们非常大的权力,一般人动不了他们,他们却能动任何人,甚至给他们征税的权力。这些人积累了非常多的财富,他们的财富如今在哪里却不明了。他们是一批神秘的力量,既捍卫国王的权威,同时捍卫了他们的信仰,不过到了后期,他们也无恶不作,下场也非常不好。

在法学世界里，西方法学思想史就是一个法学的圣殿，西方法学思想史的守卫者就是法律思想的圣殿骑士，他们内心的信仰就是西方法学思想史。在我看来，所有法学的根基部分、根源科学部分应该存在于西方法律思想史。如果全国的法学学者、法科学生能好好体会一下西方法律思想史，才能真正在很短的时间建立起成熟的法理学体系来，中国的法学才能真正地上一个台阶。大家都说，大学要有真正的大师，大师必有自己的理论，法律理论就是法律思想史，法律思想史才是所有法学的本源所在。吸取前人的法律思想和法律智慧，运用到各自的法学领域，中国法学才能有突飞猛进的发展。这正是我们去年提出来的问题，中国法理学死掉了，中国法学死掉了，怎么来使中国法学复兴，使法学建立起它自身的体系？我的看法是好好学习西方法律思想史，把自己的思想武装起来，使自己变成一个理论功底深厚的人，那个时候才能建立起我们自己的法学，才能使中国的法学真正的跟发达国家的法学平起平坐，不再是制造热点、制造概念，而是真正具有内力，具有内功的法学理论体系。

湘江青年法学：那您有没有找到像您书名所描述的那样的圣殿？

徐爱国教授：理想永远存在，法治也是理想。法治是一条河，是一段过程，没有纯粹法治的社会，也没有纯粹权力的社会，人类永远是在这两个极端中反复迂回。天堂永远存在，只是离天堂远近的问题，所以心灵的圣殿是永远存在的。理想是前进的动力，法学的圣殿是一个类信仰，不能成为一个真正的信徒，也要有而宗教的心态，这种宗教的心态我们还是得保有一下，这是我们生活的勇气。

湘江青年法学：您产出了大量的学术文章，其中有相当多的是以法治为命题。我们很多法律人也是崇尚法治的，带点书生气，有理想主义情结，但也有许多人把法律作为谋生工具，缺少作为法律人的信仰。既然法治已经成为当下的普世价值，那么对法律的信仰是否还有必要？法律信仰对于法律而言到底有何种意义。

徐爱国教授：想起伯尔曼在《法律与宗教》中的一句话："没有信仰的法律形同虚设。"中国法理界拿来作为热点，其实是对伯尔曼的误解。不能摘取片段而不看前后文来讨论法律的信仰，而要根据前后文来理解伯尔曼"法律信仰"问题。其实，伯尔曼的"法律信仰"实际上是讨论法律的价值问题。应该追寻法律的价值，伯尔曼的成功之处，就在于他开辟了法律发展与文化传统之间的关系，而不是说我们要有对于法律的信仰。

伯尔曼谈到法律当中的基督教信仰，他的重点并不在于法律与宗教，而在于“法律与革命”。在整个西方法律的演进中，宗教因素如何指导和影响世俗法律的发展？在世俗法律当中包含着宗教意义的存在，法律的宗教含义是什么？所以我们看法律不应该看法规是什么，而应该看法律当中体现的价值是什么，这才是伯尔曼提到的法律应该的信仰。我们对伯尔曼的理解是有差错的，完全是法理学家断章取义的结果。另外一个方面，伯尔曼的观点也并不一定正确。在伯尔曼和哈特之间，我更愿意相信哈特的说法。人服从法律有两种原因，一种是内在的原因，一种是外在的原因。看到红灯，停下来。前一种人是确实相信红绿灯对大家有好处，红灯停、绿灯行。我相信交通规则对大家好，所以我遵守交通规则。后一种人，内心并不确信红绿灯设计是理性的设计，他是基于闯红灯可能受到惩罚之恐惧才去遵守。遵守法律与对法律的信仰，并无直接的因果关系。有法律的信仰遵守法律，很好。但是，对法律没有信仰，法律也可以基于惩罚而得到遵守，所以法律的信仰和是否遵守法律没有对应关系。如果把法律变成信仰的话，那么法律就不再是一种法律，而变成一种道德了。法律不成为你的信仰，你还遵守法律，这才是法律的魅力所在。法律不仅仅是因为它信仰的力量让人去遵守，还通过惩罚性后果让人去遵守。法律的目的并不在于确认你的信仰，而是在于社会生活的有序性，和信仰没有直接关系。这是第一点。

第二点是信仰对于法治国家究竟意味着什么？建立法治的信仰，法治社会的信仰等，这是理想。我们永远生活在现实社会中，现实永远是苦难的、不幸的。不幸催生抱怨，抱怨的时候，希望拥有美好的东西。由于我们没有法治，才相信法治。一个法治比较欠缺的国家，没有任何人主张建立法治国家，危也。如同平等和自由一样，人的本性究竟是平等的还是自由的？平等自由作为两面大旗，屹立数千年不倒，是因为我们没有平等和自由，所以我们才呼吁平等和自由。同样地，我们缺乏法治，因此我们呼吁法治。如同金庸小说里会喝酒的英雄。有一次访谈，有人问金庸：你的小说中写了那么多会喝酒的人，你是不是特别能喝酒啊？金庸说：我不会喝酒，因为希望我能喝酒，所以才在小说中描写那么多会喝酒的人。道理相同，因为没有法治的环境，我们才追求法治的理想状态？如果我们每天都生活在法治的环境中，法治和法律的信仰就不再是口号和理想。

（校对：朱正远、魏远山、李溪灵）

前沿关注

Theoretical Frontier

论航天产品贸易规则于军民融合背景下的新发展*

蔡高强　唐熳婷**

摘　要:航天技术发展程度是印证国家实力的重要因素,事实上目前只有极少数国家具备独立研发航天产品的能力,此情景与客观上对航天产品的迫切需求之间存在矛盾,由此为航天产品贸易的发展带来机遇。问题在于20世纪形成的有关航天产品贸易的四大规则阻碍航天产品贸易的发展,已不符合当今国际社会追求合作的发展趋势。随着军民融合政策在各国国防军工产业的发展,四大规则开始发生质变,寻求突破画地为牢的封闭规则、优化敏感物项的管控标准以及实现航天产品贸易的自由发展。航天技术承载着人类未来发展的希望,新时期航天产品贸易规则的发展需要国际社会同心协力,促进四大规则开放化,促进航天产品贸易民用化,促进航天产品贸易规则自由化。

关键词:航天产品　国际贸易　管控规则　军民融合

在20世纪冷战时期,航天技术曾在美苏争霸的背景下走向异化,美苏意图通过航天技术来实现政治中的竞争。① 彼时随着航天技术运用逐渐成熟,各国开始将航天技术投入军事应用。外空军事化引发的无序状态以及因此对外空带来的破坏又促使各国达成共识,开始致力于和平目的而探索和利用外层空间。因此,在冷战后,航天技术的发展逐渐由军用扩展至民用领域,航天

---

* 基金项目:2016年度国家社科基金一般项目"基于太空竞争的航天贸易管控及法律规范研究"(16BGJ024)

** **作者简介**:蔡高强(1967—),男,湖南益阳人,教授,博士研究生导师,研究方向为国际法和国际经济法;唐熳婷(1995—),女,湖南衡阳人,硕士研究生,研究方向为国际经济法。

① 占光胜:《航天技术的发展与太空伦理的主要规范》,载《科技管理研究》,2009年第12期。

技术的飞速发展以及私营主体的参与，推动着外空商业化时代的到来。航天产品的广泛应用性以及其所带来的可观利润吸引着航天大国把对外贸易的重点逐渐转移到航天产品贸易领域，航天贸易成为国家经济发展的着力点，越来越多的国家开始加入到航天产品贸易中来。

发展航天事业一直是中国发展战略的重要组成部分，随着“军民融合”上升为国家战略，我国不再对军用与民用生产划分界限，军用生产线与民用生产线的混用将带来军用技术及产品的民用化。我国作为航天产品贸易大国，“军民融合”战略对推动我国航天产品走向世界，发挥着重要作用。然而冷战背景下建立的四大规则以落后的管控标准限制着航天产品的贸易发展，封闭禁锢的四大规则对其所定义的敏感物的严格管控已然不符合时代的要求。四大规则既能防止敏感物项与技术被用于非法目的，又能推动航天产品贸易的自由化进程，才是当今时代背景下航天技术发展应当追求的平衡状态。

一、航天产品贸易四大规则的形成

国际关系深刻的影响着国际规则的产生，有关航天产品贸易的四大规则产生于苏联与美国的对抗时期，战争时期拥有导弹、核武器等高新技术的国家便占据着战争主导权，以及在全世界的话语权，所以防止这些高新技术及敏感物项的流出是当时大国制定这四大规则的主要目的。从内容上来看，所谓四大规则分别针对核、生化武器，导弹、常规武器等领域的材料、技术等因素予以规范，其中涉及的不少内容都与航天产品及技术相关。

第二次世界大战中美国对日本投下的两颗原子弹，让全世界见证了核武器的震慑力。随着多国对核武器的研制成功，为了竭尽全力避免发生核战争，各国采取措施以保障人民的安全。“核供应国集团”便是由当时具有核供应能力的国家（加拿大、法国、联邦德国、日本、英国、美国和苏联）组成的多国出口控制机制，以进口国接受全面保障监督为核出口条件，出口控制范围包括与核有关的两用设备、材料和相关技术等。

生化武器是给人类带来灾难的另一重大威胁，为了防止生化武器的大规模使用，国际联盟早在 1925 年就召开了日内瓦会议，37 个国家签署通过了《禁止在战争中使用窒息性、毒性或其他气体和细菌作战方法的议定书》（即《日内瓦议定书》）。随着对生化武器的研制日益进步，其致命危害性也日益加剧。为了有效管控生化武器，在澳大利亚政府的倡议下于 1985 年成立了“澳大利亚集团”，以帮助出口国或转运国最大程度地降低生化武器扩散的风险。

冷战开始后，以美国为中心的资本主义阵营和以苏联为中心的社会主义阵营形成了东西方对峙的两极格局，美国为了自身及其盟国的安全利益，严控导弹技术在社会主义阵营的扩散②，便与英国、法国、联邦德国、意大利、日本、加拿大就“导弹及其技术控制制度(MTCR)”达成了一致意见，通过控制可能有助于发展载人飞机以外的核武器运载系统的传播，防止大规模杀伤性武器的扩散。

在常规武器管控方面，美国推动西方国家制定《关于常规武器与两用产品和技术出口控制的瓦森纳协定》，简称为《瓦森纳协定》，并为想要参与条约的国家设定条件：属武器或工业设备生产国或出口国；遵守上述三大防扩散集团性制度的不扩散政策、控制清单或准则，并遵守三大公约；实行完全有效的出口控制制度。随着俄罗斯的加入，瓦森纳协定的决定权限更宽泛，成员更多，管制较松，强调“不阻碍真正的民事贸易”，出口决定最终由每个成员国自己作出。③《瓦森纳协定》作为包含上述三大规则在内的统筹性规则，对航天产品的贸易自由进程亦带来不少阻碍。

上述四大国际规则都旨在防止敏感物项与技术扩散至非成员国，零和博弈思想指导下的冷战氛围主导国际局势近数载，在其影响下制定的四大规则充斥着武力对抗的戾气。一成不变的国际规则将落后于时代变革，随着国家安全与经济发展的矛盾日益突出，四大管控规则已无法满足国家经济发展需要，国家在全球化时期所应当追求的目标已然改变。

二、航天产品贸易四大规则的时代局限性

四大规则对于国际关系的调整已经过时，从当今“合作”的国际趋势来看，四大规则无疑给航天产品贸易带来了诸多阻碍，可以说这些规则沿用至今，本质上即是国际规则滞后于国际局势的表现。四大规则唯有与时俱进，才有可能实现对贸易自由化与国家安全利益的双重维护。④

(一)四大规则违背“人类命运共同体”价值观

“人类命运共同体”作为全球治理的中国声音，这一价值观与“人类共同

---

② Frederick J, Hollinger. The Missile Technology Control Regime: A major new arms control achievement, U. S Government Printing Office, 1988, p. 25.

③ 侯红育：《瓦森纳安排的缘起与发展》，载《国际论坛》，2005 年第 4 期。

④ Stephan Hobe, Legal aspects of space tourism, Nebraska Law Review, 2007, 86(2), p. 472.

利益”的全球价值观相依相存。从宏观层面来说，人类命运共同体能为航天产品贸易领域的贸易自由化提供理论根基，即共同利益观与可持续发展观，这是现今四大规则体系所无法包容的。上述四大规则都是二战结束至冷战期间成立，主要是为了防范以苏联为主的社会主义国家。然而随着世界格局的转换，合作与发展成为国际关系的主流旋律，联合国在《关于建立国际经济新秩序宣言》中指出：应当保证发展中国家尽可能地接近现代科学技术成果。《外层空间条约》的基本精神亦与该宣言相契合，探索和利用外层空间应为全体人类谋利益，这是外空法律制度中最重要的原则。外空条约的这一精神极好的诠释了共同利益观与可持续发展观的内涵。

航天技术被发展中国家视为克服自身经济落后，加快经济和社会发展进程的一个重要手段。⑤ 四大规则对拥有先进航天技术的国家转让有关产品和技术进行限制，其实质是国家安全与经济利益间的矛盾冲突下国际规则对国家安全的偏袒，航天产品具备的国家安全利益促使航天大国基于自身安全考虑而限制贸易。对国家安全的担忧可以通过向第三国出口航天产品时给予充分的监督检查来消除，但是这种监督检查需要由国际组织来实现，而不是像上述机制主要由少数航天大国来决定；当前更应当注重的是航天技术在促进经济发展方面不可限量的潜力，这才是当前各国发展航天技术所应当追求的目标。可以看出，四大规则严格限制成员国向第三国转让与出口的规定在根本上不符合“人类命运共同体”价值观。为此，航天产品贸易需要以“人类命运共同体”来开阔视野，从理念的层面聚合各个国家的共识，为航天产品的贸易自由化开拓道路。

(二)四大规则制约航天技术军民共享

当前世界上大部分国家采取“军民两用”技术方式发展经济，随着军用资源与民用资源之间的相通性逐渐加深，国家鼓励民营主体参与军工市场，统筹资源在经济建设和国防建设之间的双向流动，军民两用便能实现资源优化配置。⑥ 各国按“军民两用”标准生产军工产品的同时，西方航天大国也采取“军民两用出口管控”模式来控制航天产品和技术进出口。

---

⑤ 尹玉海、列·尼·肖斯塔科夫：《航天技术转让中的国际法律问题》，载《北京航空航天大学社会科学版》，1997 年第 1 期。

⑥ 张纪海、乔静杰：《军民融合深度发展模式研究》，载《北京理工大学学报(社会科学报)》，2016 年第 5 期。

从内容上看，四大国际规则的管控清单都列有两用品或双用途物品及技术清单，以防止敏感物项与技术被非法利用，并以“军民两用物品及技术”为标准实现严厉管控，其实质是把更多物项与技术纳入管控机制内，扩大了航天产品贸易限制范围。“核供应国集团”通过核转让准则和核两用品触发清单来实现对核的管控，其中核两用品触发清单包括与核有关的两用设备、材料及相关技术。《导弹及其技术控制制度》附件里包括范围极广泛的与导弹发射、生产及运行有关的两用设备与技术；“澳大利亚集团”一般管控清单也包括“化学两用品制造设施、设备及相关技术和软件出口管制清单”以及“生物两用设备及相关技术和软件出口管制清单”；“瓦森纳安排”的两用品及技术清单囊括范围极广，包括先进材料、电子设备、电信、传感器和“激光器”、导航与航空电子以及推进系统与航天。⑦ 航天产品涵盖的诸多物件与技术都属于军民两用范围，但实质上在民用领域的应用更为广泛。四大规则表面上管控着敏感物项的贸易，实则制约着航天技术军民共享的发展趋势。

从适用上看，四大规则没有界定军用与民用的技术标准，而是给予成员国充分自主权，根据本国立法采取出口限制措施，然而军用和民用的标准认定较难掌握，各成员国的出口立法也旨在维护本国利益导致国际层面无统一标准。可以看出，管控敏感物项与技术的四大国际规则在“军民双用途”的管控标准方面并不科学，成为航天技术军民共享的障碍。总而言之，“军民两用清单”管控标准严重阻碍了航天产品在民用领域的发展，四大国际规则对两用品的设备、材料及技术的严厉管控无疑成为世界各国实施“军民融合”战略的国际屏障。

三、航天产品贸易国际规则的发展趋势

航天商业化的发展降低了获得航天技术与产品的门槛，越来越多的国家及私营主体参与到航天领域，同时在这种竞争中推动着航天技术的高速发展。航天产品贸易中参与主体的增加，将逐渐打破四大规则的封闭性，规则内的成员国意图获取更多利润，规则外的其他国家渴望获得先进的航天产品，内外因共同促进有关航天产品贸易的国际规则实现新的发展。

---

⑦ 许晔、孟弘:《〈瓦森纳协议〉对我国高技术的出口限制》，载《科技管理研究》，2012 年第 24 期。

（一）航天商业化是四大规则的改革动因

外空商业化始于20世纪80年代[⑧]，同时各国逐渐采纳“军民融合”标准联通国防资源与经济资源，推动航天商业化发展，三十余年的外空商业化进程使得四大管控规则已无法适应当下的经济发展需要，四大规则的封闭性无法满足发展中国家对航天技术发展的需求。

一方面，航天商业化为输入国带来技术福祉。航天技术的应用极其广泛，由之前被应用于军事领域维护国防安全，发展至气象观测、遥感、广播通讯等都离不开航天技术，给人类带来诸多便利，甚至出现了太空旅游项目，其不可限量的潜力吸引大量资本涌入，国家也乐于开放航天市场来促进国家发展。随着诸多国家在卫星发射领域实现技术突破，航天市场开始打破俄美垄断的局面，卫星发射服务也步入商业化时代；在空间应用方面，对地观测卫星、通信广播卫星、导航卫星的应用深深地改变了人类的生活方式；在探测矿产资源、预防自然灾害、探测军事目标基地等方面，卫星遥感技术获取的信息都为国家提供了多方面的帮助；在空间科学方面，空间环境下的科学实验为传统医药、生物技术和电子技术提供极为优越的环境，商业前景极为广阔。[⑨] 这些都表明航天商业化的发展让航天技术及航天产品渐渐地成为日常生活里不可或缺的部分，航天技术的应用广泛性推动着国家大力发展本国的航天技术。然而对于航天技术落后的发展中国家而言，依靠航天大国的技术、进口相应的航天产品是提升本国的航天实力最具效率的途径，但是四大国际规则对有关敏感物项与技术在非成员国转移的严格管控，阻碍着发展中国家获得相应的航天产品，无法享受航天技术带来的技术福祉，进而延缓发展中国家的发展速度。

另一方面，航天商业化为输出国带来巨大利益。航天产品作为高精尖技术的产物，开发难度、投入时间与成本巨大，其研发成功受全国瞩目，所以航天产品的价值高昂，由此带来的利益也是非常可观的，所以越来越多的国家通过建立比较优势和参与国际分工加入全球航天产品贸易体系来[⑩]，不外乎包括航天技术发达的发展中国家，比如中国、巴西等。中国政府一直以来都把发展航天事业作为国家整体发展战略的重要组成部分，《2016中国的航天》显示：

---

⑧ M Harr, R Kohli. Commercial utilization of space: an international comparison of framework condition, Doklady Akademii Nauk Sssr, 1967, p. 7.

⑨ 赵云：《外空商业化和外空法的新发展》，知识产权出版社2008年版，第3~5页。

⑩ 张春博、丁堃、刘则渊、马翔：《国际航空航天产品贸易格局（2002－2012年）实证研究——基于社会网络分析的视角》，载《科技管理研究》，2015年第13期。

2011年以来,中国航天事业持续快速发展,自主创新能力显著增强,空间基础设施不断完善,空间科学、空间技术、空间应用取得丰硕成果。⑪ 此外,巴西在航天科技水平方面一直是发展中国家的佼佼者,具有较先进的航天技术:20世纪初就已开始从事空间数据的搜集;1961年建立了拉美地区最大的宇航研究机构“巴西国家空间研究所”;在探空火箭的研制与开发方面也颇有成效,并具备火箭开发和模拟实验室等。无论是发达国家还是中国、巴西等发展中国家都期待将对航天技术投入转化为本国的经济利益,在航天商业化趋势下,航天商业化将可以更好地推进此种转化,对于致力于发展航天技术的发展中国家而言,此种浪潮的意义则更为重要。

如今越来越多的国家把航天发展纳入国家发展战略,问题在于,发展中国家由于其自身经济落后的条件,无法实现航天技术的自我发展,与此同时,国际规则对于向非成员国转移相关物项与技术实行严格管控,使发展中国家无法从发达国家获得航天产品。在经济全球化背景下,航天商业化趋势已然成型,发达国家主导下的四大规则显然不适应此种商业化发展的需要。在全球化和各国依赖程度愈来愈深的今天,必然要求国际社会取消贸易壁垒,实现航天产品贸易的自由化。⑫ 日益成熟的航天商业化趋势,将促使更多国家加入到航天产品贸易规则之中,使全球国家之间在更便利的获得航天产品与技术的同时,得以突破四大管控规则的封闭性,实现四大规则的改革。

(二)规则公正化是四大规则的改革目标

《外层空间条约》在序言部分即言明:“确认为和平目的发展探索和利用外层空间,是全人类的共同利益。”该公约进而在第一条规定:在平等和无差别待遇的基础上,所有国家得自由探索和利用外层空间,探索和开发必须为所有国家谋福利,不论它们的经济或科学的发展程度如何。可以说“全人类共同继承财产原则”是适用于外空的基本法律原则⑬,航天技术的受益者不应当仅是发达国家,而应当是所有国家。这一动机足以推动尚处于航天技术起步期的国家,尤其是发展中国家致力于寻求规则公正。遗憾的是,《外层空间条

---

⑪ Antonio Carlos Campos de Carvalho. Science in Brazil, Rio de Janeiro: Academia Brasileira Deciencias, 2002, p. 284.

⑫ 李小军:《“导弹技术控制制度”的困境与出路:一种机制研究》,载《国际政治研究》,2005年第3期。

⑬ Lynn M. Fountain, Creating momentum in space: ending the paralysis produced by the “Common Heritage of Mankind” Doctrine, Connecticut Law Review, 2003, p. 1753.

约》旨在为全人类福祉服务的思虑在实践中遇到了困境,零和博弈指导下的四大规则对航天贸易自由流动的阻遏,已然无法适应于全球化浪潮及其所强调的“合作”精神。在全球化时代下,应给予各国平等发展权,四大管控机制也应把发展中国家的利益纳入机制内,推动机制公正化。

在全人类共同利益原则的指导下,四大规则的公正化是必要的。其一,规则公正化是发展中国家实现经济发展,保证普遍人权的需要。在航天大国倡导下建立的与航天产品贸易有关的四大多边贸易管控机制,发达国家主导国际规则管控敏感物项与技术的转让实属不公正,因为上述机制从发达国家的利益出发,着重于保护发达国家的相关敏感物项与技术从而排挤发展中国家,为至非成员国的转让设置了重重壁垒,尤其使发展中国家无法在航天发展中受益,从人类发展权平等的角度来看,限制产品与技术流通即是在扼杀人类福祉;其二,规则公正化也是科学技术进步,推动航天水平发展的需要。航天技术的发展意味着其应用会更广泛,发展中国家通过获得航天产品从而获取航天技术与相关服务,有利于全人类的发展;长远来看,航天大国的航天产品有更广泛的国际市场,可以通过发展中国家的广阔市场来提高其航天系统和设施的利用率,降低其空间开发成本;其三,规则公正化是推动航天贸易合理化的重要因素。从趋利的角度来说,由于商业化与私营化是外空发展的两个连续的阶段⑭,私营主体的参与意味着拥有敏感物项与技术的跨国公司会在全球范围内追逐利润,任何母国都无法完全控制其生产经营,即使在国际规则的严厉管控下,敏感物项与技术转让将不可避免的存在,严格管控只会使合理的产品、技术流通需求被定义为非法。因此,通过四大规则等严厉的国际规则阻碍发展中国家获得相关航天产品是堵而不疏的治理方法,与其使其通过非法渠道获取,不如让发展中国家在合理的管控中获得航天产品,通过规范航天产品贸易来保证世界和平与安全。

四、航天产品贸易国际规则的完善路径

实现航天产品的规范化贸易,是实现航天产品贸易自由化的根本前提⑮,国际社会有义务保障此种规范化顺应时代潮流。全球关系中的“零和博弈”

⑭ S Doyle. Legal aspects of space commercialization, Space Law, 1992, pp. 127 - 141.

⑮ 蔡高强、高阳:《美国航天产品贸易管控法律制度探析》,载《湘潭大学学报(哲学社会科学版)》,2012 年第 4 期。

思维已然落伍,追求国际合作才是国际社会的前进方向所在。与航天产品贸易有关的四大国际规则已不符合时代发展需要,并且四大规则的区分标准与国家内的立法标准不相称,影响着航天产品贸易的有序性,影响着发展中国家在航天活动方面的公平发展权。唯有发展与改革现有规则,才能推动航天产品与技术惠及全人类。

(一)实现四大规则从封闭性向开放性转变

开放性国际条约是指允许未在条约上签署的国家可以加入条约,目的是为了让更多的国家认同条约内容,加入条约,将更多国家纳入条约范围,有助于推进国际社会的有序性。因此,为了推动航天产品贸易的有序性,四大国际规则应扩大适用性,吸纳更多成员国,实现从封闭性条约向开放性条约的转变,此种转变对于航天产品贸易而言意义重大。其一,四大规则的封闭性限制着四大国际规则的适用。四大规则对成员国准入予以严格限制,限制成员数目的战略理论依据是少数成员建立的多边安排更易进行深入合作[16],然而此种合作旨在遏制发展中国家获取高新技术,并不是国际合作背景下的真正合作,其条约精神为非缔约国所质疑,条约适用的效力也将因此大打折扣;其二,四大规则的封闭性不符合经济全球化的大背景。四大规则严格管控相关物项与技术的输出,并且通过"军民两用清单"来扩大其管控范围,其封闭性与经济全球化下世界各国的经济相互交融是相悖而行的;其三,四大规则的封闭性与"人类命运共同体"相悖。四大规则致力于实现发达国家对高端前沿技术的控制,与盟国进行高端技术共享,极力将发展中国家排除在规则之外,四大规则的革新应当秉持包容的态度,致力于共同体所倡导的共建共享,顺应国际社会的发展潮流。

四大规则封闭性的机制很难对敏感物项实现真正有效的管控,在"人类命运共同体"盛行的外部国际环境下,国际社会迫切需要开放性的四大规则。有效地受公开调节和管理,旨在推进所有成员的利益,才能建立一个组织良好的国际社会[17],四大管控机制唯有对更多国家打开大门,才能促进机制的规范与公正,促进国际社会的和平发展。

(二)实现管控标准从"军民两用"到"促民限军"转变

四大国际规则建立之初是为了限制相关高新技术与敏感物用于军事目

---

[16] George Downs, Davis Rocke. Peter Barsoom: Managing the Evolution of Multilateralism, International Organization, 52(1998), pp. 397 – 419.

[17] 何怀宏:《公平的正义》,山东人民出版社 2009 年版,第 49 页。

的,从规则的内容分析,其并不阻止用于其他合法目的的物项与技术转移。然而"军民两用清单"被政府更多的用于限制出口,众多高新技术被纳入管控范围,"军民两用"由此被歪曲解释,成为国家实施"堵而不疏"策略的理由,这种从源头上杜绝一切物项与技术的转移来实现和平目的的做法显然不可取,忽视了军民两用物项及技术在民用领域应用更广泛的事实,而扩大民用范围才能充分发挥航天产品贸易普惠人类的优势。换言之,四大规则实质应当是在保障促进民用的前提下管控以军事为目的的转让。因此,国际规则界定军民标准应科学化,以"军民融合"为出发点,以"促民限军"为管控标准给予两用物项与技术更大的民用空间。

市场调节中成长的民用企业能够为国防科研发展提供先进技术,加快军事装备更新发展速度。如今,为了实现国防与经济的双赢局面,世界上大部分国家采取军民两用方式发展经济,将此技术应用至航空航天、电子信息等多领域。世界各国将军民两用技术与产品作为发展军民融合的重要载体。在实践中,大部分民用高新技术企业在电子信息、新材料、新能源等领域的水平超过军工单位,以市场调节为主的民用企业由于竞争的需要催发其不断研发新技术,所以"军民融合"能为航天技术的发展注入源源不断的动能。"军民融合"要求若民用标准能满足军事需要应尽量直接采用,低于民用标准或能用民用标准代替军用标准的,应明确采用民用标准。⑱ 从中可看出,"军民融合"之实质便是促进军用技术在民用领域的应用,充分发挥民间资本技术力量。在航天产品领域,外空商业化的发展并没有减缓外空军事化的发展,相反地外空商业化促进了空间活动军民融合趋势的发展。⑲ 因此,四大规则的管控标准应立足于"促民限军",通过限制以军事利用为目的的转移来缓和外空军事化矛盾,但最终仍应落脚于促进民用,以实现航天产品贸易的自由化。

(三)实现航天产品贸易规则精神从限制向自由转变

在合作的基础上促进规则公正化将成为航天技术发展的重要制度保障。任何以全面禁止手段换取国家安全的举措都是不可取的,四大规则也应当在新的时代背景下实现自我发展,促进航天产品在民用领域的自由化,如此才能实现航天技术的长足发展。目前航天产品贸易逐渐成为国家对外贸易的重要

---

⑱ 姜鲁鸣:《推动军民融合发展的思考》,载《中国国情国力》,2017 年第 1 期。

⑲ 李寿平:《外层空间的商业化利用及中国的对策》,载《北京理工大学学报(社会科学版)》,2013 年第 1 期。

内容，自由化的航天产品贸易必将取代现在的局限状态。为实现航天产品贸易的自由化，相关的国际规则都应立足于全球化趋势，为此国内法与国际法需要实现良好的互动，共同构建此种共赢体系。一方面，相关的国际规则应吸收国内法的经验，立足于全人类共同利益实现四大规则在新时代背景下的转变；另一方面，各国应该以善良国际机制为蓝本完善国内管控制度，保持国内立法与国际管控机制的一致性。

从国内法协调于国际法的角度来看，国家是国际规则的制定者与参与者，只有落实到国家立法里，国际规则才能真正的发挥管制效力。四大规则相关的转让准则和清单对成员国无强制力，各国以本国的国家利益为出发点进行航天产品贸易，与不同的国家进行贸易有不一样的标准便会造成国际贸易混乱。为了实现安全前提下的航天产品自由贸易，国内法需要国际规则的引导来实现航天产品贸易中敏感物项的贸易，既不能全面自由化也不能全面禁止贸易，保证具备善法资质的航天产品贸易规则在国内层面得到落实。

从国际法协调于国内法的角度来看，国际法应吸收国内法，通过借鉴国内立法的精髓保证国际规则的有效性。当前航天技术较为先进的国家关于相关敏感物项与技术的自由贸易有较为成熟的管控经验，借鉴这些国家的经验将对实现适度的航天产品贸易管控，进而最大限度的实现航天贸易自由而言极为关键。需要注意的是，国内法对航天产品贸易的管控立足于国家利益，所以要实现国际范围内航天产品贸易的自由化应注意其立足点，对国内法的借鉴必须立足于全人类共同利益。

New Development of Aerospace Products Trade Rules under the Background of Civil – Military Integration

Abstract: The degree of space development is an important factor confirming the national strength. But, in fact, only a few countries have the capability of independently developing space products, which is incompatible with the objective demand for a large number of space products. There is an opportunity for trade in space products. However, the four major rules governing the trade in space products formed in the last century have not met the current trend of pursuing national cooperation. With the integration of civil – military policies in the development of national defense and military industry in various countries, the four major rules must have undergone a qualitative change to break the dilemma of closed rules, the rules need to optimize the control standards for sensitive items and achieve the free development of trade in space products. Space technology carries the hope of future human development; this development of trade rules for space products in the new era needs the concerted efforts of the international community to jointly promote the opening of the rules, civilian – using of space products trade and liberalization of space products trade rules.

Key words: Aerospace Products; International Trade; Control Rules; Civil – Military Integration

环境侵权引入惩罚性赔偿的探讨

——以(2016)甘民终1号判决为引入

阙梓冰*

摘　要:环境侵权诉讼的特殊性导致补偿性赔偿原则难以真正填补被侵权人的损害,在(2016)甘民终1号判决书中,被侵权人虽已尽举证义务,但所获赔偿仍与实际损失相差甚远。环境污染的加剧要求法律的介入,《民法总则》强调"绿色原则",但实践中仅凭行政力量尚不足以实现《民法总则》和《环境保护法》保护环境的立法目的,因此在民法典侵权责任编引入公共利益的私力执行途径就有其必要。对环境与经济关系认识的改变消除了对环境侵权苛以高额赔偿的最大障碍,环境侵权行为符合惩罚性赔偿的适用条件,赔偿金的计算可以被侵权人能够证明的全部损失为基准,并考虑侵权人需要支付的罚金数额进行调整,赔偿金应全部分配给被侵权人。

关键词:环境侵权　惩罚性赔偿　赔偿金计算与分配　民法典编纂

一、问题的提出

(一)基于一则案例的思考

2013年6月,原告李国瑞发现其种植的苗木大量死亡,认为系被告天祝玉通碳化硅有限公司(以下简称"天祝公司")违法排污所致,故将其诉至法院,请求被告赔偿因苗木死亡所造成的经济损失210万元。一审法院认为原告所主张的损失数额与双方共同委托的甘肃省林木种苗管理局出具的鉴定意见不符,且未提供其他证据证明所受损害的具体数额,因此认为原告要求赔偿

* **作者简介:**阙梓冰,中国人民大学民商事法律科学研究中心研究人员。

210万元的请求于法无据,判决驳回原告的诉讼请求。原告李国瑞不服,上诉至甘肃省高级人民法院,其间李国瑞另行委托新疆司法鉴定技术科学研究所鉴定中心出具鉴定意见书,新鉴定意见认为李国瑞种植的11.37亩云杉受害的原因,是距云杉地块仅有20多米处的天祝公司在冶炼碳化硅的过程中产生的有害气体所致,由此造成的损失为994028元。二审法院认可了新鉴定意见书的效力,也即认可了损失的具体数额和环境污染行为与损害之间的因果关系。另外,被上诉人未就其不承担责任或者减轻责任以及与损害结果之间不存在因果关系进行举证,因此判决被上诉人依法承担赔偿责任。二审法院同时认为,苗木受损系多种原因所致,环境污染行为并不是造成损害的百分之百原因,因此判决被上诉人向上诉人赔偿30万元人民币。①

该案的判决依据系现行《侵权责任法》第六十五、六十六条和《最高人民法院关于审理环境侵权案件若干问题的解释》(以下简称《环境侵权解释》)第六、七条的规定,在环境污染侵权诉讼中,被侵权人需要对侵权人排放了污染物、损害之存在和初步的因果关系进行举证,而污染者应当就其行为与损害之间不存在因果关系承担举证责任。本案中被侵权人李国瑞克服了多重困难,其不仅搜集到许多天祝公司违规排污的证据,还自行委托了鉴定机构对损失的具体数额以及损害与行为之间的因果关系进行了鉴定,但是甘肃省高级人民法院虽然改变了一审驳回李国瑞的诉讼请求的判决,但所支持的赔偿数额仍然与鉴定意见中认定的被侵权人之损失存在较大差距。并且判决理由中只是模糊指出:“李国瑞的苗木受损,有多种因素,并非天祝公司一方的原因所致,涉案苗木虽有损伤,但并非全部死亡,依据公平原则,判决天祝公司支付赔偿金30万元。”可以看出,判决书并未详细指明多少损失与环境污染行为具有因果关系,也没有指明赔偿金的计算方法,而只是笼统的根据“公平原则”来确定赔偿金数额,这显示出甘肃省高级人民法院在适用现行法律的诸多无奈,其背后的原因值得进一步思考。

(二)补偿性赔偿之司法困境

“补偿性赔偿原则”又称为“同质救济”原则,是指“在确定损害赔偿时应以受害人的实际损失为准,损失多少赔多少,受害人不能从中获取超损失的利益作为制裁或惩罚的损害赔偿原则。”②《侵权责任法》第八章并未规定环境

① 案例来源:甘肃省高级人民法院(2016)甘民终1号判决书。

② 杜甲华:《我国建立惩罚性赔偿之批判》,载《社会科学辑刊》,2009年第5期。

侵权的损害赔偿适用特殊的规定，因此环境侵权在解释上应当适用《侵权责任法》第二十条即补偿性赔偿原则的规定。此种解释论的观点在司法实践中表现为，只有当被侵权人即原告在环境侵权诉讼中完成全部举证责任的情况下，被侵权人的损失方可得到完全的弥补，如若被侵权人只能对其中一部分的损害尽到举证责任，则其仅能就此部分损害主张赔偿。但在环境侵权诉讼实践中，这种理论上的完全补偿性赔偿原则遭遇了司法困境，这表现为被侵权人存在一系列的举证难题。

首先，环境侵权中被侵权人之损害难以得到完全证明。《环境侵权解释》规定，被侵权人根据《侵权责任法》第六十五条规定请求赔偿的，应当提供证明被侵权人损害的证据材料③，但在司法实践中，被侵权人却往往难以对其遭受的损害进行完全举证。这是因为环境侵权行为不仅会造成被侵权人遭受人身和财产的现实损害，还会造成被侵权人遭受精神损害以及环境权益的损害，甚至还可能对被侵权人的后代人之权益造成影响，而这些都是受害人在诉讼中难以证明的。在上述案例中，由于土壤受到污染，被侵权人不仅遭受苗木死亡的损害，还将面临该土地无法耕种的损害，其因为环境污染行为所需要增加付出的成本也应计算在损失之内。因此侵权人的污染行为导致被侵权人的生命健康受损，其除了应赔偿医疗费之外，还应对造成的精神损害和环境权益的损害进行赔偿。④

其次，在环境诉讼中，被侵权人的损害与侵权人的行为之间的因果关系也难以证明。虽然环境侵权诉讼中实行举证责任倒置，但是根据《环境侵权解释》的规定，被侵权人仍需举证证明污染者排放的污染物或者其次生污染物与损害之间具有“关联性”。就算如学者所言，《环境侵权解释》规定被侵权人

---

③ 《最高人民法院关于审理环境侵权案件若干问题的解释》第六条：被侵权人根据侵权责任法第六十五条规定请求赔偿的，应当提供证明以下事实的证据材料：（一）污染者排放了污染物；（二）被侵权人的损害；（三）污染者排放的污染物或者其次生污染物与损害之间具有关联性。

④ 高丽红、余耀军：《环境民事侵权适用惩罚性赔偿原则之探讨》，载《法学》，2003年第3期。

需要承担这种"关联性"的举证责任仍是为了保障被侵权人的诉讼权利⑤,但这种"关联性"证明仍然非常困难。这是因为在环境诉讼中,被侵权人相对于侵权人仍然处于信息不对称的弱势地位,侵权人多是经济实力雄厚的团体组织,关键证据材料往往由侵权人牢牢掌握⑥,同时因果关系问题通常会超过一般人的经验范围而主要通过"科学的或医学的证据加以解决",这就使得不具备这些专业知识的受害人难以证明损害与行为间的"关联性"。⑦

上述两点难题导致环境侵权诉讼中的被侵权人难以像其他诉讼中的当事人那样进行举证,以证明自身遭受的全部损害,在补偿性赔偿原则下,即使有特殊归责原则的保障,被侵权人遭受的损害亦难以得到完全赔偿。

(三)困局之出路——惩罚性赔偿之引入

基于环境侵权之中补偿性赔偿遭遇的现实难题,就有必要在现行的损害赔偿之体系下,探寻新的出路,新出路可从降低证明标准、重新分配举证责任抑或加倍赔偿入手,本文主要就加倍赔偿即惩罚性赔偿展开讨论。

在关涉惩罚性赔偿的讨论中,反对惩罚性赔偿的障碍主要在于所谓的"惩罚性"与我国私法传统遵循的填平原则相冲突。尤其在将加重赔偿解释为对行为人主观方面恶劣程度的惩罚时,与原则上不考虑过错程度的填平原则之冲突更显得难以调和。⑧ 然此"惩罚"非彼"惩罚",在环境侵权中引入惩罚性赔偿制度,实质仍是为完全弥补环境侵权中被侵权人所遭受的损害,其所谓"惩罚",并非传统道德伦理上报复性"惩罚",而是强调惩罚的力度与方式取决于预防效果。故环境侵权中的惩罚性赔偿实与我国传统的同质救济原则不相冲突。

---

⑤ 张新宝教授认为,这种"关联性"应当理解为是被侵权人应该提供类似"关联性"的表面证据,以便于在被告就因果关系不成立进行了一定程度的证明,法官形成了一定程度的内心确信之后,原告也承担一定的证明责任,使法官产生内心确信。同时也可以使因果关系是否存在难以判定时,判定因果关系在事实层面上成立,以弥补原被告举证能力的严重失衡,其实质还是为了保护被侵权人。参见张新宝、汪榆淼:《污染环境与破坏生态侵权责任的再法典化思考》,载《比较法研究》,2016 年第 5 期。

⑥ 李征、荆暄:《论环境侵权的民事赔偿模式——以惩罚性赔偿为视角》,载《江海学刊》,2011 年第 4 期。

⑦ 参见[美]丹·多布斯:《侵权法》(上册),马静等译,中国政法大学出版社 2014 年版,第 358 ~ 359 页。

⑧ 蒋舸:《著作权法与专利法中"惩罚性赔偿"之非惩罚性》,载《法学研究》,2015 年第 6 期。

如前所述，环境侵权中的被侵权人在现行法律框架下，只有在举证完全的情况下方能得到完全赔偿，然受制于举证责任与因果关系证明之难题，环境侵权责任中被侵权人的损害难以得到完全弥补。加之环境侵权诉讼具有成本高、收益低的特点，就更需要诉讼激励手段以鼓励被侵权人提起诉讼。

因此，如果在环境侵权民事赔偿中继续排斥加倍赔偿原则，将无法适应环境侵权自身的特点以及社会和法律的发展需要，更不能满足保护受害人的权利和惩戒加害人行为的要求。⑨ 基于此种实践难题的存在，在环境侵权中，就需要探索一种更为灵活的损害赔偿模式，以完全弥补被侵权人遭受的损害，体现《侵权责任法》在损害补偿体系中的重要地位。⑩

二、环境侵权引入惩罚性赔偿的必要性分析

（一）环境污染加剧呼吁法律的介入

诚如吕忠梅教授所言，现今中国面临的环境问题大致归为三大类，其一是空气污染，雾霾之严重程度使全中国几乎没有地方能够真正幸免；其二是水污染，工业化的生产模式使得水资源受到严重污染；其三是土壤污染，土壤污染直接影响到食品安全，进而影响每一个人。严峻的环境现状已经带来了诸多危害，于经济层面而言，世界银行公布的报告表明中国每年因污染导致的经济损失达 1000 亿美元，占 GDP 的 5.8%；于个人与社会而言，每个生活在此环境下的人群健康受到严重影响，北大医学部潘小川教授的研究显示，PM2.5 污染导致早死人数占比较高。环境污染还会造成人口出生缺陷和生育问题。钟南山院士甚至断言，如果不控制污染，再过 50 年，中国人将生不出孩子；此外，环境污染导致的群体性事件频发，已经成为社会矛盾的突出方面。

环境事态的急剧恶化呼吁着法律的介入，在 2014 年之前有关环境的法律中，主要有《海洋环境保护法》《水污染防治法》《民法通则》《侵权责任法》和旧《环境保护法》。这些法律法规在理解和适用上存在诸多争议，近五年全国法院系统 4000 多份环境案件的裁判文书中，针对同一问题，不同地方法院的裁判不同，同一法院前后作出的裁判不同，上下级法院作出的裁判不同。

基于此种现状，2014 年和 2015 年立法机关与最高人民法院相继制定了

---

⑨ 吕忠梅：《理想与现实——中国环境侵权纠纷现状及救济机制构建》，法律出版社 2011 年版，第 347 页。

⑩ 王利明：《侵权责任法制定中的若干问题》，载《当代法学》，2008 年第 5 期。

新《环境保护法》和相应司法解释，旨在回应日益恶化的环境问题。新《环境保护法》备受瞩目，因为这是 1989 年我国公布实施《环境保护法》后的首次修订，其被称为“史上最严环境保护法”，体现出诸多亮点。⑪ 新《环境保护法》第五十九条规定了按日计罚制度，“按日计罚”制度是指可以根据企业实施环境违法行为的天数计算罚款，这改变了旧《环境保护法》中仅处以一次性罚金的做法，大大提高了企业的违法成本；第六十条规定了责令限产或停产措施，第六十三条规定了对环境污染企业直接负责的主管人员和其他直接责任人员的拘留措施，这些措施在过去的一年中充分展示了其“钢牙利爪”的作用，其起到了遏制严重环境违法行为，初步恢复环境法治秩序的作用。⑫

(二)“绿色原则”之达成尚待公私共治

2017 年 3 月 15 日，第十二届全国人民代表大会审议通过了《民法总则》，《民法总则》可谓是民事立法的里程碑，其突出体现了诸多时代精神。《民法总则》于第九条规定，民事主体从事民事活动，应当有利于节约资源、保护生态环境。这意味着“绿色原则”正式成为我国民法的基本原则。全国人大常委会副委员长在“关于《中华人民共和国民法总则(草案)》的说明”中谈到，将绿色原则确立为基本原则，既传承了天地人和、人和自然和谐共生的我国优秀传统文化，也体现了党的十八大以来的新发展理念，与我国是人口大国、需要长期处理好人与资源生态的矛盾这样一个国情相适应。⑬

把绿色原则规定在总则部分作为民法的基本原则的重要意义在于，这意味着绿色原则不再只是关涉环境保护的法律法规的基本原则，而是作为贯穿物权、债权、知识产权、婚姻家庭、继承以及侵权责任的基本准则。进而言之，此条规定意味着民事主体不仅仅要严格执行《环境保护法》中的严格行政措施，还需要在《侵权责任法》中也严格贯彻这一原则，严厉制裁环境污染的侵权行为人。

然而，《民法总则》仅仅做了原则性的规定，《环境保护法》规定的也多是行政性规定，而环境侵权中，需要的远不止此，如何责令环境污染的责任人负

⑪ 网易新闻:《专家解读“史上最严”新环境保护法》，http://news.163.com/15/0109/17/AFHMF5I500014Q4P.html，2016 年 12 月 24 日访问。

⑫ 参见王灿发:《新〈环境保护法〉实施情况评估研究简论》，载《中国高校社会科学》，2016 年第 4 期。

⑬ 参见《民法总则立法背景与观点全集》编写组编:《民法总则立法背景与观点全集》，法律出版社 2017 年版，第 7 页。

担更重的举证责任,甚至承担惩罚性赔偿责任,更重要的是,在行使物权、债权、知识产权等财产权利时,如何发挥物的效能,防止和避免资源被滥用,使资源的利用达到利益最大化,使有限的资源在一定范围内得到更充分的利用,仍然需要进一步考虑。⑭

(三)"行政执法"遭遇现实难题

正如学者所言,新《环境保护法》确实体现出诸多亮点,但亮点大多体现在行政措施之上,其多为宏观层面对环境问题作出的回应,而鲜有关注环境侵权个案中受害人利益的保护。此外,虽然社会各界都对新《环境保护法》寄予了厚望,但是由于我国环保部门机构设置不科学、环境执法易受干预、强制措施难以执行、公众参与难以保障等现实,《环境保护法》对我国现行的执法机构提出了很大的挑战,许多相应配套措施仍然需要完善。⑮

正是行政执法规则的不甚完善,我国对环境问题的行政执法仍存现实难题。学者专门组织了团队进行了实证调研,并形成了相应的调研报告,根据该报告,新《环境保护法》在实施中至少存在如下几个问题。第一是环境执法力量不足、执法能力不强,特别是基层环保部门很难承担繁重的执法任务,这就导致环保制度和措施难以被全面、充分执行和遵守;第二是政府不同部门之间在环境保护监督管理方面缺乏良好的协调配合,影响了一些环境管理制度和措施的实施效果;第三是公众参与环境保护的途径和方式不足,其在环境保护方面的知情权、参与权、表达权、监督权无法得到足够保障。

行政手段的效率取决于资源配置、权限分配等多重因素,一旦行政执法机关缺乏相应的资源和权限,就会出现互相推诿从而导致执法效率低下的情况。有学者认为,新《环境保护法》实施以来,之所以没有取得预期的良好效果,反而受到较多质疑,是因为地方政府困于如何将新兴的环境行政思维细化并付诸实践,从而进一步改进新《环境保护法》的公众参与制度,并提出了环境行政管理部门应认真处理群众举报,推动环境公益诉讼的发展等一些措施。⑯

综合上述分析,可以得出初步的结论,即环境污染之严峻现状呼吁法律的介入,对此《民法总则》和《环境保护法》皆业已作出回应,对环境污染的治理

---

⑭ 杨立新:《中华人民共和国民法总则要义与案例解读》,中国法制出版社 2017 年版,第 65 页。

⑮ 常纪文:《新〈环境保护法〉:史上最严但实施最难》,载《环境保护》,2014 年第 10 期。

⑯ 张式军、徐东:《新〈环境保护法〉实施中公众参与制度的困境与突破》,载《中国高校社会科学》,2016 年第 5 期。

着重体现为对环境侵权行为的制裁，然而考虑到目前我国行政执法力量之欠缺，此时赋予私人以一种“惩罚特权”就有其必要，而惩罚性赔偿就主要是一项以授予私人惩罚权的方式，将公法在规制违法行为上的严厉与私法在执行法律上的灵便嫁接在一起的制度，其赋予私人以惩罚特权，以弥补国家监管的不足。⑰ 因此，在我国《民法总则》规定了绿色原则，新《环境保护法》规定了严厉的行政处罚措施，但在行政执法手段相对有限的情况下，能否在民法典分则部分制定相应规则，以通过私人诉讼弥补行政执法手段的欠缺，笔者将在下一部分进行讨论。

三、民法典侵权编引入惩罚性赔偿的可行性

(一)理念之革新——环境与经济关系之再审视

探讨在民法典侵权责任编环境侵权一章引入惩罚性赔偿制度是否具有可行性，需要先分析《侵权责任法》为何没有在环境侵权之中规定惩罚性赔偿制度。其实在2008年我国侵权法制定时，就有学者曾极力主张对恶意环境污染行为规定惩罚性赔偿金。根据参与侵权立法的权威专家回忆，在《侵权责任法》立法时的专家意见中，一种意见主张应该在侵权法中规定一种全面适用的惩罚性赔偿，即故意侵权造成严重人身损害的，都可以请求惩罚性赔偿。⑱另一种意见主张规定单项的惩罚性赔偿，如产品责任的惩罚性赔偿、恶意环境污染的惩罚性赔偿。⑲ 立法者最终采纳了单项惩罚性赔偿的做法，但仅将惩罚性赔偿规定在产品责任一章中，而没有规定在环境侵权一章中。

考察立法者未在《侵权责任法》中规定环境侵权适用惩罚性赔偿的缘由，笔者认为很大程度上是由当时经济发展和环境保护之间的关系所决定的。旧《环境保护法》将其立法目的表述为“为了促进社会主义现代化建设的发展”，将环境保护与经济发展的关系表述为“国家采取有利于环境保护的经济、技术政策和措施，使环境保护工作同经济建设和社会发展相协调”，根据立法者和参与立法专家的说明，此处的“协调”二字，是指环境保护工作必须服从且

---

⑰ 朱广新：《惩罚性赔偿制度的演进与适用》，载《中国社会科学》，2014年第3期。

⑱ 参见中国民法典立法研究课题组：《中国民法典·侵权行为法编草案建议稿》，载中国民商法律网，http://www.civillaw.com.cn/qqf/weizhang.asp? id=10897，2016年12月28日访问。

⑲ 杨立新：《侵权责任法条文背后的故事与难题》，法律出版社2011年版，第174页。

让步于经济社会发展。[20] 可以看出，这个时期立法理念是环境保护处于需要与经济社会发展相协调，这种状态一直持续到了2011年全国人大常委会将《环境保护法》纳入修订计划之时。而在2009年制定《侵权责任法》之时，经济发展与环境保护的关系仍然处于经济发展优先的时期，虽然立法者也意识到环境污染日益严重的现状，但在环境侵权中规定惩罚性赔偿制度可能会让企业承受过重的负担，进而影响中国的经济发展。所以在权衡之后，立法者最后没有接受将环境侵权纳入惩罚性赔偿范围的意见，而采取了一个折中的做法，即在认定环境侵权时，取消了被告需要违反环境保护或反污染法律法规的限制，以期让企业提高注意义务的同时不至于承担过重的负担。[21]

但随着经济社会的不断发展，人类对环境资源的需要与环境资源本身的有限总量之间的矛盾越来越突出，作为经济发展衍生产品的环境侵权现象也呈愈演愈烈之势。在2014年修订《环境保护法》时，关于经济发展与环境保护关系的主流观念已然出现了重大变化，国家领导人在讲话中谈到"绿色发展"理念之时，提出"我们既要绿水青山，也要金山银山。宁要绿水青山，不要金山银山，而且绿水青山就是金山银山"的政治理念。基于政治理念之指导作用，2015年施行的新《环境保护法》将立法目的修改为"推进生态文明建设，促进经济社会可持续发展"，经济与环境的关系修改为"使经济社会发展与环境保护相协调"，这意味着在法律层面上彻底改变了环境保护与经济发展的关系，将环境保护的优先级置于经济发展之前。过去以经济发展为重而牺牲环境保护的做法被彻底改变。

另外，《民法总则》在第九条规定"绿色原则"，也充分彰显了保护环境和绿色发展的时代要求，也意味着我国从立法层面上，逐渐开始接受环境保护优于经济发展的理念。理念之革新，消弭了在环境侵权中引入惩罚性赔偿的根本障碍。但仅有理念之革新绝不足以充分论证环境侵权应引入惩罚性赔偿的结论，下文将结合惩罚性赔偿的适用条件和赔偿金相关问题，探讨环境侵权中引入惩罚性赔偿的可行性。

（二）功能之守成——惩罚性赔偿适用条件的再考量

前近在关于惩罚性赔偿何以适用的探讨中，许多学者关注了惩罚性赔偿

[20] 竺效：《绿色发展理念与环境立法创新》，载《法制与社会发展》，2016年第2期。

[21] See Delisle, J. A Common law - like civil law and a public face for private law: China's tort law in comparative perspective. Towards a Chinese Civil Code. Brill, 2012, pp353.

适用条件在不同层面的问题。前近时期,惩罚性赔偿的目的和功能就被学者概括为惩罚和制裁严重过错行为,同时弥补受害人一些难以证明的损失;㉒而对于何种条件下得以适用惩罚性赔偿制度,学者则认为应考虑对于预期所获赔偿数额非常小,进行诉讼花费精力和费用远大于所获利益且坚持对侵权者提出诉讼的原告,以及通常超出了刑法的制裁范围而又相对严重的侵权行为;㉓而随着工业社会带来的风险的增加,诸如"三鹿奶粉"事件等大规模侵权案件频发,大规模侵权造成之社会危害日益严重,补偿性赔偿无法完全填补受害人之损害,故学者提议在大规模侵权中引入惩罚性赔偿制度,以充分体现侵权责任法完全救济受害人损失的立法目标,加强对民事权利的保护,这些皆系新时期惩罚性赔偿的制度目的。㉔

概而言之,通过回溯学者对惩罚性赔偿的适用条件的研讨,大致可以得出两方面的价值共识,其一是从侵权行为之维度出发,惩罚性赔偿制度应适用于造成严重损害后果的恶意侵权行为。具体而言,侵权行为人实施侵权行为的主观心态应属于故意或重大过失,同时造成了严重的损害后果,对此种侵权行为科以惩罚性赔偿是为了达到惩罚侵权行为人并预防侵权行为再次发生的目的;其二是从被侵权人维度出发,惩罚性赔偿应适用于补偿性赔偿难以弥补被侵权人的损失,也难以鼓励被侵权人提起诉讼的情况。具体而言,当补偿性赔偿遭遇司法困境之时,被侵权人往往需要付出巨大的诉讼成本,在很可能无法通过充分举证以获得完全赔偿之时,被侵权人就会丧失提起诉讼的积极性,在这种情况下允许被侵权人得到加倍赔偿金,实质仍是为了完全弥补被侵权人遭受的损害,并鼓励其提起诉讼,以维护自身合法权益。笔者认为,在环境侵权诉讼之中,无论从侵权行为之维度抑或被侵权人之维度出发考虑,环境侵权皆完全符合惩罚性赔偿的适用条件。

首先,从侵权行为的维度分析,大多数的环境污染侵权行为应属于过错严重的恶意侵权行为。这是因为侵权行为人在实施侵权行为时,存在成本与收益的衡量,侵权人的成本包括污染环境的成本、接受行政机关相应处罚的成本、承担补偿性赔偿的成本。而当这三项成本低于遵守相关规定而需要支出

㉒ 王利明:《惩罚性赔偿研究》,载《中国社会科学》,2000 年第 4 期。

㉓ 朱凯:《惩罚性赔偿制度在侵权法中的基础及其适用》,载《中国法学》,2003 年第 3 期。

㉔ 李建华、管洪博:《大规模侵权惩罚性赔偿制度的适用》,载《法学杂志》,2013 年第 3 期。

的成本时，侵权人选择侵权行为就符合经济学上的“理性”。当某项侵权行为可能对环境造成污染之时，侵权行为人必然认识到其行为可能产生的后果，但权衡利弊后仍然加以实施，这种行为应属于主观心态为故意的恶意侵权行为。但并非所有的环境污染行为都是恶意侵权行为，“恶意”的要件需要在个案中进行具体认定，而认定的方法可以参照《环境保护法》第六十三条关于行政拘留的认定模式。《环境保护法》条六十三条规定了四种责任人需要承担行政拘留处罚的行为，分别是建设项目未依法进行环评，经行政机关责令停建拒不执行的；未取得排污许可证排放污染物，经行政机关责令停止后拒不停止的；通过一系列措施逃避监管的方式违法排放污染物的；以及生产、使用国家明令禁止生产、使用的农药，被责令改正，拒不改正的，其认定的模式为“被告知行为可能会造成损害后果，并被要求停止实施行为后仍然实施”。笔者认为，在认定环境污染行为是否属于恶意侵权时，也可以参照这个标准，即经过行政机关、利益相关人的警示与告诫，仍然继续从事相应侵权行为的，应认定为恶意侵权行为。

同时，环境侵权行为具有严重的损害后果，因为其属于一种典型的大规模侵权行为。“大规模侵权”（Mass Torts）并非严格的法律概念，也无明确的内涵或外延，而仅能对其进行大概的描述。德国的巴尔教授将其描述为“涉及大量受害人的权利和法益的损害事实的发生的行为”㉕，而杨立新教授将其定义为“是基于同一个侵权行为或者多个具有同质性的侵权行为，给为数众多的受害者造成人身、财产损害或者同时造成上述两种损害，须提供数额巨大的损害赔偿救济，以便更好地进行预防和惩罚，以保障社会安全的侵权行为”。㉖环境侵权行为完全符合大规模侵权“给为数众多的受害者造成人身、财产损害的特点”，这是因为某一区域的生态环境一旦遭到破坏，这一区域生活的所有人都将持续地受到影响，其影响范围较一般侵权行为要大；同时，环境侵权行为使环境被永久改变，其损害的不仅是当代人的利益，还可能会对这一区域后代人造成影响，反观已经引入惩罚性赔偿制度的产品侵权责任，其损害尚不太可能延续到下代人，因此环境侵权行为的侵害的范围之广和后果之严重，是产品侵权所不及的。

其次，从被侵权人之维度分析，补偿性赔偿难以弥补环境侵权行为的被侵

㉕ 张新宝、岳业鹏：《大规模侵权损害赔偿基金：基本原理与制度构建》，载《法律科学（西北政法大学学报）》，2012 年第 1 期。

㉖ 杨立新：《侵权责任法》，北京大学出版社 2014 年版，第 64 页。

权人所遭受的损害。如前文所述，环境侵权中的被侵权人在诉讼中面临一系列的举证困难，导致损害难以被证明，因果关系也难以被认定，而补偿性赔偿原则只有在举证充分的情况下才能完全弥补被侵权人的损害，因此在环境侵权责任中补偿性赔偿原则难以得到充分发挥，被侵权人的损害也就难以得到完全弥补，因此引入惩罚性赔偿以完全弥补被侵权人的损害就更为必要。另外，正是因为环境侵权诉讼具有成本高，收益低的特点，导致环境侵权的被侵权人提起诉讼的积极性不高。笔者在“北大法宝”案例库中对 2010 年到 2016 年六年间全国各级法院公开的判决书进行检索，以“产品责任”为关键词进行检索共有 19590 份判决，其中产品责任侵权案件为 19234 件。而以“环境侵权”和“环境污染侵权”为关键词进行检索共有 2166 份判决，其中环境污染侵权案件为 1961 件。环境侵权行为的影响程度并不亚于产品侵权行为的影响程度，但其诉讼量却远不及产品侵权诉讼。其原因仍然是前述的被侵权人的举证责任困境造成被侵权人想要赢得诉讼就需要花费更大的诉讼成本，另外被侵权人因为补偿性赔偿原则的限制，只能主张能够充分证明的损害赔偿额，这就造成了被侵权人通过诉讼可能得到的收益过低，其自然不愿意花费大量的时间和精力来进行诉讼。因此，制度设计就应该允许被侵权人通过诉讼获得更多赔偿，以激励被侵权人提起诉讼，从而充分发挥私人诉讼的力量以弥补国家监管力量的不足。

诚如上文所析，无论从侵权行为之维度抑或被侵权人之维度考量，环境侵权行为皆满足惩罚性赔偿之适用条件。但立法论上之分析不能仅有适用之前提，因此下文进一步探讨环境侵权适用惩罚性赔偿的后果，即惩罚性赔偿金的计算标准与归属规范。

（三）比较之借鉴——他国对于环境侵权的相关规定

在比较法维度上，考察他国法律对应对恶意环境侵权的措施，可发现英美法系国家和大陆法系国家的做法不同。

1. 英美法系国家的做法

通说认为，英国系最早判予惩罚性赔偿金的国家，但和其他普通法系国家不同，早先的英国判例将惩罚性赔偿严格限制在有限的案件中，晚近以来方才扩大惩罚性赔偿的适用范围。[27] 2001 年在 Kuddus v. Chief Constable of Leices-

---

㉗ 阳庚德：《普通法国家惩罚性赔偿制度研究 以英、美、澳、加四国为对象》，载《环球法律评论》，2013 年第 4 期。

tershire Constabulary 案中,英国上院认为是否可以判处惩罚性赔偿金不应该局限于之前判例判处惩罚性赔偿金的诉因,从而实质上扩展了判处惩罚性赔偿金的诉讼类型。根据该判决,原告可以在任何案件中主张惩罚性赔偿金,只要案件事实表明该案应该归入"涉及国家公务员不公正的、专横的或者违宪的行为的案件;被告的行为是精心策划出来牟取超过原告可获得的赔偿的利益的案件;制定法授权进行惩罚性赔偿的案件"三种类型中的任何一类。㉘

在美国法上,诸多联邦层面之制定法明确规定了侵权惩罚性赔偿。在案件范围方面,美国法院在各类案件中都可以判处惩罚性赔偿金,但相比其他类型的案件,惩罚性赔偿更经常在侵权类型案件中出现。在美国,惩罚性赔偿金主要服务于两个目的:一是惩罚被告实施不法的、蓄意的、粗暴无礼的行为。二是遏制被告以及其他人将来实施法律禁止的行为。少数州仅仅在损害赔偿金很难确定的时候,允许惩罚性赔偿金这一救济措施去填补原告的损失,而不是处罚被告。

2. 大陆法系国家的做法

在大陆法系国家,受制于公私二元划分和同质救济原则,严格限制惩罚性赔偿的适用,然而环境问题是世界问题,何以规制恶意环境侵权行为仍困扰大陆法系的立法者,基于环境侵权之特殊性,大陆法系国家通常制定专门的环境基本法、环境责任法或环境损害赔偿法,以规制恶意环境侵权行为,实现社会利益的总体平衡。例如在德国就制定有专门的《环境责任法》,在日本有专门的《环境基本法》,在瑞典有《环境损害赔偿法》;我国台湾地区亦有《公害纠纷处理法》。

前述环境特别法中规定的环境损害责任,经历了由民事侵权责任发展出环境侵害责任的过错,其突破了原有的民事责任概念和责任承担方式,将责任内涵由对人的侵害扩大到环境的侵害,其责任范围也相应地由自己责任、直接责任、填补责任扩大发展为对环境的责任、间接责任、惩罚性责任。

3. 小结

概而言之,在英美法系的语境下,一旦环境侵权行为上升到恶意侵权行为之程度,便有惩罚性赔偿适用的可能;而在大陆法系语境中,虽然惩罚性赔偿的适用受到诸多限制,但将环境法与民法分别规定,同时将损害环境责任内涵

㉘ See Kuddus v. Chief Constable of Leicestershire Constabulary, 2 A. C 122, 134 – 135 (H. L. 2002).

扩大的做法,同样因应了增加环境侵权人所负赔偿之需要。我国法律的特点体现为混合继受,其广泛吸取不同立法模式之先进经验,诸如《侵权责任法》一方面坚持了大陆法系侵权损害赔偿的填补损害原则,同时也有条件地吸收了英美侵权法的惩罚性赔偿制度,其可谓是成功的。㉙ 产品责任中的惩罚性赔偿制度便是吸取不同法系的先进经验之结果。故笔者认为,环境侵权责任大可参照产品责任的做法,有条件地引入惩罚性赔偿制度。

(四)惩罚之实——赔偿金制度设计之想

1. 赔偿金计算标准的借鉴

倘若说环境侵权符合惩罚性赔偿的适用条件乃惩罚性赔偿适用之前提,那么损害赔偿的计算与归属则可以成为是惩罚性赔偿适用之结果,赔偿金计算基准的确定以及如何在基准之上确定合理的惩罚性赔偿金与补偿性赔偿金的比例尚需进一步的研讨。

在商研此问题前,不妨先反思我国现有的侵权惩罚性赔偿立法例对恶意侵权行为科以惩罚性赔偿金的规定。在我国现行法中,《侵权责任法》第四十七条规定被侵权人有权请求相应的惩罚性赔偿,具体赔偿额由法官根据个案确定;㉚《消费者权益保护法》第五十五条第二款明确产品侵权惩罚性赔偿金以“损失”为计算基准,此种损失包括人身财产损失亦包括精神损失,但赔偿的最高额不超过损失的两倍;㉛《食品安全法》第一百四十八条第二款规定惩罚性赔偿金可以价款的十倍计算也可以损失的三倍计算;㉜《商标法》第六十三条规定对恶意侵犯商标专用权情节严重的,可以在按照被侵权人遭受的实

㉙ 杨立新:《侵权责任法》,北京大学出版社2014年版,第11页。

㉚ 《侵权责任法》第四十七条:明知产品存在缺陷仍然生产、销售,造成他人死亡或者健康严重损害的,被侵权人有权请求相应的惩罚性赔偿。

㉛ 《消费者权益保护法》第五十五条第二款:经营者明知商品或者服务存在缺陷,仍然向消费者提供,造成消费者或者其他受害人死亡或者健康严重损害的,受害人有权要求经营者依照本法第四十九条、第五十一条等法律规定赔偿损失,并有权要求所受损失二倍以下的惩罚性赔偿。

㉜ 《食品安全法》第一百四十八条第二款:生产不符合食品安全标准的食品或者经营明知是不符合食品安全标准的食品,消费者除要求赔偿损失外,还可以向生产者或者经营者要求支付价款十倍或者损失三倍的赔偿金;

际损失的一倍以上三倍以下确定赔偿数额。㉝ 可以看出,除了《食品安全法》强调可以以价款计算赔偿金外,现行其余计算惩罚性赔偿金的标准皆以被侵权人遭受的损失作为计算的基准,同时确定一个惩罚性赔偿金与损失的最高比例或最低比例,以防止惩罚性赔偿金过分偏高或偏低。

考察其他国家惩罚性赔偿金计算方法的立法例,可以发现其计算标准存在多样化的特点。例如英国惩罚性赔偿金的确定综合考虑包括赔偿金的必要限度、被告的财产状况、原告获得的利益对公共服务资金的影响等八大因素;《美国惩罚性赔偿示范法案》中规定了惩罚性赔偿金的确定应考虑被告过错、补偿性赔偿的数额、被告可能需要支付的罚金、被告经济状况等八方面要素,同时美国法院在判决中也发展出计算惩罚性赔偿金的三大原则,即被告行为应受谴责的程度、惩罚性赔偿与补偿性赔偿之间的比例以及惩罚性赔偿金于相似案件中的民事制裁的比较。英美法系的有一些考虑要素比较抽象,往往需要法官具有较高的水准方可准确把握,例如被告经济状况、对公共服务资金的影响等;而有一些考虑要素是比较客观具体的要素,例如补偿性赔偿金的数额和被告需要支付的诸如罚金的数额,我国现行法也采纳以损失来确定赔偿金数额的做法与国外考虑补偿性赔偿金的数额近似。

在环境侵权中,惩罚性赔偿金的确定也可以延续我国现行其他法律的做法考虑损失的数额,同时借鉴国外的经验考虑被告需要支付的罚金来对赔偿金数额进行调整,这可以从以下两方面考虑。首先,以损失为基础计算惩罚性赔偿金,符合侵权法的一般原理,再以补偿性赔偿金的某个比例计算惩罚性赔偿金,能够方便法官进行裁判,同时对惩罚性赔偿金与补偿性赔偿金之间的最高比例作出限制,还能一定程度地限制司法实践中法官的自由裁量;其次,结合罚金数额对惩罚性赔偿金进行调整,是出于对“罚金”的双重作用与治理成本的考虑。罚金虽称之为“罚”,但其同时具有填补作用,其可以在一定程度上看作国家向侵权人收取的恢复环境所需要花费的费用,而惩罚性赔偿金也在一定程度上具有填补被害人损害的做法,其与罚金一定程度上具备相同的作用,也可以被看作是广义的治理成本;同时,罚金称为“罚”必然具有惩罚作

㉝ 《商标法》第六十三条:侵犯商标专用权的赔偿数额,按照权利人因被侵权所受到的实际损失确定;实际损失难以确定的,可以按照侵权人因侵权所获得的利益确定;权利人的损失或者侵权人获得的利益难以确定的,参照该商标许可使用费的倍数合理确定。对恶意侵犯商标专用权,情节严重的,可以在按照上述方法确定数额的一倍以上三倍以下确定赔偿数额。赔偿数额应当包括权利人为制止侵权行为所支付的合理开支。

用,新《环境保护法》增加了一系列严厉的行政处罚措施来提高对企业违法行为的惩罚力度,如果在行政机关依据新《环境保护法》对企业科以了高额的罚金,同时还要求企业付出高额的惩罚性赔偿金,则会造成惩罚畸重的弊端,这种做法虽然使受害人的损害得到了弥补,但这种倾斜保护的做法可能会打击企业的积极性。因此在考虑惩罚性赔偿金的确定时,必须同时考虑侵权人需要支付的罚金数额,以对惩罚性赔偿金进行调整。

关于惩罚性赔偿金与补偿性赔偿金的比例问题,笔者认为可以参照我国现行《食品安全法》的做法,将惩罚性赔偿金的最高额设置为损失的三倍,同时赋以法官充分的自由裁量权以便在环境侵权个案中进行确定。例如在李国瑞诉天祝公司案中,根据鉴定意见确定的损失为 90 余万元,而法院认为能够证明因果关系的损失有 30 余万元,此时法院就可以根据案件的具体情况,考虑侵权人可能需要缴纳的罚金和被害人的实际损失,对惩罚性赔偿金进行具体裁量。

2. 赔偿金归属问题的辨析

赔偿金的计算标准确定后,赔偿金的归属问题仍然需要探讨,学界对环境侵权惩罚性赔偿金归属问题的观点存在争议。有学者认为,由于惩罚性赔偿的适用是为了填补大规模侵权造成的社会整体利益的损失,所以赔偿数额中的一部分应该由国家代为收取,并且这种做法在美国法上能够得到支持,美国已经有八个州颁布了这种有受害人与政府共同分享惩罚性赔偿金的规定,我国可以借鉴美国的做法,对于这一块的收入,则可以成立专门的救济基金会进行代管,以便于救助其他受害者。还有学者进一步提出了应当建立规范化的大规模侵权损害赔偿基金,以解决相关纠纷,实现《侵权责任法》“促进社会和谐稳定”的立法目的。[34]

相反的意见则认为,早期普通法采用惩罚性赔偿,主要就是因为受害人遭受了精神痛苦、情感伤害等无形的伤害,需要以惩罚性赔偿来弥补损失。在《食品安全法》修改时,立法意见认为,我国在产品领域引入惩罚性赔偿,是基于对假冒伪劣产品监管不到位的现实状况,而惩罚性赔偿制度目的之一是鼓励私人参与诉讼以弥补国家监管力量的不足,而鼓励私人诉讼也应该将惩罚

---

[34] 张新宝、岳业鹏:《大规模侵权损害赔偿基金:基本原理与制度构建》,载《法律科学(西北政法大学学报)》,2012 年第 1 期。

金给予诉讼当事人。[35]

笔者认为，在环境侵权中，许多情况下财产损失比较容易证明，而人身伤害和精神损害则是难以证明的，惩罚性赔偿金如果不全部归属于受害人，是否能够真正填补受害人的损失存在疑问。如果要将部分赔偿金上交政府，可能会造成实践中对损失认定的难题。这是因为要将赔偿金部分上交国家的观点通常主张惩罚性赔偿中首先应先支付一部分费用用于填补受害人损失，而多余部分应归属政府。但实践中，受害人往往存在着难以通过证据证明的精神损害和其他潜在利益的损害，如何界定受害人的损失就成为实践难题。另外，惩罚性赔偿制度设计的目的之一就在于鼓励私人诉讼以弥补国家监管的不足。在环境侵权中，有些企业虽然实施了环境污染行为，但是监管部门限于一些现实因素难以发现企业的违法行为，此时就需要私人拿起诉讼的武器，积极提起诉讼以达到维护自身权益，同时也能促进相应监管部门发现企业违法的证据，以更好地起到预防侵权行为的作用。而如果规定惩罚性赔偿金部分应该上交政府，私人诉讼的积极性就必然受到打击，因为诉讼人也是理性人，让其上交一部分赔偿金，会使得诉讼人有一种"自己花费大量时间却在给别人赚钱"的心态，不利于充分发挥私人诉讼的作用。

然上述分析皆以环境私益诉讼为基础展开，在环境公益诉讼中，赔偿金的归属则应是另一番图景。在环境公益诉讼实践中，符合新《民事诉讼法》和《环境保护法》的社会环保组织方得以向法院提起环境公益诉讼，其诉讼目的是为了维护环境公共利益，而不是为了个案救济。[36] 基于环境民事公益诉讼的公益性，其在诉讼利益的归属也自应与环境私益诉讼相区分，其诉讼利益应归于社会而非归于任何社会组织或个人。[37] 2015 年 1 月 7 日起施行的《最高人民法院关于审理环境民事公益诉讼案件适用法律若干问题的解释》第二十四条规定人民法院判决被告承担的生态环境修复费用等一系列款项应当用于修复被损害的生态环境；同时其他环境民事公益诉讼中败诉原告所需承担的调查取证、专家咨询、检验、鉴定等必要费用，可以酌情从上述款项中支付。该

---

[35] 鲍艳：《"知假买假"判决背后的司法启示》，载《中国律师》，2014 年第 8 期。

[36] 张辉：《论环境民事公益诉讼的责任承担方式》，载《法学论坛》，2014 年第 6 期。

[37] 参见时任最高人民法院环境资源审判庭副庭长王旭光法官在发布环境侵权 10 起典型案例时所作说明，http://legal. people. com. cn/n1/2015/1230/c188502 - 27994685. html，类似的评论也可参见李丹：《我国环境公益诉讼的地方实践及其制度启示》，载《西部法学评论》，2011 年第 4 期。

条明确了环境公益诉讼中被告承担的赔偿金的用途，但未具体明确该笔资金的归属与监管。法院判决时如何确定赔偿金之归属与管理者，在理论和实践中仍存争议。

从既有司法实践维度观察，有判决认为赔偿金应当归属于地方政府设立的专项账户；有判决认为赔偿金应当由国库监管使用；亦有判决认为赔偿金应由环保局或者法院监管使用。㊳ 对此有学者认为，我国应当建立全国统一的生态损害修复基金，将公益诉讼和代表人诉讼所形成的资金纳入基金统一管理，同时制定严格的基金管理办法，明确基金运作程序，并成立基金会承担基金的管理工作；该学者同时主张，法院应判决将一定比例的损害赔偿金、生态修复金作为原告人已经支付的诉讼成本补偿费用，以保障原告的诉讼积极性，这也是其他国家成功的公益诉讼制度的重要内容。㊴ 最高人民法院相关负责人亦赞同此种做法。由此观之，虽然环境公益诉讼中赔偿金应归属于整个社会且用于生态修复，但同样也应将部分给予公益诉讼的原告，毕竟环境公益诉讼是“多管闲事”的诉讼，也是“勇敢者的诉讼”，因此将部分赔偿金作为诉讼上之激励仍有其必要。但与私益诉讼不同的是，此时赔偿金给予原告之目的非为完全填补损失，而仅作为对原告积极提起公益诉讼之行为的激励。

综上所述，笔者建议在环境私益诉讼中，可参考恶意产品侵权和恶意商标侵权的法律规定，将惩罚性赔偿金全部分配给被侵权人，以完全弥补被害人所受损失，如若赔偿金超过了被侵权人实际遭受的损失，也不应视作是一种“不当得利”，而应看作是对一种弥补国家监管不足的奖励。而基于环境公益诉讼的特点和目的，结合现行规定，环境公益诉讼的赔偿金应主要用于环境和生态的修复，但同时亦应部分给予公益诉讼的原告，以鼓励原告的公益行为。

㊳ 前者可参见云南省高级人民法院(2011)云高民一终字第41号民事判决书，判决书写道“在昆明市人民政府设立“昆明市环境公益诉讼救济专项资金”后，上诉人应向“昆明市环境公益诉讼救济专项资金”支付治污设备的成本、运行费及相关的评估费用，由昆明市人民政府按照《昆明市环境公益诉讼救济专项资金管理办法》的规定进行使用。”而关于后两种情况的介绍参见时任最高人民法院环境资源审判庭副庭长王旭光发布环境侵权典型案例时所作说明。

㊴ 参见澎湃新闻对吕忠梅教授的采访，http://finance.ifeng.com/a/20160617/14497515_0.shtml，2016年12月访问。

四、结语

诚如文初所述案例所示，在环境诉讼之司法实践中，基于举证责任的难题，传统的补偿性赔偿遭遇到难以解释的司法困境，环境侵权中的受害人之损害进而难以得到完全弥补，这绝非侵权损害赔偿制度之本意，也有违《侵权责任法》旨在对私权进行全面救济的目的；进而言之，司法裁判之困境致使被侵权人丧失诉讼动力，不利于对环境侵权行为进行惩罚，以达到预防环境侵权行为发生的目的。因此，在环境侵权中引入惩罚性赔偿制度有其必要性。

环境侵权行为属于恶意侵权行为的一种，现行补偿性赔偿金难以填补环境侵权的受害人所遭受的损害，也难以唤起环境侵权受害人提起诉讼的积极性，因此无法达到惩罚环境侵权行为，以预防环境侵权行为再次发生的效果。在环境侵权责任中，应规定被侵权人有权请求惩罚性赔偿，惩罚性赔偿金的确定应以被侵权人能够举证证明的损失为基础进行计算，同时考虑侵权人可能遭受的其他处罚，以对惩罚性赔偿金进行调整，并规定惩罚性赔偿金应归属于个人，以鼓励私人对环境侵权行为提起诉讼，从而对大量的环境侵权行为形成威慑。

行文至此，笔者已通过分析环境侵权引入惩罚性赔偿的必要性和可行性，加之以惩罚性赔偿金的计算问题，论证了笔者认为环境侵权应引入惩罚性赔偿的基本结论，在《民法总则》将“绿色原则”纳入到基本原则之背景下，民法典分则部分必然对该条原则进行必要回应，希望侵权责任编的立法能够改变《侵权责任法》的做法，在环境侵权一章引入惩罚性赔偿制度，以完善惩罚性赔偿制度的适用范围，达到侵权法充分弥补受害人的损失，惩罚侵权行为，预防侵权行为的再次发生的立法目的。

The Introduction of Punitive Damages in Environmental Tort

——Acase Study of(2016)Gan Civil Final No. 1 Judgment

Abstract: Compensation damage system can not truly fill the damage of the victim because of the particularity of environmental tort action. In (2016) Gan Civil Case No. 1 Final Judgment, the victim had performed the duty of providing evidences, but the gap between the actual losses and the compensation the victim received was still wide. The aggravation of environmental pollution requires legal intervention. The General principles of Civil Law emphasizes on the principle of environmental protection, but in practice, only relying on the executive power is not enough to achieve the legislative purpose to protect the environment in the General principles of Civil Law and the Environmental Protection Law, so it is necessary to introduce the executive approaches of the private force for the public interest into the tort responsibility charter in the Civil Law. The change of the understanding about the relationship between the environment and economy eliminates the biggest obstacle to impose high compensation on environmental tort, and the environmental tort accords with the applicable conditions of punitive damages, so that all compensation can be calculated on the basis of all losses which can be proved by the victim and adjusted by considering the amount of the fine which the infringer need to pay, and the compensation should be all allocated to the victim.

Key Words: environment tort; punitive damages; applicable conditions; the calculationand distribution of damages; codification of civil law

(责任校对:韩旭至)

互联网行业中 VIE 模式的法律风险分析及应对

张旭东*

摘　要：在“互联网＋”时代，受市场及监管因素影响，众多互联网企业远赴海外上市，发展出了一种不同于股权控制模式的新型上市融资模式，即 VIE 模式。然而，随着 2015 年《外国投资法（草案征求意见稿）》的公布，不稳定性凸显、吸引力下降和拆 VIE 现象骤增等问题使得对 VIE 模式法律风险的分析成了必要。其法律风险存在于搭建 VIE 模式和拆除 VIE 模式这两个环节，前者的主要法律风险涉及法律效力和违约风险，次要法律风险涉及外资并购和司法诉讼法律风险，后者涉及拆除的前、中、后三阶段的法律风险。为此，应从两个方面来应对，一方面采取权宜型方案，在内部治理上强化升级，另一方面采取治本型方案，架构功能型主导的监管模式、建立成熟的“去 VIE 模式“监管制度和实施健全的“治 VIE 模式”监管措施。

关键词：互联网行业　VIE 模式　法律风险　VIE 监管制度

在国内监管因素以及海外资本市场的影响下，众多境内面临融资困境的互联网企业为了进一步获得境外投资实现融资目标，VIE 模式应运而生。2015 年《外国投资法（草案征求意见稿）》的发布首次在立法上对 VIE 模式予以关注，最高人民法院也在近期发布了 VIE 模式第一案“长沙亚兴置业发展有限公司诉北京师大安博教育科技有限责任公司”（以下简称“亚兴安博案”）。当前，互联网企业赴美上市的共有 48 家，赴香港上市的亦有 10 余家，而这些企业无一例外地选择了 VIE 模式进行上市融资。为此，对互联网行业

* **作者简介：**张旭东，华东政法大学研究生。

中 VIE 模式的研究无疑是十分必要的。

一、VIE 模式的引介及存在的问题

VIE 模式作为一种广泛存在于互联网行业的特殊商事法律安排，通过一系列协议将境内运营实体公司与外商独资企业绑定，从而和为了融资目的而设立的境外公司构成一个完整的融资上市模式。不同于股权控制关系，在这个模式当中，作为实际控制人的外商独资企业或者境外特殊目的实体公司，是以一系列协议文本为标准实现控制的。这些实现控制权的协议主要包括：独家服务协议、股东投票委托协议、贷款协议、独家股权转让协议、股权质押协议和资产运营控制协议。

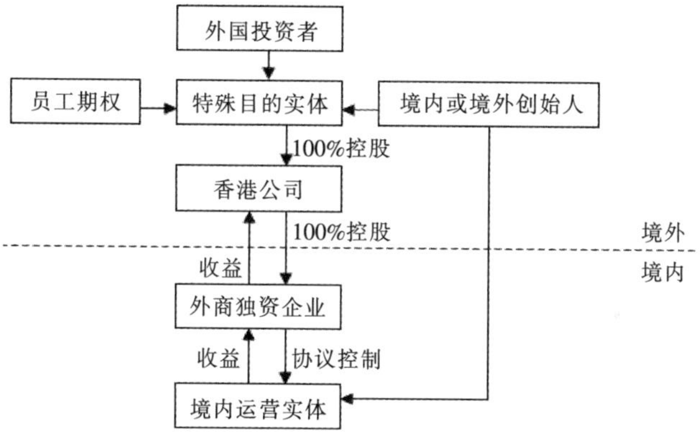

图 1 VIE 模式的基本运作网络图

互联网行业中 VIE 模式的不断应用总共经历了四轮互联网企业的海外上市浪潮。虽然 VIE 模式广泛应用于每一家赴境外上市的互联网企业，但这也意味着互联网行业海外上市的基本发展态势实际上同样反映着 VIE 模式的应用情况。

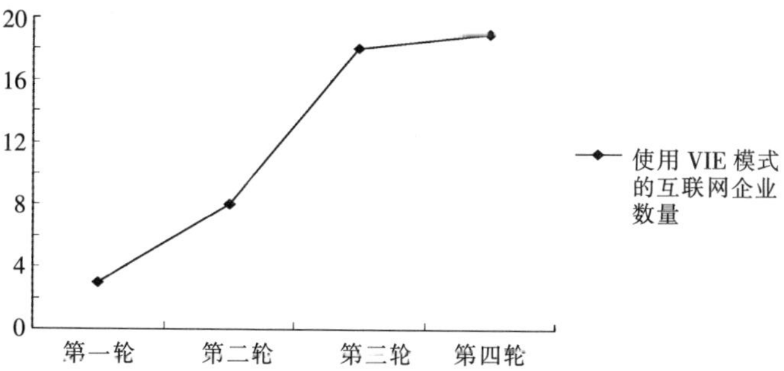

图 2 四轮海外上市浪潮的基本发展态势图

从中不难分析出当前互联网行业中 VIE 模式存在的问题:第一,利用 VIE 模式上市的互联网企业数增幅波动变大,VIE 模式的不稳定性凸显。虽然第二轮、第三轮的 VIE 模式应用程度呈几何指数增长,第三轮的增长情况是第二轮的一倍,但是第四轮增幅骤减。第二,自第三轮海外上市浪潮开始(2011 年前后),利用 VIE 模式上市的互联网企业数增速放缓,VIE 模式的吸引力下降。第三,根据权威研究机构清科研究中心的《2015 年中国 VIE 架构企业回归 A 股专题研究报告》,拆除 VIE 架构的在美上市互联网企业逐年增多,VIE 模式的生命力脆弱。据统计,当前共有 26 只在美上市的互联网行业股退市或开启私有化,这其中包括分众传媒、盛大、巨人网络等。并且从 2015 年起,过半数的股价呈现下跌趋势,最大的跌幅超 41%。①

然而,在对 163 个赴美上市中概股的实证研究中得出,虽然利用 VIE 模式上市的互联网企业明显存在法律风险,但这并未影响公众对互联网企业的估值持乐观态度。② 因此,就有必要从互联网行业中厘清 VIE 模式现存问题背后的法律风险,探寻控制这些法律风险的有效路径,以期符合公众期待,防止系统性风险的发生,并为互联网企业的融资提供坚实的法律保障。

二、互联网企业搭建 VIE 模式的法律风险

(一)法律效力风险

VIE 模式首先需要解决的是控制权协议的法律效力问题,否则一个在法律上没有效力的融资模式就没有必要为其构建一套监管制度,更无法实现企业的融资目标,讨论其他的法律风险也没有任何意义。当前关于法律效力风险的讨论多是将实定法与理论法层面的问题相混淆:一种是通过论证 VIE 模式在实定法上具有法律效力,进而反驳理论法上脱法行为理论以及管制创新理论的质疑;③另一种则是通过论证 VIE 模式符合法理学以及民法、经济法的基本原则,进而质疑 VIE 模式在实定法层面的有效性。④ 为此,应从实定法与理论法这两个层面分别研究 VIE 模式的法律效力风险。

---

① 曹紫婷:《VIE 们的春天来了总理喊你们回国上市》,载《杭州金融研修学院学报》,2015 年第 7 期。

② 曾斌:《VIE 模式的法律风险及政策反思》,载《证券市场导报》,2015 年第 5 期。

③ 赵馨、程璇:《VIE 模式的法律效力分析——基于合同法第 52 条》,载《中共青岛市委党校青岛行政学院学报》,2015 年第 1 期。

④ 叶存金:《VIE 结构的合法性探讨》,载《公民与法(法学版)》,2012 年第 5 期。

1. 实定法层面

由于 VIE 模式的控制权协议中每一个单独的协议均符合《合同法》与《公司法》的相关规定，所以判断其法律效力应从协议整体出发。检验的标准主要体现在《合同法》第五十二条的第三款和第五款。

第一，根据第五款的规定，只有违反了法律、行政法规的强制性规定，VIE 控制权协议整体才能被认定为无效。而当前互联网行业关于 VIE 模式的法律文件不是部门规章就是规范性文件，并不存在法律效力上的风险。

表 1　涉及互联网行业中 VIE 模式的法律文件一览表

发文单位	法律文件名称
信息产业部	《信息产业部关于加强外商投资经营增值电信业务管理的通知》
新闻出版总署、版权局、“扫黄打非”办	《关于贯彻落实国务院〈“三定”规定〉和中央编办有关解释，进一步加强网络游戏前置审批和进口网络游戏审批管理的通知》
国务院办公厅	《国务院办公厅关于建立外国投资者并购境内企业安全审查制度的通知》
商务部	《商务部实施外国投资者并购境内企业安全审查制度的规定》
发改委、商务部	《外商投资产业指导目录(2011 年修订)》
新闻出版总署、信息产业部	《互联网出版管理暂行规定》(现修订为《网络出版服务管理规定》)
国家广播电影电视总局、信息产业部	《互联网视听节目服务管理规定》
国务院新闻办公室、信息产业部	《互联网新闻信息服务管理规定》

第二，根据第三款的规定，针对“基于非法目的达成合法形式”，关键是要明确“非法目的”中“法”的界限。如果认为部门规章和规范性文件也属于这个“法”的界限，那么，只要 VIE 模式规避或者违反了这个广义上的法，其法律效力就不能被得到认可，属于典型的非法目的。但如果认为“法”的界限仅限于法律、行政法规的强制性规定，由于互联网行业关于 VIE 模式的规定并不属于上述狭义法的范畴，故 VIE 模式不存在法律效力被否决的可能性。但从

法律实践上看，上述广义理解占据主流地位，不过司法实践表现出了狭义理解的倾向：在宝生钢铁案中，河北省政府直接以违反公共政策为由否决了 VIE 模式的法律效力⑤，此外，在网游案中，仲裁机构以网游公司违反《三定规定》《电信条例》为由否定了 VIE 模式的法律效力。⑥ 但在最高人民法院公布的亚兴安博案中，其直接在判决书中指出，对于 VIE 模式“可能存在危害教育安全及社会公共利益的问题，系教育行政主管部门的职责范围”。对 VIE 模式应当由执法部门予以“规范”，而不是当然认定为违法。即便主管部门认定其违法，法院并非当然认定 VIE 协议无效。一审法院即湖南省高级人民法院更是直接指出了判断标准，即 VIE 协议是否违反了法律、行政法规的强制性规定，背离了外商投资产业政策的本意。⑦

2. 理论法层面

为了夯实 VIE 模式的效力基础，必须讨论清楚 VIE 模式理论法层面的问题，因为其对外部监管的制度构建具有决定性的影响。当前，对于 VIE 模式法律效力的质疑多来自于理论法层面“安全”价值的考量。比如证监会发布的《关于土豆网等互联网企业境外上市的情况汇报》，但“安全”在法律价值体系中只扮演一张幕后交椅的角色，与其他价值相比，是从属性和派生性的，所有关于安全的保障与服务措施，实质上都旨在满足社会的需要，概言之，一味强调安全只会导致停滞，有时只有经由变革才能维持安全，而拒绝推进变革和发展反而导致不安全。⑧

其次，根据脱法行为理论，脱法行为是“将强行法所禁止之事项，欲依其他方法达成之行为”，其中强行法分为取缔性规定和效力性规定，前者只是在事实意义上否认违反的行为，而后者是在法律意义上否认违反的行为。⑨ 也就是说，要认定 VIE 模式中的协议无效，必须从强行法中的效力性规定理论

⑤ Thomas M. Shoesmith, Client Alert: PRC Challenge to Variable Interest Entity Structures? [J] Pillsbury, Mar. 31, 2011.

⑥ 刘燕：《在“默认合法”中爆发的法律风险——协议控制 VIE 模式下风险事件及案例述评》，载《证券法苑》，2013 年第 9 期。

⑦ 参见长沙亚星置业发展有限公司诉北京师大安博教育科技有限责任公司二审判决书[(2015)民二终字第 117 号]

⑧ [美]博登海默：《法理学：法律哲学与法律方法》，邓正来译，中国政法大学出版社 2004 年版，第 292～296 页。

⑨ 史尚宽：《民法总论》，中国政法大学出版社 2001 年版，第 333 页。

出发来制定相关的法律文件,这样就剩下两条道路,一条是通过修改《合同法》第五十二条第五款的规定,扩大强行法的级别范围至部门规章,甚至是规范性文件,但这条路在两个方面上走不通。一方面,第五款的规定只是通过特别法规对私法自治给予适度限制⑩,给公法规范进入私法领域提供一条管道,以保持私法自治中的经济理性,这就意味着是公法的介入,而非公法的代替。⑪ 因此,强行法的级别范围不可能进一步扩大。另一方面,仅仅因为规制 VIE 模式而修改,将导致与 VIE 模式无关的其他种类、领域的规范也受到牵连,无端地被适用第五十二条第五款的规定,甚至可能将其他原本在部门规章、规范性文件里容许、利好的行为宣告为无效。另一条是通过制定法律、行政法规层级的效力性强制规定,但根据目前外国投资法草案的征求意见稿,并未采取对 VIE 模式的全盘否定态度,因此这条路也行不通。

(二)违约风险

由于协议控制相较于股权控制有一个天然的弱势,即合同对手方永远存在违约的风险,而这恰恰是 VIE 模式法律风险爆发的直接途径之一。因此,不仅要从 VIE 模式的启动,而且要从其运行的角度来分析不同主体可能造成的违约风险。从以下三则案例可见一斑:

首先,以土豆网创始人王微离婚导致 VIE 模式重构的案例来说明 VIE 模式启动时的违约风险。2010 年,由于创始人离婚财产诉讼生发的财产保全,境内运营实体上海全土豆网络科技有限公司 95% 的股份遭到冻结,这就使土豆网刚启动的赴美上市计划搁浅,被迫进行 VIE 模式重构。正因如此,优酷抢先赴美上市并于 2012 年收购了土豆网。⑫ 这起案例的典型性在于,就 VIE 模式的启动而言,资产的稳定与否是左右违约风险爆发的关键。

其次,以中国网游公司(T2 Entertainment Company)管理层控制权冲突的案例来说明 VIE 模式运行时的确定性违约风险。已在海外上市的和信超媒体凭借协议控制意欲决定境内运营实体中国网游公司的经营决策,然而 CEO 季望通过拒不移交公司印章、营业执照等方式主张自主控制权,最终导致和信超媒体不仅在公司内部下达解除季望职务的命令,而且在香港、上海等 5 地以

⑩ 梁慧星:《民法总论(第三版)》,法律出版社 2007 年版,第 38 页。

⑪ 苏永钦:《私法自治中的经济理性》,中国人民大学出版社 2004 年版,第 32 页。

⑫ 郭世辉、马俊丽:《协议控制模式下的风险研究》,载《财会研究》,2015 年第 12 期。

公司高管违反诚信义务的理由控诉季望。⑬ 这起案例的典型性在于，就 VIE 模式的运行而言，比起独家服务协议和借款协议可能导致的普通违约风险，VIE 模式的违约风险主要集中在投票表决权委托协议和股权质押等担保类协议，而其中的风险点落在管理层的内部治理上。

最后，以 2011 年爆发的支付宝事件来说明 VIE 模式运行时的不确定性违约风险。事件肇始于 2010 年央行发布的《非金融机构支付服务的管理办法》，其中第九条第二款对外商投资支付机构的业务范围，境外出资人的出资比例、资格条件等作出了严格规定，不仅需要中国人民银行的另行规定而且还要报国务院批准。有鉴于此，支付宝面临来自央行方面征询函的两个压力：要么申报外资背景，要么申明与外资无关。⑭ 这意味着支付宝不是实现内资化就是等待央行新规与国务院审批。又因为支付宝等管理办法出台都等待了 5 年了，避免审批又是 VIE 模式的成因，所以马云选择违约，单方终止 VIE 模式，使负责支付宝运营的浙江阿里巴巴电子商务有限公司脱离境外阿里巴巴集团以及雅虎、软银的协议控制。这起案例的典型性在于，违约风险也可能是外部监管环境的变化而引起的。

（三）外资并购法律风险

由于外资的进入常常构成对国家金融、经济安全上的威胁，所以不得不从有关 VIE 模式的安全审查制度来分析法律风险。又因为并购虽然不与垄断划等号，但并购总面临着反垄断的审查，所以也要从反垄断审查的角度来分析相关法律风险。

就安全审查制度而言，根据《实施外国投资者并购境内企业安全审查制度的规定》第九条的内容，主要分为两个风险点：第一，并购行为是否属于安全审查的范围。因其判断标准是根据交易的实质内容和实质影响，带有较强的主观性、综合性、动态性，所以容易成为风险的爆发点。第二，即便确定属于安全审查的范围，对于以协议控制方式实质规避安全审查的行为同样是明令禁止的。这包括两个方面的风险爆发点，一方面是在实质规避与形式规避理解上的偏差，不能认为如果以协议控制方式形式规避了安全审查就是得到允许的，国外有学者正是基于这个错误的理解，得出了相比于更关注经济实质的

---

⑬ 刘菊：《对返程投资中采用 VIE 结构运作模式的研究与思考》，载《西部金融》，2012 年第 9 期。

⑭ 林坤：《VIE 存与废》，载《新经济导刊》，2012 年第 1 期。

美国会计准则 VIE 概念,中国监管当局奉行法律形式主义是一种失败的结论。[15] 然而,这不仅违背了安全审查制度的立法宗旨,将其视为一个立法漏洞,而且错误地理解了一个举重以明轻的条文表述,即实质规避尚且禁止,更何况形式规避。另一方面,是否接受以及不接受以后及时补救与否也影响到安全审查制度可能带来的法律风险。

就反垄断审查而言,主要的风险点落在经营者集中的申报上。根据《反垄断法》第二十条的规定,凡是通过合同等方式控制了其他经营者或者能够对其他经营者施加决定性影响的,就构成经营者集中。一旦经营者集中符合了《国务院关于经营者集中申报标准的规定》,那么反垄断审查的处理结果就直接反映了 VIE 模式在外资并购当中的法律风险系数。以商务部附条件批准沃尔玛收购纽海控股为例[16],由于纽海控股的子公司纽海信息技术(上海)有限公司通过 VIE 模式控制着当时中国最大的网上购物中心"1 号店",所以沃尔玛的收购实际上就意味着进入我国互联网销售行业,但因为这属于外商投资明令禁止的领域,所以商务部只批准沃尔玛收购"1 号店"的直销业务,而不允许收购"1 号店"的 B2C 业务。在这起案例中,VIE 模式在外资并购上的法律风险直接体现在了反垄断审查当中。

(四)司法诉讼风险

违约风险常常伴随着的就是法定代表人的变动,诸如前述中国网游公司管理层冲突案和支付宝事件等。但任何高层的变动都不是一蹴而就的,往往最后只能诉诸诉讼来解决,即便法院不能扮演公司的角色来行使自治权。其中有三种诉讼情形在 VIE 模式当中的法律风险凸显:

第一,股东代表诉讼当中,因为外国投资者并非境内运营实体的股东,所以相比于股权控制模式,还存在委托、身份确认上的困难。

第二,由于 VIE 模式中外国投资者法定代表人的更换要发生法律效力,真正取得公司控制权,外国投资者就必须取回原法定代表人仍然在非法占有的公章,之所以存在风险,是由现实的一对矛盾造成的,即司法程序上的死循环。一方面,根据《公司法》第一百四十七条,公司的董事、监事、高管

---

[15] Dmitry Gololobov, Joseph Tanega, "Sham SPEs: Part 2: the regulatory gaps of international accounting standards concerning the consolidation of special purpose entities", in International Company and Commercial Law Review, 17(2006), p. 369—380.

[16] 符迎曦、Steven R. Wright:《商务部附条件批准沃尔玛收购案——它对沃尔玛、1 号店以及 VIE 结构的未来意味着什么?》,载《律商中国法律透视》,2012 年第 64 期。

不得侵占公司的财产，并且根据2005年最高院公布的《第二次全国涉外商事海事审判工作会议纪要》第九十一条的规定，公司依法有权向原法定代表人提起诉讼，要求返还公章。另一方面，如果公司是原告，那么起诉状就必须盖公司的章。但如果请求的是返还公章，那么法院允许变通，由法定代表人在诉状上签字。问题就在于，在VIE模式当中，非法占有公章的正好是原法定代表人，对于这种自己告自己的情形，原法定代表人自然不会选择签署诉状。

第三，关于执行难问题。在VIE模式当中，境内运营实体通过与海外上市的特殊目的实体的一系列协议转移大部分利润，以此来支持海外上市公司的运营。但是，当两者发生利益冲突时，由于实际在经营的是境内运营实体公司，所以一旦发生债务纠纷都是由其债权人向其主张权利，而又因为债具有相对性，债权人几乎不可能向海外上市公司主张权利，所以一旦境内运营实体没有剩余利润或者管理层、创始人携款潜逃，那么债权人即使胜诉，权利的实现也无法得到保障。

三、互联网企业拆除VIE模式的法律风险

之所以会存在利用VIE模式海外上市的互联网企业选择拆除VIE模式，无非是出于两个原因，一是在海外资本市场上难以为继，名为融资实为负债，二是在权衡了国内资本市场与海外资本市场的行情与外部的监管环境之后，看好更优的国内资本市场，前者如分众传媒、完美世界，后者如暴风影音。拆除VIE模式大致可以分为三个阶段：第一阶段是私有化要约退市，主要集中在拆除前；第二阶段是外资股东的撤离、境内资本的接盘以及各项协议的解除，主要集中在拆除中；第三阶段是境外上市主体的注销和境内上市的准备，主要集中在拆除后。根据这三个不同的阶段，相应的法律风险也呈现出不同的形态。

（一）私有化要约退市的价格法律风险

要完成拆除，实现私有化的前提是发出收购要约，因为收购价格是决定最后收购能否成功的关键，所以收购价格成了收购要约的核心风险点。如果收购价格比资本市场交易价格高30%左右，[17]那么法律风险就较小，完成收购的概率就较大。如果收购价格低于这个数值，甚至比市场交易价格更低，与投资

---

⑰ 桂浩明：《中概股回归：看起来很美》，载《中国金融》，2015年第13期。

者的预期不符,那么法律风险就较大,完成收购的概率就较小,具体表现为股东诉讼和中小投资者的集体诉讼。如 2016 年初开启私有化进程的聚美优品就因为每股 7 美元的收购报价远低于其市场股价,而遭到了股东乃至中小投资者的集体问责与维权。⑱

(二)法律程序和涉税法律风险

首先,互联网企业拆除 VIE 模式首要面临的一个问题是时间,由于行业内产品的更新速度以及市场的变化多端,这些均要求一家互联网企业能尽快确立自身的资本后盾,因此,在拆除过程中,互联网企业就要面对法律程序上带来的风险。互动百科用 6 个月拆掉 VIE 模式的例子表明,通常一家互联网企业拆除 VIE 模式需要 6 ~ 9 个月的时间⑲,其中需要经过税务稽查、外汇监管、登记管理等法律程序。

其次,拆除过程中,还需要注意涉税法律风险,主要存在两个风险点:第一,拆除过程中因为涉及多轮收购,所以存在相应的缴纳所得税的问题。在股权收购阶段,典型的拆除方式是境内运营实体收购由境外上市主体设立的外商独资企业,在收购完毕后,作为外商独资企业股东的境外上市主体就获得了相应的转让所得。依据《企业所得税法》以及相关的税收协定,作为非居民企业的境外上市主体应以其转让所得为基础,缴纳税率 10% 的预提所得税。以暴风科技为例,就这方面专门作了补充说明以确认其合规性。第二,根据《企业所得税法》,当相关企业转为非外商独资企业是,那么就涉及已享受的税收优惠需要返还的问题,很多企业因为没有区分清楚不同阶段能否享受税收优惠的条件,导致企业要么凭空返还,要么分文未还,到期缴纳滞纳金。以暴风科技接受税务机关、证监会税收优惠返还调查为例⑳,在 VIE 模式当中,境内运营实体"暴风网际"由于是内资公司,所以不享受外商独资企业的税收优惠,因此不存在返还问题。但处于模式中的外商独资企业"互软科技"是否需要返还税收优惠,涉及 VIE 模式中的控制协议是否已经实际执行并且盈利,如果是,则需要返还,反之亦然。由于"互软科技"并不满足上述条件,因此就不需要因为注销重组而返还相应的税收优惠款项。

---

⑱ 刘斯会:《聚美优品 7 美元私有化价格引争议 投资者亏损超百万美元欲组团维权》,载《证券日报》,2016 年 2 月 22 日。

⑲ 叶静:《拆 VIE,上新三板》,载《创业家》,2015 年第 7 期。

⑳ 刘成伟:《VIE 红筹回归之路》,载《中国外汇》,2015 年第 6 期。

(三)借壳上市与自主上市的法律风险

拆除完 VIE 模式后,除了完成境外上市主体的注销,最关键的是在境内资本市场上市。企业主要采用借壳上市和自主上市两种方式。

借壳上市这种方式,一方面同样要面临法律程序周期较长的风险,时间在一年左右,另一方面寻找、谈判、确定壳资源也需要时间精力,而且壳资源本身也存在极大的不确定性,比如在美股退市的分众传媒就借壳宏达新材在国内 A 股上市,结果因为宏达新材涉嫌违规,遭证监会调查而阻碍了分众传媒在 A 股的上市之路。[21]

另一种是自主上市,也就是拆除完之后就剩境内运营实体,而该实体也不借壳了,直接以自身实力上市,这种方式主要存在三个法律风险点,同时也是回归国内资本市场的基本条件:

第一,是否有稳定的股权结构,包括员工股权激励计划(ESOP)的处理,外商独资企业和境内运营实体之间股权代持协议的解除等。

第二,根据国内资本市场的上市规则,境内上市主体的实际控制人如果要上主板,那么三年内不能发生变更,如果要上创业板,那么两年内不能发生变更,在拆除 VIE 过程中恰恰要注意之前的交易设计是否会在后续因为实际控制人这项指标不符合而导致回归 A 股失败。

第三,业绩是否保持连续性。这又涉及拟上市主体的选择问题,如果拟上市的业务已对外放开,那么拆除成本就可以相对较小,境外投资人的持股保持不变,保留外商独资企业将境内运营实体收购,如果拟上市的业务仍然处于对外封锁,那么拆除成本就会相对较大,将境内运营实体作为上市主体,要么将外商独资企业予以收购作为子公司,要么将其注销。上述两种选择,无论哪种都需要在经过一定年份后才能满足业绩连续性的要求,但相比而言,由于后者境内运营实体在 VIE 模式当中都是将经营所得利润转移至境外,所以以此为国内资本市场的上市主体可能需要更长的时间。以暴风科技为例,在 VIE 模式当中,暴风网际作为境内运营实体因为在模式实际运作前未向 WFOE 互软科技转移任何利润而独立经营创收,因此在其向国内创业板提交上市申请时,已经符合自 2010 至 2012 年连续两年盈利的指标。

---

[21] 邵好:《宏达新材遭证监会立案调查 分众传媒借壳面临波折》,载《上海证券报》,2015 年 6 月 18 日。

四、互联网行业中 VIE 模式法律风险的解决路径

(一)权宜型解决路径——内部治理强化升级

1. 采用改良协议和“许可与实业分离”方案解决法律效力风险

就改良协议而言,主要可以对投票表决权委托协议进行修正,即将该表决权授权给不具有任何外资背景的第三方,从而使协议不直接体现融资企业与境外投资者之间的实际控制关系。这样在保证 VIE 模式运行顺畅的前提下,只要解决第三方是否能保障投资者安全这一问题就足够了,而解决这一问题比起解决 VIE 模式合法性风险难度较小,并且通过双方共同指定等方式完全可以较好地解决。

就许可与实业分离而言,互联网企业应当最大限度将 ICP 牌照的许可与经营内容分开,并将从事实际经营内容的主体作为境内运营实体,再与外商独资企业签订一系列控制协议,形式上进一步淡化特许牌照对 VIE 模式运作可能产生的法律风险。比如沃尔玛收购纽海控股一案就给出了一个最佳的解决方案,1 号店经营直销和 B2C 两种业务,前者直销不属于互联网禁止或限制的领域,后者作为网上的零售批发中心则属于禁止领域,要实现许可与实业最大限度的分离,实际上就是依法厘清实际经营内容的范围,最后作为境内运营实体的主营,而后通过其他方式不从事 ICP 牌照许可的内容但获取相应的利润。以“沃尔玛收购案”为例:

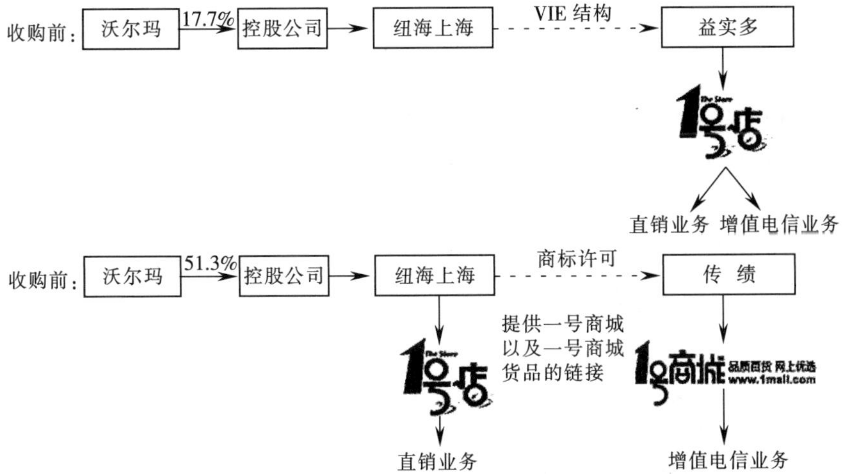

图 3 沃尔玛收购纽海控股之“许可与实业分离”方案图

上图中,沃尔玛完成了法律上的分离。剥离了1号店的增值电信业务(B2C业务),由一家内资企业"上海传绩电子商务有限公司"来经营1号店的B2C业务,并命名为"1号商城",而该店商标的所有人为纽海上海,其未被授权使用。这实际上意味着沃尔玛与纽海上海通过商标许可协议和其他相关协议从"1号商城"的业务中获取经济利益,配套直销业务的VIE模式运作而不违反商务部限制沃尔玛通过VIE模式进入增值电信业务的决定。

2. 利用境外投资人与第三方的介入防范违约风险

就境外投资人介入的强化而言,主要目的是限制境内运营实体实际控制人的权限。主要方式是强化境外投资人参与到外商独资企业的经营管理当中,将其选派的人员作为外商独资企业的法定代表人或主要负责人等,进而防止境内运营实体的实际控制人全权操控VIE模式的运作。

就第三方的介入而言,主要就是采用"跨多界控制模式"。VIE模式中的控制协议虽然为境外上市公司和境内运营实体在财务上提供了纽带,但是境外投资人的股东利益并没有以股权利益的形态体现在境内获得ICP牌照的运营实体上,这样创始人股东和境外投资股东的共同利益仅仅体现在境外上市公司上,而未较好地体现在境内运营实体上,所以一旦共同利益失衡,创始人股东就会滥用其在权益上的支配优势。在跨多界控制模式当中,增加了托管人这一角色,旨在通过托管投票表决权更好地制约创始人股东的支配地位。

3. 合理规避反垄断审查应对外资并购法律风险

就反垄断审查而言,从商务部否定沃尔玛试图通过VIE模式进入增值电信业务可以得出,政府并不是像一些学者所言默认合法㉒,而是通过反垄断审查这种方式进行干预。其中的原因已有外国学者指出,认为中国政府之所以采取这种暧昧不清的态度,可能仅仅是想利用境外资金,高新技术或先进管理经验,一旦时机成熟,随时会终止这种模式的继续运作。㉓ 这也是为什么政府会采取一种区别对待的方式,对于境内创始人远赴海外融资设立境外上市壳公司架起VIE模式采取了一种默示的态度,而对沃尔玛等天生外资背景的企业利用VIE模式进军敏感的中国互联网行业采取了一种审慎、否定的态度。

㉒ 刘燕:《企业境外间接上市的监管困境及其突破路径——以协议控制模式为分析对象》,载《法商研究》,2012年第5期。

㉓ David Schindelheim, "Variable interest entity structures in The People's Republic of China: Is uncertainty for foreign investors part of China's economic development plan?", in Cardozo Journal of International and Comparative Law, (21) 2012, p. 195—202.

因此，从这个角度来看，若境外投资人想顺利通过外资并购，利用 VIE 模式进入中国互联网行业，要么学习前述沃尔玛收购案中许可和实业相分离的做法，要么在收购存在 VIE 模式的境外壳公司之前，再设立一个类似 BVI 的公司，合理分配中方与外方的占股比，再利用该公司收购存在 VIE 模式的境外壳公司，增加收购的成功率，避免 VIE 模式可能产生的风险。

4. 强化公章管理和信息披露防止司法诉讼风险

首先，关于返还公章的法律风险，关键在于强化公章的管理和使用。在境外投资人和创始人之间，经常出现创始人一方挟公章以令公司的情形，又由于境外投资人不了解公章在中国公司中的实际意义，忽视了公章的管理和使用，最后导致双方对抗，甚至在争议时处于被动局面。为此，就应当在协议中设立公章的变更条款或废止条款，进而防止高管非法占有公章，给公司的利益造成损失。

其次，关于执行难，关键问题出在信息披露上。如果企业能够完整、及时、真实地反映自身的财务状况以及关联公司的情况，那么债权人就会尽早作出准备，不至于到最后一方进入失信惩戒平台，一方血本无归，对于双方而言都能增加交易的稳定性与安全性。因此，在内部治理方面，一方面要不断修正信息披露的不足，比如新东方之前在美股被浑水公司做空就是因为对其内部的股权调整信息披露不足，差点造成大批债权人求偿无门，后经美国证券交易委员会（SEC）的深入调查才澄清事实，另一方面要充分发挥独立董事的作用，进一步监督信息披露。

5. 分阶段解决互联网企业拆除 VIE 模式的法律风险

第一，在拆除 VIE 模式前，应缩小市场预期与实际要约收购价格的差距。之所以聚美优品私有化要约退市过程中会遭遇股东和中小投资者的集体问责与维权，是因为在私有化要约的收购价格上出现了问题。无独有偶，当当网公开表态与实际要约收购价差距大引发不满的例子就提供了一个反面典型。

第二，在拆除 VIE 模式过程中，应精简程序与降低补税损失。其中主要解决涉税法律风险当中的返还税收优惠。大部分互联网企业选择的典型拆除方式最后是落在将境内运营实体作为最后上市的主体，而根据国家税务总局对外商独资企业等外国企业不享受税收优惠政策后的处理规定，一旦企业的经营业务性质或经营期限发生了变化，那么就要补缴之前包括优惠过渡期在内的所享受到的减免税款。相比而言，若将外商独资企业作为最后国内资本市场上市的主体，在其收购境内运营实体的过程中采用股份与现金相结合的支付方式,那么不仅可以在营业税、增值税等方面获得税收优惠,而且在企业所得税方面可以依法申请特殊税务重组来递延纳税。这样就可以避免补税风险,利用各项税收优惠实现最低的税负目标。

第三,在拆除 VIE 模式后,应加强境内上市的预警。就借壳上市而言,应通过完善的尽职调查体系降低风险,就自主上市而言,伴随股权激励计划的终止,应保证股权结构的稳定,尤其还要注意上市公司实际控制人的在任年数,诸如信超媒体空降实际控制人的情形,一旦回归上市,就需要重新计算在任时间,增加时间成本。

(二)治本型解决路径——外部监管创新转型

内部治理上的强化升级永远只是在现行的监管框架内做的权宜之计,其只能防范风险,既不能保证法律风险不发生,更不能从根本上消除这些隐患。互联网行业中 VIE 模式的法律风险问题根源不在于 VIE 本身,其很大程度上起源于外部监管,只有从源头上重新审视 VIE 模式,才能真正解决互联网行业中 VIE 模式的法律风险。

1. 架构功能型主导的监管模式

目前的监管制度采用的是以被监管主体的行为流程为主导的监管模式,但往往导致机构臃肿、职能重叠。比如有关网易网游"魔兽世界"违反三项规定但查处机关违规处理的问题㉔,就是文化部与新闻出版总署之间职权不清造成的监管混乱。当前互联网行业内部彼此之间的壁垒逐渐被打破,交易的规模、交易的方式不断升级,如采用了 VIE 模式的阿里巴巴,不仅有网上购物中心(淘宝),还涉足银行(阿里巴巴网商银行)、保险(众安在线财产保险公司)等,因此将互联网企业利用 VIE 模式上市并运行的全过程进行解构,架构起以功能型为主导的监管模式成为必要,主要可以包括证券发行、跨境税收、外汇使用、资产转移与信息披露这五个方面。

2. 建立成熟的"去 VIE 模式"监管制度

要实现"去 VIE 模式",国内资本市场就必须有一个成熟的监管制度来帮助而非扼制广大互联网企业的融资,培育互联网企业的发展。为此,首先,应确立动态的股本总额构成。如果股东的出资包含知识产权、土地使用权、股权

㉔ 傅才武、纪东东:《文化市场一体化进程与文化行业体制的结构性矛盾及其因应策略——基于"魔兽世界"网络游戏主管权两部委论争事件的分析》,载《中国文化产业评论》,2010 年第 2 期。

等其他形式,那么相关法律在无形资产的占比上作出了较为严格的限制,比如根据《首次公开发行股票并上市管理办法》,最近一期末无形资产占净资产的比例不高于 20%。虽然在立法上设置上市的门槛旨在避免小公司受市场波动冲击,同时筛选出成熟的企业,但是对于互联网行业而言,其无形资产和商业模式在企业资产的实际价值中占更大的比例。因此,用一个静态的判断标准来评估企业的实际偿债能力远比不上通过企业动态的业绩指标来进行判断。

其次,应从时间上和数量上降低互联网企业营利性的标准。对于众多初创型的互联网企业而言,其本身规模并不大,故风险能力方面存在较大不足,一旦受到经济波动就难以维持连续性盈利,难以满足上市融资的要求。此外,众多互联网企业在上市成功以后必然面临盈利能力的下降,因为在 IPO 之后,企业会集聚大量募集资金,所以在总股本和净资产方面会大幅提升,但盈利的资本就那么多。

从数量上分析,无论是主板、创业板或是新三板,对企业的盈利指标均有严格的规定,但能否实际上盈利才是互联网企业的命门。具体而言,在互联网时代,产品的更新速度以及商业模式的快速变化迫使互联网企业将大部分的资本用于新产品的研发与生产以便扩大自己的市场占有率。由于研发费用在总成本中占据较大比例,所以会蚕食一部分的利润。现在的上市标准将盈利性作为一项关键指标,就会促使互联网企业将发展重心放在积累利润上,而非注重创新,这样一个有好产品或商业模式的公司由于缺乏资本,就会为了满足上市要求而摒弃用研发创新来开拓市场的发展模式,实质上这也背离了原先监管制度的宗旨。

3. 实施健全的“治 VIE 模式”监管措施

虽然关于“治 VIE 模式”的监管措施繁多,既包括规范性法律文件,如外管局的 75 号文等,还包括部门规章,如商务部的 53 号文等以及法律法规,如《证券法》《公司法》等,但始终缺乏一个统一的标准。随着 2015 年《外国投资法(草案征求意见稿)》(以下简称“征求意见稿”)的公布,有关于 VIE 模式的监管措施首次得到了立法上的统一性回应,为实施一个健全的“治 VIE 模式”监管措施提供了一个良好的契机。因此,有必要从这份征求意见稿切入,结合现行各项监管措施来寻求一套方案,以期能够实现一揽子健全的“治 VIE 模式”监管措施。从这份征求意见稿来看,共有四个条文对 VIE 模式作出了规制,其中第十一条对 VIE 模式下外国投资者的认定作出了规定,即根据其他国家法律所设立的企业等外国投资者控制的境内企业,一律视为外国投资者。第十五条对 VIE 模式下外国投资的认定作出了规定,即协议控制境内企业及其权益属于外国投资。第十八条则规定了对于"控制"的三个标准。第四十五条规定了在第十一条的基础上,实际控制情形下视为内资。从上述四个条文来看,有两个方面值得关注:

(1)明确"控制"的认定标准

从与 VIE 模式相关的现行法律文件来看,排除不在本文讨论范围内的股权控制模式中的权益比例标准,对于"控制"的认定存在多重标准,如下表 2 所示:

表 2　不同法律文件对"控制"的认定标准

法律文件名称	对"控制"的认定标准
《公司法》	实际支配公司行为(第二百一十六条)
《反垄断法》	对其他经营者的控制权或其他经营者施加决定性影响(第二十条)
《国务院办公厅关于建立外国投资者并购境内企业安全审查制度的通知》(以下简称《通知》)	所持股份享有的表决权足以对管理层的决议产生重大的影响

征求意见稿正是在综合了现行各项法律文件关于"控制"的认定标准之后,统一为三项标准,其中第一项适用于股权控制模式,其余两项实际上是对《公司法》确立的"控制"的认定标准的细化以及对《通知》的一个吸收,包括在直接或间接持股等类似权益上不足 50% 时,若能直接或间接任命决策层半数以上成员或确保其提名人员锁定决策层半数以上席位的,那么就认定为构成"控制",当然,原规定当中"对决议产生重大影响"的认定标准依然的一保留作为兜底条款,并且就协议控制专门规定必须符合对经营、财务、人事等施加决定性影响。尽管如此,但要实现健全的监管措施,在该法正式出台之前仍有需要完善之处。

第一,对于外国投资者这一概念是按集合的概念理解还是按个体的概念理解,这关系到构成实际控制的主体到底是外国投资者还是中国投资者,进而对互联网行业而言,确定是否可进一步申请为内资从事增值电信业务。举例而言,一家互联网企业从事外商投资禁止的业务,在境外上市公司当中,总共三个投资者,中国投资者所持股权为 40%,其余两个投资者所持股权均为 30%,那么在"身份控制标准"下,外国投资者所持股权达到 60%,实际控制了该企业,不符合征求意见稿第四十五条申请为内资的条件,那么就不被允许继续从事相关业务。反之,在“个体控制标准”下,则是中国投资者构成实际控制,符合申请为内资的条件,可以继续从事相关业务。参考目前《通知》在认定外国投资者实际控制方面所采用的标准,实际上选择的是“身份控制标准”,如认为“数个外国投资者在并购后所持股份总额合计在 50% 以上”的就认为是外国投资者取得了实际控制权。

第二,相比于征求意见稿第十八条第二款第一、二两项通过决策层的成员量和席位数来认定“控制”,第十八条中第二款第三项以及第三款通过“重大影响”和“决定性影响”来认定实际控制人操作性不强,甚至容易出现违法的现象。对于一部分互联网企业而言,由于存在特殊的管理结构从而确保了境外上市主体对境内外商独资企业的绝对控制,因此不存在判断实际控制人的困难。比如阿里巴巴在上市之后,雅虎与软银的投票表决权随即受到限制,软银虽然所持股份仍然超过 30%,但其相应的投票权则让渡给了马云和蔡崇信,这意味马云享有了 42.5% 的投票表决权,并且根据其特殊的合伙人制度,投票表决权已超过 50%。根据征求意见稿的规定,符合第十八条对“控制”的界定,实际控制人就是马云,因其为中国投资者,所以可以申请为内资继续从事相关增值电信业务。但同样存在两个方面的隐患,一方面,如果互联网企业不存在这类特殊的管理结构,当境外上市主体出现中方与外方所持股份相等的情形时,那么就难以认定何者构成“控制”,从而确定实际控制人。另一方面,即便在申请为内资并通过审核时符合要求,但在审核后,中方外方各自所持股份比例发生变化,或者诸如阿里巴巴这样的拥有特殊管理结构的互联网企业调整了自身的管理结构,对外商独资企业的控制权从中方转移到外方,那么利用 VIE 模式上市经营的互联网企业就会由原来的合法变成非法。

(2)防止变相扼杀利用 VIE 模式的互联网企业

首先是针对当前利用 VIE 模式的互联网企业而言,根据征求意见稿的相关立法说明,主要存在三种处理思路。[25] 第一种是申报说,若互联网企业欲申报为内资,主管部门备案即可认定。这种思路影响最小,但风险最大,极有可能对国家的经济与金融安全造成威胁。第二种是申请准入许可说,也就是说当前这类互联网企业一律需要去获取一个外资准入许可。这种思路能保证国

㉕ 冯彦达:《〈外国投资法〉草案对 VIE 架构的限制与管控》,载《现代商业》,2015 年第 6 期。

家的安全，但影响大成本高，且赋予外资准入主管部门极大的自由裁量权。第三种是申请认定说，尽管从征求意见稿中关于“控制”的认定标准还不健全，但依然强调主管部门的认定作用，方能继续保留 VIE 模式。这种思路属于上述两种思路的一个折中。

其次是针对未来利用 VIE 模式的互联网企业而言，征求意见稿第四十五条规定，要申请为内资的受中国投资者控制的外国投资者，其所从事的业务也只能是《外商投资产业指导目录》里的限制性业务，而不能禁止目录里的。实际上这赋予了外资准入部门一定的自由裁量权，因为作为外资准入部门的商务部同样也是限制或禁止目录的制定者。

自 2011 年后，《外商投资产业指导目录》在 2015 年再次修订，其中以往并不禁止外商进入的“网络出版服务”被列入了禁止目录，外资禁止入内的范围进一步扩大。[26] 这种做法如果在征求意见稿正式通过以后，可能会导致一部分互联网企业被迫退出国内市场，同时还有可能导致互联网行业对力求健全的“治 VIE 模式”监管措施的信心受到打击，最后造成相当一部分具有创造力的互联网企业远赴海外发展，这恰恰背离了创新型国家的建设。

An Analysis and Solution on The Legal Risks of VIE Structure in Internet Industry

Abstract: In this era of “Internet plus”, a large number of internet enterprises go public overseas in order to enrich themselves and realize further development due to the domestic or foreign effect of market and supervision. During this process, a new structure called VIE structure to go public and finance is born in internet industry, which is different from the traditional structure of equity control. However, the problems of prominent instability, decreasing attraction and increasing phenomena of disassembling the VIE structure make it necessary for VIE structure to analyze its legal risks. Its legal risks inhere in two sections including the establishment of VIE structure and the disassembly of VIE structure, the major legal risks of the former involve the risks of legality and breach of contract while the sub-

[26] 刘纪鹏、林蔚然：《VIE 模式双重道德风险及监管建议》，载《证券市场导报》，2015 年第 10 期。

ordinate legal risks of the former involve the risks of foreign capital Merger and Acquisition as well as judicial litigation, the legal risks of the latter involve the disassembly of VIE structure before, during and after. For this reason, there are two ways to resolve the legal risks of VIE structure in internet industry, on the one hand, the internet enterprises can strengthen their internal governance in an expedient way, on the other hand, the government should build a function – based supervision model and promote the construction of mature supervision regulation to remove VIE structure for internet enterprises to finance better in a new way as well as the implement of solid supervision measures to govern the VIE structure.

Key Words: Internet industry; VIE structure; Legal risks

（责任校对：陈阵香）

动物园动物致人损害归责问题之探讨

林娇玲*

摘　要:我国《侵权责任法》第七十八条对一般动物致害采无过错责任的规定,第八十一条对动物园动物致害却规定为过错推定责任。相比一般的饲养人,我国现行法律规定对动物园动物致害的责任采取了特殊规定,该规定不合理。由于动物园动物仍存在危险性,动物园的营利性以及负有承担更高责任的能力,基于公平公正的原则,结合各国的立法例比较,应对动物园动物致害归责统一适用无过错责任,建议在未来民法典侵权分编中对二元归责体系予以修改。

关键词:动物致害　动物园　无过错责任　过错推定责任

近年来,动物园动物致人损害的纠纷频频发生,必须引起我们对《侵权责任法》第八十一条动物园动物致害这一特殊规定的反思。《侵权责任法》第八十一条规定动物园动物侵权为过错推定责任,而第七十八条却规定一般动物致害为无过错责任。为何要对动物园动物致害侵权责任予以特殊规定,动物园承担的责任比一般动物的饲养人或管理人轻,在理论上和司法实践上是否合理,值得我们思考。

一、动物园动物致人损害归责之争议

我国学术界对动物园动物致人损害责任存在争议,一种是主张不采取一般饲养人与动物园做区分规定的观点①,例如,在我国学者主编的中国民法典

---

* **作者简介**:林娇玲,武汉大学法学院民商法学硕士。

① 李金招:《动物致人损害归责原则研究——兼评〈侵权责任法(草案)〉(第二稿)第80条》,载《北京化工大学学报(社会科学版)》,2009年第4期。

学者建议稿的侵权行为编中,以《民法通则》第一百二十七条的规定为基础,不论一般饲养人还是动物园统一规定为无过错责任。[②] 另一种观点认为,动物园适用过错推定责任是正确的,但一般的饲养人也应适用过错推定责任,不应过于严苛。[③] 其他对动物致人损害责任归责的观点大部分是主张区分不同的动物类型而进行不同的归责原则,主张二元体系的是区分动物的危险性划分,普通家禽适用过错推定责任,危险的动物如野生动物实行无过错责任。[④]

在侵权责任法的制定过程中对动物园动物致人损害的责任存在争议,有的人认为,实践中,用于与游客拍照的动物都是经过训练的,引起损害的理由很多都是游客出于好奇采取了亲昵、挑逗等举动,刺激动物自身的反应,不论出于什么原因,即使是游客违反规定因其自身原因造成的,管理方都应承担全部责任,即民法上的无过错责任,但可以适当减轻。有的人则认为,在事实面前没有强者与弱者之分,法律面前人人平等,不存在动物园比游客强势之说,违法的游客就应该自己承担责任,游客跳进熊猫馆里受到伤害还要动物园赔偿,假如公园已经尽到管理义务了,就存在争议。在强调人性化的法治时代,为了息事宁人,很多动物园面对来自媒体等各方的压力,都是自掏腰包,花钱买平安。事实上,《侵权责任法(草案)》第五十四条规定是采取和第五十三条一致的规定,即自然保护区内的野生动物造成他人损害的由管理单位承担责任,除了管理单位能证明是受害人的过错造成的情形。[⑤] 由此可以看出,对于管理单位的动物园的动物致害责任的承担值得我们探讨,动物园性质的特殊性是引发该问题的缘由。

美国对动物致害责任规定了严格责任,一开始也是规定发生在公共动物园饲养者身上的动物致害属于例外情况,基于动物园的公益性质,动物园仅承

---

② 参见程啸:《侵权责任法》,法律出版社 2016 年版,第 622 页;王利明:《中国民法典学者建议稿及立法理由·侵权行为编》,法律出版社 2005 年版,第 241 页;梁慧星:《中国民法典草案建议稿附理由——侵权行为编·继承编》,法律出版社 2004 年版,第 82 页。

③ 王崇华:《再议饲养动物损害责任的归责原则》,载《法学论坛》,2013 年第 4 期。

④ 参见潘志玉:《饲养动物致害责任探析》,载《政法论丛》,2007 年第 4 期;张新宝:《饲养动物致人损害的赔偿责任》,载《法学研究》,1994 年第 2 期;郜永昌:《饲养动物致人损害赔偿责任新探》,载《社会科学家》,2006 年第 6 期;房绍坤:《试论动物致人损害的民事责任》,载《中外法学》,1992 年第 6 期;杨立新:《饲养动物损害责任一般条款的理解与适用》,载《法学》,2013 年第 7 期。

⑤ 全国人大常委会法制工作委员会民法室编:《侵权责任法立法背景与观点全集》,法律出版社 2010 年版,第 966 页。

担过失责任。但随着社会的不断发展,动物园逐渐归私人所有并以营利为目的,多数法院认为应承担严格责任。规定动物园承担过失责任的现象逐渐被上诉法院推翻,法官在 Donner v. Powell, 267 So. 2d 864 (Fla. Dist. Ct. App. 1972)案中提到:"我们认为从前一般性的严格责任规则排除了所有者过失问题,更适合于佛罗里达州日益拥挤和活动日益丰富的社会情况。我们社会成员将面临更大的风险,我们不希望给社会成员再增加任何一种风险,尤其不希望这更大的风险是由于那些为了赢利而动用他们的'权利'来庇护动物所不能增加的,以及通过诱人的广告使人们面临更多的危险。"可见,法官从被害人承担更大风险的程度阐述了过失责任归责的不合理性,认为动物园应承担严格责任才符合公平原则。⑥ 可见,在外国的立法例中,关于动物园动物致人损害的责任也存在争议。

二、我国动物致人损害归责之弊端

(一)二元归责体系的不统一有违公平原则

首先,动物园的动物致害与其他一般动物饲养人作为民法上的平等主体。我国学界上对动物性质的讨论,主流观点认为,动物是一种特殊的物⑦,动物不能作为致人损害责任的承担主体,而只能由"饲养关系"产生侵权法上的可归责性,由动物的饲养人承担责任。《侵权责任法》第七十八条规定的一般动物的饲养人实质上是普通家庭或者自然人个体,与动物园这个"主体"对动物都享有多重的利益,动物园的动物致害与一般动物的致害类型和结果没有本质上的差别,如果仅仅基于会给动物园和社会公众带来过重负担的立法考虑而规定不同的归责原则,恐怕会导致法律的结果不平等。动物园应尽到的注意义务程度比一般饲养人的注意义务大的原因在于动物园饲养的动物多为危险性较高的动物,更容易对人造成伤害,需要更严格的管理。对动物园规定更高的注意义务不能成为免责的事由,否则受害人的损害将无法得到救济,这对于侵权行为造成的损害是十分不公平的。

其次,从动物园与受害人之间的关系看,利益无法得到衡平。同样是被侵

---

⑥ [美]小詹姆斯·A·亨德森等:《美国侵权法:实体与程序》,王竹、丁海俊等译,北京大学出版社 2014 年版,第 417 页。

⑦ 参见高利红:《动物不是物,是什么?》,载梁慧星主编:《民商法论丛》第 20 卷,金桥文化出版(香港)有限公司 2001 年版,第 287~303 页;陈本寒:《动物法律地位之探讨》,载《中国法学》,2002 年第 6 期。

害，为何被动物园的动物致害与一般的动物侵害，不同的被侵权人自己应承受的责任程度不同？动物园作为动物的管理者与饲养者，对动物的管束应该比一般的动物饲养者更专业、更科学，从逻辑推理上，动物园应该负有更高的注意义务，也有能力承担责任。但《侵权责任法》第八十一条恰恰相反，该法条的寓意和逻辑可能是认为动物园只要已经尽到了管理职责，就已经实然地达到了很高的管理义务，具有不可归责性，即使有错也都是被侵权人的错。但仔细思考，这样的逻辑未免太荒唐。从公共负担的平等原则考虑，政府的公共负担能力和义务更高，如果法律在社会大多数成员和被侵权人的衡平之间，基于大多数人的利益与少数人的利益出发，那就是在规避本应属于政府和公共管理承担的责任，在公共责任和福利社会缺失的我国更显其弊端。

再者，法律对动物园予以单独规定，这实际上已经赋予了动物园具体的人格。但是，动物园能否和一般饲养动物的自然人处于同等地位，似乎没有足够且充分的理由，也是被质疑的。从体系解释看，两者的协调性和统一性并不规范。因此，这种人为的区分不符合公平的原则，《侵权责任法》应平衡各方之间的利益。

（二）实践中存在不合理之处

在司法判例中，争议焦点几乎全是“动物园是否尽到了管理职责”，而学术界对动物园的“管理职责”应达到何种程度说法不一。在 2011 年谢叶阳诉上海动物园饲养动物致人损害纠纷案中，二审法院根据被害人为 4 岁小孩这一无民事行为能力人的特殊情形，对动物园提出了更高的管理职责，改变了一审法院认为的动物园已经尽到管理职责而免责的判决，要求动物园承担 40% 的责任。该案在很大程度上被认为是法院对动物园管理职责提出更高要求的方向，很多人也大为欣喜。但仔细思考，现行法律规定中，学术界关于“是否达到管理职责”的争议是否能对解决动物园动物致害案件起到实质性效果？难道不是跑偏了该类法律问题的要害争议点而起不到多大的作用吗？在这么多的讨论之后，似乎没有明显进展。可以想象，如果不做改变，类似的案件在实务中的判决将会使动物园承担不超过一半的责任。解决该问题的实质在于，我们应该把讨论问题的方向转移到规定动物园的过错推定责任是否合理之上。对于一般的动物饲养人不考虑其是否尽到了管理义务，只要受害人没有重大过失或者挑逗的行为，动物饲养人就应该承担所有责任，不能减轻和免责。但动物园作为管理动物的机构，只要按照规定尽到了管理义务，就无需对受害人的损害承担责任，这时由谁来承担侵权责任？从常理分析，在同等条件下，动物园的责任相比一般饲养人更轻，该规定恐怕也不具说服力。

从以上问题可看出，我国动物园动物致人损害的规定采取了和一般动物饲养主体不同的归责原则，导致了适用上和实务中的不公平，这一问题是我国未来民法典侵权编必须正视的问题。同时，随着社会对动物的关注和讨论增加，有必要对动物致人损害的法律问题更加重视，探讨动物致人损害的责任归责原则。

三、动物园动物致害归责应适用无过错责任

（一）一般动物致害归责应适用无过错责任

我国《民法通则》第一百二十七条规定“饲养的动物造成他人损害的，动物园饲养人或者管理人应当承担民事责任；由于受害人的过错造成损害的，动物饲养人或者管理人不承担民事责任；由于第三人的过错造成损害的，第三人应当承担民事责任。”对于该规定采取的侵权责任归责原则，有观点认为是过错推定责任⑧，也有观点认为是无过失原则⑨，但结合《民法通则》第一百零六条第三款的规定，不要求被侵害人有过错，也不要求侵权人对侵害人的过错进行举证和证明，主流观点认为饲养的动物致人损害的民事责任应为无过错责任。⑩笔者认为，过错推定责任与无过错责任最大的区别是过错推定责任规定侵权人必须履行了应尽的注意义务，才能免责，如果不考虑该免责事由的，则为无过错责任。《民法通则》第一百二十七条并没有规定动物饲养人尽了注意义务的免责责任，应理解为无过错责任，而不是过错推定责任。我国《侵权责任法》修改了民法通则关于动物致害的归责原则，改为二元归责体系。《侵权责任法》第七十八条规定“饲养的动物造成他人损害的，动物饲养人或者管理人应当承担侵权责任，但能够证明损害是因被侵权人故意或者重大过失造成的，可以不承担或者减轻责任。”《侵权责任法》第七条规定“不论行为人有无过错，法律规定应当承担侵权责任的，依其规定。”可以看出，《侵权责任法》第七十八条规定对一般的动物饲养人采无过错责任原则。第八十一条规定“动物园的动物造成他人损害的，动物园应当承担侵权责任，但能够证明尽到管理职责的，不承担责任。”

---

⑧ 王利明：《民法·侵权行为法》，中国人民大学出版社 1993 年版，第 475 页。

⑨ 张新宝：《中国侵权行为法》，中国社会科学出版社 1998 年版，第 553 页；王卫国：《侵权责任法》，中国政法大学出版社 2005 年版，第 195 页。

⑩ 全国人大常委会法制工作委员会民法室编：《侵权责任法立法背景与观点全集》，法律出版社 2010 年版，第 962 页。

我国《侵权责任法》第六条规定了过错推定责任，过错推定责任只能适用于法律与特别规定的情形，第六条第二款规定了“根据法律规定推定行为人有过错，行为人不能证明自己没有过错的，应当承担侵权责任。”可以看出，《侵权责任法》第八十一条规定动物园致害采取过错推定原则。⑪

无过错责任原则的立法并不是想制裁或者预防不法行为发生的作用，而是通过对不幸损害的合理分配，辅以保险制度和损失分担制度最终实现损害分配的社会化，而过错推定责任的立法缘由是基于对加害行为的非难，由行为人承担民事责任。⑫ 我国对一般动物致害的责任实际上是沿袭了古罗马法的立法思想，因为动物是不理智的，因此动物的饲养人、所有人应负无过错责任。在总结了我国既有立法经验的基础上，确立《侵权责任法》第七十八条对一般动物致害采取无过错责任的理由主要有三：一是基于动物具有危险的属性以及具备潜在的人身伤害危险，对饲养人规定较为严格的责任有助于督促饲养人审慎地饲养动物，采取措施防范动物致害危险的发生。二是为了让饲养人或管理人尽到高度的注意义务并承担赔偿责任，不允许饲养人把责任推脱给第三人的行为，实质上是为了加强对弱势一方受害人的保护。三是出于利益衡平和社会公共安全的保护需要。⑬

从世界各国的动物致害责任规定来看，大多数国家都只是采用单一的归责责任，且大多数国家采取的是严格责任。例如英国对动物致害也采取了严格责任，无论是家畜还是危险动物都一样适用，且对动物的饲养主体统一规定为管理者、占有者，没有做区分。⑭ 比利时、卢森堡、西班牙、葡萄牙、荷兰等国家民法典都规定了动物侵权的严格责任。《法国民法典》第一千三百八十五条规定了动物的所有人和保有人的责任，但没有明确规定责任归责原则⑮，

---

⑪ 兰仁迅：《动物损害责任归责原则的立法变迁》，载《法治研究》，2011 年第 7 期。

⑫ 马俊驹、余延满：《民法原论》，法律出版社 2010 年版，第 997 页。

⑬ 王利明：《侵权责任法研究（下）》，中国人民大学出版社 2011 年版，第 588 ~ 589 页。

⑭ Animals Act1971 第六条，转引自胡雪梅著：《英国侵权法》，中国政法大学出版社 2008 年版，第 267 页。

⑮ 《法国民法典》第一千三百八十五条规定：“动物的所有人或使用人在其使用动物的期间，对动物所致的损害，不问是否是动物在管束之时或在迷失及逃逸之时所发生，均应负赔偿的责任。”见张民安：《现代法国侵权责任制度研究》，法律出版社 2003 年版，第 191 页。

2005年《法国民法典债法改革侵权法草案》将动物侵权责任规定为危险责任[16]，这些国家或基于动物的危险性或基于社会公共安全的需要而规定动物致害采取严格责任。

（二）动物园动物致害不应适用过错推定原则

《侵权责任法》第八十一条规定动物园动物致害的特殊责任，一是基于动物园具有社会公益性，动物园是向社会公众开放的，如果要求动物园承担过于严格、过重的责任，可能会增加公众的负担。[17] 二是我国对动物园的管理做了严格的规定和要求[18]，对动物园是否尽到了管理职责是能据此判断的，动物园的动物与个人散养的动物相比危害性较低。三是动物园的动物与人的接触更多，很多纠纷都是应游客的投食、挑逗等发生的，动物园已尽到管理职责。根据建设部颁布的《城市动物园管理规定》，动物园包括国家的动物园和私人的动物园[19]，但《侵权责任法》的立法释义观点却认为第八十一条所规定的动物园应作限缩的目的解释，此处的“动物园”不包括私人动物园，仅限于国家动物园，因为该条是为了减轻公共服务承担的责任。[20] 说明在动物致人损害的规定中，我国仅对国家动物园予以特殊的规定，私人动物园还是适用一般规定的无过错责任。

基于动物园的社会公益性的立法理由已失去了现实性，首先，动物园饲养的动物是为了满足人民物质和文化生活提高的需要并不能成为动物园承担过错推定的理由，否则，按照这种逻辑，民用航空致害责任、民用核设施致害责任、高度危险物质致害责任也都是为了满足人民群众物质文化需求，难道也应规定为过错推定责任吗？其次，动物园饲养的动物类型中有很多属于危险性很高的动物，动物园游客众多，为了防止危险动物对社会公共安全的威胁，动物园应适用高度责任。再者，动物园已经逐渐私人化，社会公益的标签已经逐渐消失，动物园收取游客的参观费用，本着报偿原理，动物园应对游客的损害承担责任。

---

[16] ［德］布吕格迈耶尔、朱岩：《中国侵权责任法学者建议稿及其立法理由》，北京大学出版社2009年版，第133页。

[17] 周友军：《侵权责任法专题讲座》，人民法院出版社2011年版，第627页。

[18] 参见《动物园动物管理技术规程》《城市动物园管理规定》等法律法规。

[19] 《城市动物园管理规定》第二条规定：“动物园包括综合性动物园（水族馆）、专类性动物园、野生动物园、城市公园的动物展区、珍稀濒危动物饲养繁殖研究场所。”

[20] 奚晓明、王利明：《侵权责任法新制度理解与适用》，人民法院出版社2010年版，第407页。

立法者认为动物园的动物比个人散养的动物危害性更低,可事实是去动物园的动物与个人散养的动物都是不同种类的,由常识和生活经验可知,个人散养的多为猫、狗等,动物园的还包括老虎、狮子、熊等,单从动物属性而言很难直接得出上述危险性的结论,甚至是相反的结果。其次,动物园是否尽到了善良管理人的管理职责和义务,不能仅从其他法律法规有相关的标准就予以推定,动物的投食、挑逗等行为在某种程度上也属于动物园的管理职责范围内,不能仅凭设置了警示牌、设备齐全等就能完全免除责任。动物园的告知义务应起到实质性的作用,对于游客的不当、不合理行为也有管理的职责。此外,现实生活中,动物园动物致害的原因多样化和愈发复杂,像北京八达岭动物园老虎咬人案㉑、宁波雅戈尔动物园老虎吃人案㉒等可看出,不管动物园是否尽到了管理义务,动物园或为了息事宁人、平缓舆论压力,或是在法官的调解处理下,动物园都是对游客的损害承担了赔偿责任,动物园该法条的立法理由已失去了现实性,基于减轻动物园社会公共服务承担的顾虑已经不存在,无法适应将近十年后的当今社会,规定动物园更轻的责任不合理。

实践中很多动物园的态度是认为是由被害人的过错造成的,从社会道义上愿意补偿受害人,但并不是法律上的赔偿,法院最终也只能通过调解的方式让动物园支付赔偿金,因为没有规定可以支撑该赔偿判决。在发生的动物园动物致人损害的侵权案件中,动物园会想方设法地证明自己尽到了安全管理义务,只需证明自己达到了《城市动物园管理规定》等法规的注意义务,包括确保安全设施、尽了提示和警告的义务等等,而一般动物饲养主体尽管尽到管理义务,也要对受害人承担责任,这会造成一般动物饲养主体的不平衡。一般动物饲养人也会主张自己把动物关在笼子里等管理职责而免责,但却发现无相关规定可循,未免产生不平衡心理。其次,对于动物园参观的游客来说,遭到动物园的动物侵害向动物园主张侵权责任,动物园却证明自己尽到了管理义务而免责,难道就只能自认倒霉而无法诉诸责任承担主体吗?

国外存在对动物致人损害不同的归责原则划分的立法例,但该立法例是根据动物的类型及不同动物具有的危险性不同做的区分。例如,《德国民法

㉑ 搜狐新闻:《八达岭野生动物园老虎伤人1死1伤》,http://news.sohu.com/20160725/n460806178.shtml,2017年4月23日访问。

㉒ 腾讯网新闻:《宁波发生老虎伤人事件 游客动物园逗虎时被叼走》,http://zj.qq.com/a/20170129/009389.htm,2017年4月23日访问。

典》第八百三十三条和第八百三十四条根据饲养动物的目的规定和区分了奢侈动物致害和用益动物致害,奢侈动物主要指野生动物和危险动物,用益动物主要是指家畜,考虑到对奢侈动物即使谨慎看管也会有致害的危险,因此承担危险责任;而对用益动物则不负危险责任。㉓《德国民法典》第833条将动物致害责任规定为危险责任,但同时又规定,如果饲养动物是职业活动或生计所需,动物饲养人已经尽到必要的安全注意义务的,或者即使尽到该义务损害仍不能避免的,不承担责任。《德国民法典》规定对动物饲养人规定安全注意义务,是基于是职业或者生计的饲养人的,才具有特殊性,因为他们把动物饲养作为谋生的手段,如果要求他们承担过于严格的责任,将会使他们的生存带来极大的难题,相比以娱乐为目的的宠物饲养者,规定太严苛的责任不妥。从该点出发规定对饲养动物行业尽到管理义务免责的规定具有合理性。德国为了保护饲养动物职业人谋生的可能性而规定了较低的免责责任,由此可见,基于动物的危险性和动物饲养人基于"饲养关系"的"可归责性",大多数国家对动物致人损害害都采取了严格责任。而且没有对动物园与一般的动物饲养主体规定不同的归责责任的立法例,只有我国是基于饲养人或管理人所应具备的管束能力和注意义务,以及承担的责任大小的社会影响来考虑的,并规定了动物园与一般动物饲养主体的不同责任。㉔

综合上述,规定动物园承担过错推定责任不合理。

(三)动物致害归责应统一适用无过错责任

之所以主张动物园动物致害也应统一适用无过错责任而非特殊责任,原因有四:一是动物园收取了门票,不仅饲养、管理动物,而且利用动物进行营利。当然,即使免收门票也不能成为免责的抗辩理由;二是动物园的建设规

㉓ 《德国民法典》第八百三十三条规定:"动物致人死亡,或者伤害人的身体或者健康,或者损坏物的,动物保有人有义务象受害人赔偿由此发生的损坏。损害由规定用于动物保有人的行业、职业或者生计的用益动物引起,并且动物保有人在监督动物时尽了必要的注意,或者即使尽到此注意损害也会发生的,赔偿义务即不发生。"第八百三十四条规定了:"依据合同为动物保有人承担动物看管义务的人,对动物以第八百三十三条所称方式加害第三人负有责任,看管人尽到了必要的注意,或者即使尽到此注意损害也会发生的,该项责任即不产生。"

㉔ 我国学者对严格责任与无过错责任的关系认识不一,有认为严格责任是无过错责任的(杨立新:《侵权损害赔偿》,法律出版社2008年版,第93页),有认为严格责任包括无过错责任和过错推定责任(张新宝:《侵权责任法》,中国人民大学出版社2006年版,第25页),笔者在此不讨论严格责任,在我国归责原则中本文以无过错责任表述。

模、设施设备，在人力、物力上的投入，均比一般动物饲养人的要求高，更有能力承担责任，且该公共政策的立法考虑在现如今已失去现实性；三是动物园的旅客主要以儿童为主，父母多是陪伴儿童观赏动物，从保护儿童的角度考虑，应当加重动物园责任；四是基于无过错责任划分的统一标准——危险性，动物园的动物危险性高于一般饲养的动物，反而责任更轻，不符合常理和逻辑。㉕

从侵权法归责原则的原理分析，无过错责任与过错责任分界的原因是，过错责任的承担是因为侵权人存在过错，无过错责任则不考虑过错而是基于引起、保有危险或者对危险有控制力的原因或基于特殊的法律关系。㉖ 动物园和一般动物的饲养主体都需对动物的危险性负责，也对致害的动物具有利益关系。不能认为动物园只要尽到了管理义务，游客就需要对自己的行为担责。从侵权责任的构成要件上看，动物对人的加害行为是“准侵权行为”，动物对人造成了损害结果是损害后果，动物的内在危险性与对人的损害后果之间存在的内在联系是因果关系，这才是侵权责任和赔偿损失请求权的基础，而不是基于动物园的管理义务才产生的损害责任。而且，动物园的管理义务并不同于安全保障义务。再者，假如确实是由于游客的重大过失甚至过错造成的损害，那么也可以适用《侵权责任法》第七十八条的规定，动物园能证明游客故意或者重大过失的，可以减轻或免除责任，这也不会一味保护受害人利益而给动物园带来不公平。可以看出最大的区别在于，动物园免责的事由是基于受害人的重大过失和过错，而不是基于动物园尽到了管理义务。从损害责任的基础和权利救济理论考量，无论是一般的动物饲养主体抑或是动物园，都应该对动物致人损害承担无过错责任。

四、结论

我国《侵权责任法》对无过错责任采取类型化的方式，主要根据危险这一核心要素来界定责任承担的类型，采取无过错责任的对致害行为人产生的激励效果更明显，从工具主义的社会效果和节约成本的角度分析，更重要的是对风险承担的利益平衡问题。二元归责体系不统一有违公平原则，动物园大多为野生

㉕ 张尧：《论饲养动物损害责任——以〈侵权责任法〉第79条为分析责任》，载《政治与法律》，2013年第6期；吴泽勇：《规范说与侵权责任法第79条的适用——与袁中华博士商榷》，载《法学研究》，2016年第5期。

㉖ 张新宝：《侵权责任法》，中国人民大学出版社2013年版，第13页。

动物,有很强的攻击性,较之一般动物更容易造成损害,动物园公益性的立法考虑已经不具有现实性。从各国的立法例和发展趋势倾向于对动物致害责任适用严格责任,《侵权责任法》第八十一条规定动物园例外适用过错推定责任不具有合理性,应在民法典编纂的侵权编中予以修正。建议以《民法通则》第一百二十七条为基础,规定为统一的无过错责任,动物园动物致人损害应适用原《侵权责任法》第七十八条的规定,动物园动物致人损害的,由动物园承担侵权责任,除非动物园能证明游客故意或者重大过失的,可以减轻或免除责任。

Reflections on the Doctrine of Liability Fixation for Damage Inflicted by Animals in Zoo

Abstract: Article 78 of the Tort Law in our country set no – fault liability for people whose animals hurt others, but Article 81 prescribes lighter responsibility for the zoo. Compared to the people who feed animals at home, it's improper for Chinese current law to set different rules to the responsibility of zoo. The specific legislative justification is to reduce the responsibility for the national zoo that provides services to the public, but the legislative justification has lost its reality. In view of the fact that zoo animals are still dangerous, the profitability of the zoo and the ability to bear higher responsibilities as well as the principle of fairness and impartiality, in combination with international legislation, zoo should also bear no – fault liability. It is suggested that the dualistic system of liability should be amended in our country's tort law in the civil code.

Key Words: liability for damage inflicted by animals; zoo; no – fault liability; presumptive tort

（责任校对:韩旭至）

以欺诈性抚养关系透视我国婚生子女否认制度的构造

王　钰[*]

摘　要：面对日益增多的欺诈性抚养案件，我国应当建立婚生子女否认制度以对欺诈性抚养案件诱发的身份关系、财产赔偿等问题予以明确：有权提起婚生子女否认之诉的主体为受欺诈的"假父"、生母，并以非婚生子女是否成年为标准对非婚生子女的否认权予以界定；将亲子鉴定结论、夫之生育能力欠缺、受胎期未曾同居等纳入否认事由；否认之诉的诉讼时效期间与《民法典总则》相衔接，规定为三年并对不同主体提起否认之诉的诉讼时效起算点予以区分；否认之诉将直接引起身份关系的变动以及抚养费返还等法律后果。时值民法典编纂之际，婚姻法具体制度的研究也迫在眉睫，婚生子女否认制度的设立对于婚姻家庭纠纷的妥善解决有百益而无一害。

关键词：欺诈性抚养　身份关系　婚生子女否认　侵权　抚养费返还

社会文明开化程度的提升带来人们对于"性"的观念转变，"性"不再是需要遮遮掩掩的丑事，而是可以大方谈论的一种生活，更是婚姻生活的"助力器"。随着"喜当爹""隔壁老王""现实版武大郎"等网络热词的出现，婚前性行为、婚内出轨等现象变得愈发普及，由此衍生出孩子究竟是不是自己亲生的疑问。而明星王某某爆出离婚一事更引发网友热烈讨论，其中网友讨论最多的便是"王某某的两个孩子是不是王某某亲生的"问题，由此王某某离婚一案更显得扑朔迷离。除却明星私生活之外，现实生活中更不断上演着"王某某"类的案件。而近年来此类案件虽然层出不穷，但我国立法始终未能对其予以明确规制，导致实务中裁判类型多样，说理杂乱无章等问题。加之我国《婚姻

---

* **作者简介**：王钰，武汉大学法学院民商法专业研究生。

法》始终过于强调夫妻财产关系的归置，对于亲子关系纠纷的研究比较薄弱，导致欺诈性抚养关系诱发的婚生子女否认制度一直处于空白状态。笔者在此以欺诈性抚养关系为契，借助对于欺诈性抚养案件的剖析，探寻我国婚生子女否认制度的设立内容，以此求教于大方之家。

一、欺诈性抚养视角下的婚生子女否认制度

婚生子女否认的症结在于血缘关系的非真实性，而血缘关系的紊乱常常源于母亲一方婚前或婚内出轨行为。这是由女性不同于男性的生理结构导致，女性"怀胎十月，一朝分娩"，对于子女是否为自己亲生了然于胸，而男性则难以确认子女是否为自己亲生。这种情形下，男性常常蒙在鼓里不知真相，将非亲生子当作亲生子抚养，发现后再提起婚生子女否认之诉。在这种意义上，欺诈性抚养关系是婚生子女否认制度赖以建立的基础法律关系，也充分反映出婚生子女否认制度设立的必要性。虽然婚生子女否认制度并不仅仅存在欺诈性抚养一种情形，但它确是任意一个否认之诉中必然存在的法律关系，为此，只有对欺诈性抚养关系条分缕析的划分清楚，才能建造起婚生子女否认制度的框架。

欺诈性抚养关系中涉及"父子"身份关系的变更、"父亲"抚养费返还的请求以及精神损害的赔偿，这些都需要婚生子女否认制度予以确认。但我国并未建立起该制度。鲜有的关于欺诈性抚养纠纷处理的法律渊源，较之于复杂的案件事实，也显得捉襟见肘。最高人民法院 1992 年下发的《关于夫妻关系存续期间男方受欺骗抚养非亲生子女离婚后可否向女方追索抚养费的复函》（1991 民他字第 63 号）对于欺诈性抚养案件的处理首次予以倾向性意见：欺诈性抚养关系中，双方离婚后欺诈方所给付的抚养费可予以适当返还。至于婚姻关系存续期间支付的抚养费，因问题复杂而不予规定。① 这是直接针对欺诈性抚养案件处理的最高人民法院的回复意见，但该复函仅具有个案指导意义，不具有广泛适用性。除了对于欺诈性抚养案件的直接处理意见之外，

---

① 《关于夫妻关系存续期间男方受欺骗抚养非亲生子女离婚后可否向女方追索抚养费的复函》（1991 民他字第 63 号）："在夫妻关系存续期间，一方与他人通奸生育子女、隐瞒真情，另一方受欺骗而抚养了非亲生子女，其中离婚后给付的抚育费，受欺骗方要求返还的，可酌情返还；至于在夫妻关系存续期间受欺骗方支出的抚养费用应否返还，因涉及的问题比较复杂，尚需进一步研究，就你院请示所述具体案件而言，因双方在离婚时，其共同财产已由男方一人分得，尚可不予返还。"

《〈婚姻法〉司法解释(三)》第二条第一款也对欺诈性抚养案件中亲子关系的证明责任予以明确。[②]

虽然有相关条文对于欺诈性抚养关系予以规制,但这些条文完全无法构成婚生子女否认制度的框架。欺诈性抚养关系是婚生子女否认制度的“导火索”,但却无法成为婚生子女否认制度的“肇始”。现有条文除了在欺诈性抚养关系的性质界定、法律后果等方面一片空白,对于欺诈性抚养引发的身份关系变动也是讳莫如深,更不提婚生子女否认制度的建立问题。随着婚内出轨现象的增多,亲子鉴定的事例数量也随之水涨船高、成倍增加。据统计,亲子鉴定业务每年都以20%的高速度递增,在浙江省等部分省市增幅竟高达50%左右。[③] 重庆市2009年一年亲子鉴定事例超过1000起,相较于2003年开始接受个人申请亲子鉴定时,增长了10倍以上。[④] 广东省每年有近4000例亲子鉴定,位居全国之首,而且鉴定数量每年仍处于攀升之势。[⑤] 而据北京某司法物证鉴定中心工作人员透露,其所接收的亲子鉴定案件数量以每年20%的速度增长,而在这些鉴定案件中,民事案例所占比例持续上升。[⑥] 这些数据都折射出当下我国欺诈性抚养案件的潜在发生率,而这些非亲生子更亟待婚生子女否认制度对此予以明确。

二、欺诈性抚养基础理论

(一)欺诈性抚养关系的内涵

欺诈性抚养,顾名思义,是由于欺骗因素存在而抚养非亲生子女的法律关系。欺诈性抚养虽然早在20世纪90年代就已经被提出,但随着亲属法理论的逐步成熟、社会环境的日新月异,对于其内涵也逐渐产生分歧。学术界通说认为欺诈性抚养的定义为:在婚姻关系存续期间以及离婚以后,妻在明知其于

---

② 《〈婚姻法〉司法解释(三)》第二条第一款:“夫妻一方向人民法院起诉请求确认亲子关系不存在,并已提供必要证据予以证明,另一方没有相反证据却又拒绝做亲子鉴定的,人民法院可以推定请求确认亲子关系不存在一方的主张成立。第二款规定当事人一方起诉请求确认亲子关系,并提供必要证据予以证明,另一方没有相反证据又拒绝做亲子鉴定的,人民法院可以推定请求确认亲子关系一方的主张成立。”

③ 《亲子鉴定升温暴露法律缺位》,载《法制日报》,2007年4月20日。

④ 《每年千例亲子鉴定,8成是亲生》,载新浪网:http://news.sina.com.cn/o/2009-11-09/053816575816s.shtml,2017年2月27日访问。

⑤ 《粤亲子鉴定数量全国第一》,载《南方日报》,2006年10月20日。

⑥ 《申请亲子鉴定民事案渐呈爆棚之势》,载《法制日报》,2011年1月25日。

婚姻关系存续期间所生子女非为婚生子女的情形下,采取欺诈手段使其夫相信其子女为婚生子女,以使其夫承担对该子女的抚养义务的关系。⑦ 随着婚前性行为、婚前同居等现象的增多以及儿童利益最大化原则的确立,有学者开始提出欺诈性抚养关系不应当局限于婚姻关系内,提出在婚姻关系存续期或者非婚姻关系存续期(包括离婚后)内,妻子一方的欺诈行为也可以构成欺诈性抚养关系。⑧ 而出于对被欺诈者利益的保护,妻子的主观心态也逐渐由明知扩大为明知或应知。⑨ 更有学者认为,由于我国《婚姻法》第二十八条、第二十九条规定有负担能力的祖父母、外祖父母、兄弟姐妹也可以是子女的抚养人,由此将可能负有抚养义务的人一并归结为被欺诈者。⑩ 而人工生育技术的普及,让更多的学者开始讨论妻能否成为欺诈性抚养关系中的被欺诈者问题。

关于欺诈性抚养关系内涵的观点更迭,显示出短短几十年来社会婚俗文化的改变。但我们仍应立足于当下现实,眺望未来,以期对欺诈性抚养关系的内涵予以最科学、最全面的提炼。以上观点的分歧主要集中于:

第一,欺诈性抚养关系发生的区间。婚内性行为仍旧是社会常态,为此,婚姻关系存续期间所生育子女推定为母之配偶的亲生子,所以婚姻关系存续期以及离婚后为欺诈性抚养关系发生区间不存在争议,但是否应对非婚同居期的欺诈行为予以规制则产生分歧,笔者认为,欺诈性抚养关系发生时间应该

---

⑦ 杨立新:《论婚生子女否认与欺诈性抚养关系》,载《江苏社会科学》,1994 年第 4 期。

⑧ 景春兰:《欺诈性抚养的损害赔偿及其原权利探究》,载《山西省政法管理干部学院学报》,2011 年第 2 期:欺诈性抚养应该定义为在婚姻关系存续期间或非婚姻关系存续期间,关系人双方中的一方(欺诈方)明知或应知该期间所出生的子女与另一方(被欺诈方)没有血缘关系,仍使其信其为亲生子女而履行了抚养义务;郑玉蒜、李少莹、张璇:《论欺诈性抚养关系的法律认定及其法律救济》,载《和田师范专科学校学报》,2006 年第 2 期:在婚姻关系存续期间或非在婚姻关系存续期间(包括离婚后),男女(笼统地称为男女双方)一方明知其所生子女为非婚生子女,而采取欺诈手段,称其为婚生子女,或男女一方存在重大过失,使另一方承担对该子女的抚养义务。

⑨ 景春兰:《欺诈性抚养的损害赔偿及其原权利探究》,载《山西省政法管理干部学院学报》,2011 年第 2 期;吴国平:《欺诈性抚养的认定及其侵权赔偿责任研究》,载《东方法学》,2016 年第 4 期:所谓欺诈性抚养是指在婚姻关系存续期间以及离婚后,妻子一方明知其所生子女为非婚生子女,但却隐瞒事实真相而未告知丈夫一方,或者因疏忽大意而误认,从而使丈夫一方承担该非婚生子女抚养义务的行为;郑玉蒜、李少莹、张璇:《论欺诈性抚养关系的法律认定及其法律救济》,载《和田师范专科学校学报》,2006 年第 2 期。

⑩ 沈旭红:《论欺诈性抚养的法律规制》,载《法制与社会》,2014 年第 9 期。

包括非婚同居期。原则上,法律不应对道德事务过多干涉,而是严守社会行为的底线,但是非婚同居期内生育子女,则超出了个人行为自由的范围,关涉儿童利益,涉及社会福利以及社会维稳功能,不单单是道德规则可以一手包揽的事项,法律应当予以规制。除却法律调整范围的顾虑之外,非婚同居期内发生的抚养关系与婚内产生的抚养关系同等地受法律保护。非婚同居期若先孕后婚,则非婚同居期内发生的欺诈性抚养关系可以转换为婚姻关系存续期内的欺诈问题,而若一直处于同居状态,则“假父”仍可以提起婚生子女否认之诉。因为抚养关系的发生建立在出生这一事件之上,并不依存于婚姻关系的存在,非婚生子女与婚生子女法律地位平等,因此非婚同居期内所生子女同样会产生欺诈性抚养关系等问题。

第二,欺诈者的主观心态。欺诈者的主观心态存在故意与重大过失之争,即女性应当是明知、应知抑或明知或应知。笔者赞同女性明知或应知的主观心态。女性作为受孕者,在其受孕期内,曾与其发生性行为的人便是其子女之生父,其理所当然知道子女的生父是谁,就算其不能确定,但受孕期内多个性伴侣的存在,也应当使女性意识到孩子的生父有可能不是其配偶。若女性明知,当然存在可归责性。若女性受孕期内与配偶之外的男性发生性行为,违背其忠诚义务,孕后而未予求证,也存有应知的可苛责性。实务中,女性往往承认自己确实存在婚内不轨行为,但也常以自身同样不知情为辩解理由,意图摆脱赔偿责任。将欺诈者的主观心态界定为明知或应知,更益于保护受欺诈者的利益。

第三,被欺诈者范围。被欺诈者的范围界定影响着得以提起婚生子女否认之诉的主体问题。在欺诈性抚养关系中,被欺诈者常常为生母之配偶,但也有学者主张将被欺诈者扩张为所有可能负有抚养义务的主体,包括有负担能力的祖父母、外祖父母以及兄弟姐妹等。⑪ 笔者并不认同这种扩张。首先,计划生育政策已实行多年,即使现在已经放开二胎,但育龄夫妇的生育观念已经深受“少生、优生”的影响,甚至时髦一点的夫妇还会主张丁克。加之,抚养子女的成本不断提升,适龄夫妇很难会想构造一个大家庭。“小家庭”模式下的

⑪ 我国《婚姻法》第二十八条规定:“有负担能力的祖父母、外祖父母,对于父母已经死亡或父母无力抚养的未成年的孙子女、外孙子女。有抚养的义务。”第二十九条规定:“有负担能力的兄、姐,对于父母已经死亡或父母无力抚养的未成年的弟、妹,有扶养的义务。”

亲子关系显得更为典型,更贴合子女成长的需要。其次,就血缘关系而言,虽然欺诈性抚养关系中的非亲生子与生母之配偶不具有血缘关系,但仍是外祖父母之外孙子女。而其兄弟姐妹与非亲生子之间也具备同母异父的血缘关系,其并未遭受欺诈性抚养的损失。而负有抚养义务的祖父母遭受的损失,可代替生母之配偶,以继承人之身份予以主张。然而人类感情是极为复杂的,即使祖父母知晓其“孙子女”与其不具有血缘关系,仍可能出于多年相处的感情基础考虑,继续抚养。最后,将被欺诈者扩张为祖父母、外祖父母、兄弟姐妹,可能会引起婚姻家庭关系的不稳定,造成权利的滥用。

第四,欺诈者适格等问题。欺诈性抚养本针对女性欺骗男性的情形而言,但近来也有人提出男性欺诈女性是否能形成欺诈性抚养关系的问题。笔者认为男性欺诈女性,使女性陷入非亲生子女为自己亲生子女的认知的情形是不存在的。就受孕、怀孕、分娩过程而言,女性对于孩子是否为自己所生十分明了。有人主张,男性可能会将子女调包进而欺诈女性,这一点不论在实践中或是伦理上也是基本不可能的。实践中,男性一般是无法参与分娩过程的,出生后的婴儿都有自己的号码牌,体质较弱的婴儿将会被放进保温箱,由护士照管,体质较强的婴儿,则会直接放在母亲身旁,所以男性基本没有调包的机会。伦理上而言,若调包的孩子为男性的私生子,那么男性为何不将亲生子女各自放在其亲生母亲身边抚养以获取更好的母爱呢?若调包的孩子非为自己亲生,那就更不存在这种为了民族大义而上演现代版“赵氏孤儿”的情况了,而且这种调包非亲生子的情形甚至可能会构成刑法上的“拐骗儿童罪”。司法案例中还存在男性将自己私生子抱回家中谎称为自己收养的孩子以与其妻一起抚养的情形,虽然这种情形中也存在“欺诈”这一要素,但是这种“欺诈”的认知并不是将“收养”的孩子视为自己亲生子,不属于欺诈性抚养关系,对于其妻所受损失,可通过解除收养关系、继子女关系等制度予以解决。⑫ 除此之外,欺诈性抚养关系的解决途径在于构建婚生子女否认制度,而婚生子女否认的前提是婚生子女的推定。在男性以收养为由头欺骗女性抚养私生子的情形中,并不存在婚生子女推定的问题,也就无法借助婚生子女否认制度予以解决。还有人主张借助现代辅助生育技术而受孕的夫妇,女性一方可能会存在

---

⑫ 黑龙江省哈尔滨市中级人民法院(2014)哈民一民终字第67号民事判决书;江苏省泰州市中级人民法院(2014)泰中民终字第01068号民事判决书。两份判决书中都未体现对于是否为私生子疑问的回应。

被欺诈的问题。辅助生育技术主要包括人工授精、试管婴儿等受孕方式,但无论哪一种方式,受精卵都需要放置于母亲子宫内发育成熟进而分娩。若所生育子女与“母亲”并不存在血缘关系,可能是医疗机构疏忽所致,可向医疗机构追究侵权责任,与其配偶并无联系。非由自己分娩的生产方式为放开二胎政策以后舆论持续关注的代孕问题,但由于代孕涉及的伦理问题过于冗杂,形成的亲子关系也更为复杂,容易形成人体商品化倾向,所以目前我国法律上仍旧禁止代孕。这样看来,分娩这一过程目前在法律上只能由亲生母亲亲力亲为,不存在被男性欺诈的情况。

综上所述,欺诈性抚养关系可以界定为在婚前同居期间、婚姻关系存续期以及离婚以后,女性一方明知或应知其所生子女非为男性的亲生子,仍旧隐瞒真相,使男性一方陷入错误认知进而承担抚养非亲生子义务的行为。

（二）欺诈性抚养关系的性质认定

搜寻近年来我国的欺诈性抚养案件,法院判决中对欺诈性抚养案件的处理无不存在忽视身份关系重建,判决说理混乱、法律关系糅杂、判决依据多样等问题:

原告江某与被告查某离婚纠纷二审判决中⑬,法院借助不当得利对欺诈性抚养关系予以界定:因查某生育的孩子与江某不具有血缘关系,江某对其不具有法律上的抚养义务,而查某为此获得了相应的利益,故一审判决返还抚养费并无不当。原告马某某与被告庞某某婚姻家庭纠纷一案中⑭,法院以《民法通则》第五十五条、第五十八条为依据,将欺诈性抚养关系界定为无效民事行为:原告在婚姻期间支付的抚养费是基于相信马小某是自己的亲生子,但其自始至终都不负有抚养义务,其对马小某的抚养是一种违背其意志的无效民事行为。民事行为被确认无效后,当事人因该行为取得的财产应当返还给受损失的一方,有过错的一方应当赔偿对方因此所受的损失。最近通过的《民法典总则》第一百四十三条以及第一百四十四条对《民法通则》第五十五条与第五十八条作出了部分调整,意思表示真实仍是法律行为有效的构成要件,但欺诈却不再成为法律行为无效的理由。在《民法典总则》实施后,法院恐也不能以《民法通则》第五十八条为由认定欺诈性抚养行为无效。而在原告金某某

---

⑬ 安徽省安庆市中级人民法院(2015)宜民一终字第01575号民事判决书。

⑭ 新疆维吾尔自治区乌鲁木齐市米东区人民法院(2015)米东民一初字第2006号民事判决书。

与被告步某某变更抚养关系一案中[15],法院判决更是杂糅了无效行为、不当得利、无因管理、侵权损害等请求权基础理论以判令被告返还抚养费。判决借助侵权损害赔偿理论,指出原告对被告构成欺诈,侵犯其合法权益,又以原告与子女金某不存在血缘关系,也没有抚养协议,原告支付的抚养费没有法律上的原因等说理转战无因管理。同时,判决还指出,原告在受欺诈的情形下,作出违背自己真实意思的表示行为,其抚养行为不是原告真实的意思表示,再次将欺诈性抚养行为界定为无效民事行为。最终指出,原告给付抚育费的行为丧失了法律根据,而被告因原告支付抚育费而减少了支出,相当于取得财产,其取得财产的行为也不具有法律上的依据,继而变成不当得利的范畴。整篇判决说理跳脱,思维混乱,完全没有对欺诈性抚养关系的性质予以明确。

欺诈性抚养关系的性质直接影响到被欺诈人的救助途径,相较于实务中混乱的局面,学界在无效行为说、不当得利说、无因管理说、侵权损害赔偿说等观点角逐中逐渐形成共识。

实务中法院多以无效法律行为认定欺诈性抚养关系,判决多以我国《民法通则》第五十八条第三款的规定为依据:一方以欺诈、胁迫的手段或者乘人之危,使对方在违背真实意思的情况下所为的民事行为无效。无效行为说的支持者认为,欺诈者采用隐瞒事实等欺诈手段,使被欺诈方陷入错误认知,进而作出抚养的意思表示,抚养行为因此自始无效,被欺诈方有权要求返还抚养费,恢复其权利初始状态。意思表示理论是民法学界最伟大的发明之一,但这一理论的短板也在于无法用于民事主体间身份关系的解决。意思表示的大厦构建在"理性经济人"的假设之上,将民事主体间的财产关系视为各自利益的最优化处理,民法只是"守夜人"并不过多予以干涉,为此,民事主体的意思表示在法律行为中才显得尤为重要。虽然抚养也是一种法律行为,但其不同于财产性质的法律行为,其还涉及社会福祉等公共利益,更是社会抚育功能的表现,不能依据双方当事人的合意进行抚养。正如苏力教授所言:"以这种生物性联系来分配养育责任相对来说也比较方便。如果不是以这种方式而是以其他方式,例如让一个机构来决定养育责任的分配,可能就会引发很多的纠纷和争议。"[16]抚养义务是法定的,不由得当事人协议,也就不用提及当事人的意思

⑮ 宁夏回族自治区贺兰县人民法院贺民初字第2325号民事判决书。

⑯ 苏力:《冷眼看婚姻》,载李银河、马忆南主编:《婚姻法修改论争》,光明日报出版社1999年版,第37~38页。

表示了，所以也就谈不上无效的民事行为了。除此之外，《民法典总则》第一百四十八条将欺诈作为可予以撤销的理由，在其实施之后，也无法再成为无效行为说的法律依据。

无因管理说认为⑰，男方非基于法律上的义务或约定事由而为他人抚养子女，形成无因管理之债，男方有权要求支付其抚养子女期间的“管理费”。此种观点忽视了无因管理中管理者的主观心态。无因管理中，管理人是在明知该事项为他人事项的情况下，仍旧主动管理，而欺诈性抚养中，男方并不知晓其子非为自己亲生，而是将其视作亲生子与以抚养，是自己管理，而非为他人管理，谈不上无因管理。

不当得利说主张⑱，男方承担了本应由生父承担的抚养责任，而且没有法定依据及约定事由，生母之配偶的财产利益积极减少，而生父的财产利益消极增加，并且二者之间具有因果关系，构成不当得利。相较于前两种学说，欺诈性抚养关系更贴合不当得利的构成要件，但仍旧存在一些不妥之处。不当得利侧重于财产上的法律后果，主张将所得的不当利益予以返还即可，而不是损害赔偿，而且其返还范围还取决于得利人的主观心态，因此不当得利说对被欺诈者的保护不足。

杨立新学者提出的侵权损害赔偿说为学术界通说，即欺诈性抚养关系是非亲生子之生母对其配偶实行欺诈行为，使其配偶陷入错误认识承担抚养义务，造成财产及精神上的损害，且损害与欺诈行为之间有因果关系，构成侵权之债。

笔者也赞同此种观点。首先，就教义学上分析，欺诈性抚养中的法律关系与侵权损害赔偿构成要件相契合。子女之生母存在故意或过失之过错，生母之配偶遭受财产及精神损失，且欺诈行为与损失之间存在因果关系。其次，对于被欺诈者的何种权利遭受损害，虽然我国《婚姻法》并未明确规定配偶权、生育权等权利，但可将其纳入人格尊严等人身利益中予以保护，符合立法精神。再次，将欺诈性抚养关系界定为侵权损害赔偿，能够满足被欺诈者的精神损害赔偿请求，也体现出对于欺诈者的苛责性。综上，侵权损害赔偿说对欺诈的苛责度、被欺诈者的保护程度都比较圆满，是可采纳的一种学说。

---

⑰ 史尚宽：《亲属法论》，中国政法大学出版社 2000 年版，第 583 页。

⑱ 王利明：《中国民法典学者建议稿及立法理由 人格权编 · 婚姻家庭编 · 继承编》，法律出版社 2005 年版，第 303 页。

三、婚生子女否认制度的构造

婚生子女否认制度是指当事人依法享有否认婚生子女为自己子女的诉讼请求权的制度[19],也即,婚生子女否认是针对推定为自己婚生子女的一种否认制度。随着儿童利益最大化原则的确立,越来越多的国家已经取消婚生子女、非婚生子女的称谓,不论其出生时父母关系如何,在法律上都享有同等待遇。但儿童所享有的权益实质上取决于法律规定、实务中的操作实现程度以及社会文明包容度,而非仅仅决定于形式上的名号。其次,婚生子女、非婚生子女也可以用以区别子女出生时其父母双方的身份状态,并不只是用于对于子女的歧视性标签。对此,笔者认为将子女否认制度称为婚生子女否认制度,借以辨别子女出生时父母的身份状态,而非如德国一般称为“父权撤销制度”也无可厚非。但随着非婚同居现象的增多,子女的出生将会逐渐变成一件非必须由婚姻衍生的事件,那时,可将婚生子女否认改称为子女否认或父权撤销制度。

如上文所述,欺诈性抚养关系涉及当事人身份关系的重建、财产损失的赔偿等事项,而我国并未建立起具体制度予以规范,造成实务中司法判决混乱的局面进而形成重财产、轻身份的情形。虽然借助现有条文以及法理可以对欺诈性抚养关系予以解决,但家事领域关系人的感情,不如财产关系一般可以理性计算,它有其自身独特的纠纷解决方式和原则,不可一概而论。加之,我国正逐步推进家事诉讼制度和审判方式的改革[20],借此设立婚生子女否认制度以针对性解决欺诈性抚养关系更是对症下药。

(一)否认权人

否认权人指的是有权向法院提起否认子女为婚生的权利人。各国对否认权人的界定范围也存在差异,但大多都为父母及成年子女。我国台湾地区、德国、日本都规定夫妻一方或子女得以提起否认之诉[21],葡萄牙则增加了检察院作为否认权主体,同时拒绝夫在人工授精时已同意采用异质受精卵的情形下

---

⑲ 佘延满:《亲属法原论》,法律出版社 2007 年版,第 386 页。

⑳ “家事审判方式和工作机制改革工作推进会综述”,载新浪网:http://news.sina.com.cn/sf/news/fzrd/2017-03-01/doc-ifyavvsh7280906.shtml,2017.3.1,2017 年 3 月 4 日访问。

㉑ 陈玉玲:《台湾婚姻家庭制度理论与实务》,九州出版社 2015 年版,第 245 页;陈卫佐:《德国民法典》,法律出版社 2006 年版,第 493 页。

提起否认之诉[22],而我国澳门则规定如果对父亲身份产生争议,父母、子女、生父、检察院以及否认之诉将会为自己带来精神或财产利益的所有相关人员都可提出。[23] 此外,各国都对否认权主体的死亡、丧失行为能力下的诉权承继主体做了规定。

否认权范围的宽窄取决于立法的价值取向。若强调亲子身份关系的稳定,则否认权主体常被限定在父母及子女三方,若强调血缘关系的真实性,则往往加诸于公权力机关的干涉。笔者认为,家庭身份关系牵涉父母双方的感情投入、子女的成长环境等多种软性利益,且家庭关系往往比较私密,难以为外人知,何况中国人常有“家丑不可外扬”之芥蒂,因此将提起否认之诉的主体限定在父母双方比较合理。在欺诈性抚养案件中,提起否认之诉的多为男性,但也不排除女性出于子女利益考虑提出否认之诉,至于子女之生父是否可以提起否认之诉,笔者认为不可。首先,对于子女所在家庭而言,其生父为外人,虽然有血缘关系但子女与其没有任何感情基础。若其生父出于私利考虑,意欲争其血脉,贸然提出否认之诉,不但会破坏子女所在家庭之完整性,还会破坏子女的身心健康。其次,实际中难免存在有男性愿意抚育非婚生子女的情形。若交由生父予以否认,则会破坏一个家庭的完整性。而我国目前界定父子身份关系的依据主要为血缘关系,不考虑社会生活意义上的父子关系,如此难免伤害当事人感情,显得不近人情。考虑到我国诉讼程序的构造,让检察院参与婚生否认之诉显得不太现实,制度重建成本过高,随着科技的进步,生育所引起的身份关系在法律上也逐渐显得过于复杂,葡萄牙以及德国民法典都对人工授精情形下的否认权予以限制,贴合当下辅助生育技术的进步。由此,我国婚生子女否认之诉的主体也应当界定为父母及子女,并依据子女成年与否确认其提起否认之诉的条件,并对辅助生育技术下的否认权加以限制。

(二)否认事由

否认事由是当事人予以提出否认之诉的初始条件,若没有否认事由,只是无端的猜忌,法院不会受理。而对于否认事由的规定,各国基本都以妻与夫未曾在受胎期同居为基本原因,而具体事由则又可能以概括式或列举式表达。

台湾司法实践中对于否认之诉的原因归结为以下几种:依子女的发育状况、人种特征,子女显然非夫所出;因远赴国外、在监服刑、住院治病、入伍服兵

---

[22] 唐晓婧:《葡萄牙民法典》,北京大学出版社2009年版,第315页。

[23] 冯心明:《港澳民法概论》,经济科学出版社2007年版,第129页。

役等空间的隔离不能性行为、因夫妻反目而未有性行为;夫不能人道、无生殖能力或已经采取结扎的节育措施;血液检查结果不符合遗传规律、DNA 鉴定结果等。[24] 法国民法则概括为物理上的不能、事故上的不能,也有学者主张精神上的不能,具体情形与台湾地区类似。而《魁北克民法典》第五百三十五条第二款规定,为证明丈夫或民事结合之配偶并非子女之父,可采用任何形式的证据。

法国和我国台湾地区都对否认事由做了较为详尽的规定。而魁北克则显得过于概括,不便于给予法官裁判指导。而综观各国对于否认事由的规定,否认权主体举证证明亲子关系不存在时,无非也就是两方面:受胎期以及出生后。受胎期常常以夫妻关系不睦、夫之生理能力残缺、空间隔绝以致无法性行为等作为理由;而出生后的时期,往往从子女的遗传特征、DNA 基因等入手。以此为鉴,我国对于婚生子女否认之诉的原因可以将夫之生育能力残疾、受胎期未曾同居、亲子鉴定结论等作为否认之诉的原因。但亲子鉴定往往为最常用的事由,这与科学技术的准确性不无联系,上文所论及的几起欺诈性抚养案件中,原告都是以亲子鉴定结论作为否认亲子关系的初步证据。同时也应当注意到亲子鉴定的适用对于未成年子女的心灵创伤,谨慎适用,并对当事人主动提供的私人鉴定机构结论予以更严谨的认定。

（三）否认期限

任何权利的行使都有其边界与期限,婚生子女否认权也不例外。《日本民法典》第七百七十七条、七百七十八条规定,否认之诉可在丈夫知道子女出生时起一年内提出。若夫为无民事行为能力或限制民事行为能力人,则一年时限从裁定撤销后丈夫知道子女出生事实时起算。[25] 而《葡萄牙民法典》则依据否认权主体的不同,区分不同的否认期限:其第一千八百四十二条规定,母亲之丈夫可在知悉其可能不具有父亲身份之情事起两年内、母亲在子女出生后两年内可以提起否认之诉,而子女在成年或解除亲权后一年内,或知悉其可能不是母亲之丈夫之子女之情事后一年内可以提起否认之诉。[26] 我国《台湾民法典》规定夫妻之一方自知悉该子女非为婚生子女,或子女自知悉其非为婚生子女之时起两年内为之。但子女于未成年时知悉者,仍得于成年后两年

---

[24] 陈玉玲:《台湾婚姻家庭制度理论与实务》,九州出版社 2015 年版,第 139 页。

[25] 王爱群译:《日本民法典》,法律出版社 2014 年版,第 122 页。

[26] 唐晓婧等译:《葡萄牙民法典》,北京大学出版社 2009 年版,第 328 页。

内为之[27],《魁北克民法典》更是规定亲子关系诉讼时效最高长达三十年。[28]

以上各国对于否认权的否认期限都定性为诉讼时效,并辅之以最长诉讼时效予以限制。但我国对以上期限的性质,仍存在是诉讼时效或除斥期间的争论[29],而这取决于否认权的性质,请求权抑或形成权?笔者认为,否认权更类似于形成权兼具请求权的复合权利,其消灭期限应当是诉讼时效。借助欺诈性抚养案件的分析可知,一方面,否认权的行使不需要双方当事人的合意,且否认其抚养义务来源于客观事实——血缘关系不成立,否认之诉的行使会直接导致父子身份关系的不成立。另一方面,否认权行使之后,否认权人可向其配偶或者其他侵权人主张抚养费返还,又具有请求权的性质。至于否认权的诉讼时效期间,我国《民法通则》第一百三十五条规定为两年,即将施行的《民法典总则》第一百八十八条规定为三年。相较于《民法通则》而言,《民法典总则》的规定更有利于保护权利人的利益。因此否认权的诉讼时效可规定为三年,以便否认权人搜集证据,同时予以最长诉讼时效二十年的限制,以稳定业已形成的父母子女关系。同时对夫之丧失行为能力等情形适用诉讼时效中止、中断等规定。

对于诉讼时效起算点的规定,日本规定为丈夫知道子女出生事实后起算,台湾为父母、子女知晓其为非婚生子之日起算,而葡萄牙则以否认权主体的不同区分为不同的起算点:夫之否认权消灭时效从他在知晓其可能不具有父之身份时起算,母在知晓子女出生事实起,子女则是在成年后知晓可能不是父之亲生子女起或未成年时知晓该事实起。相较于日本单一的起算点规定,葡萄牙的规定更显合理。母亲在子女出生前,很可能已经知道是否为夫之子女,所以将母亲之否认权消灭时效规定为知晓子女出生事实起具有合理性。相比之下,"父亲"往往不知晓孩子究竟是否为自己亲生,若起算点与母亲一致,则难免有些强人所难,无法保障其权益的实现。一般都是"父亲"发现子女与自己在外貌、性格、遗传特征等方面存在较大差异,才开始怀疑子女是否为自己亲生,而这些差异在子女出生后一两年内常常难以发现。在欺诈性抚养案件中,"父亲"都是在发觉子女与自己差异太大时提起诉讼,此时子女往往也有5、6

---

[27] 陈玉玲:《台湾婚姻家庭制度理论与实务》,九州出版社2015年版,第245页。

[28] 徐国栋:《魁北克民法典》,孙建江、郭站红、朱亚芬译,中国人民大学出版社2005年版,第71页。

[29] 巫昌祯:《婚姻家庭法新论》,中国政法大学出版社2002年版,第238页;王洪:《婚姻家庭法》,法律出版社2003年版,第230~231页。

岁甚至更大。对于子女而言,其未成年时属于无民事行为能力或者限制民事行为能力人,需要法定代理人予以代为起诉。而其法定代理人为父母,对其赋予否认权并无太大意义。在其成年后,有所判断能力,且知晓事实后,有权对自己的身份关系作出决定。但子女成年后提起否认之诉,法院应当予以严格审查以避免子女逃避赡养义务。为此,我国应将夫之否认权消灭时效规定为知晓其可能不具有父之身份时,母之否认权消灭时效规定为知晓子女出生事实起,子女否认权消灭时效规定为成年后知晓其非为亲生子女时起。

(四)否认效力

否认之诉一经判决,亲子关系随即消灭,并溯及至子女出生时。而除了身份关系变动之外,"假父"也可基于文中第二部分探讨的欺诈性抚养侵权损害赔偿为请求权依据提出抚养费返还的请求。对于抚养费返还的执行问题,笔者认为应考虑生母之经济状况,对子女成长之必需费用予以保留,不得强制执行,以尽力为子女提供良好的生活环境。

四、结语

欺诈性抚养案件频发,而我国法律并未对此类案件的裁判予以明确的身份变动、财产返还等指引,导致实践中各地法院同案不同判的畸形现象,有损于法律权威。而婚生子女制度的建立可以解决欺诈性抚养案件引发的问题,将欺诈性抚养关系纳入婚生子女否认之诉的轨道,对被欺诈者的诉讼主体地位予以明确、对其否认之由予以规定,进而对其诉讼请求予以肯定,妥善解决类似纠纷。

Research of Denial of Legitimate Children on the Perspective of Fraudulent Raising

Abstract: With the increasing of the fraudulent raising cases, our country should establish the denial of legitimate children in order to handle the identity relationship and property damages caused by fraudulent raising. The paper defines the right body, structure factors of denial of legitimate children and its applicable conditions. In addition, the paper also defines the rights limitation in time and the consequences of the suit in law. The codification of civil law is formulating, so as the study of the marriage law. The establish of denial legitimate children will be beneficial to the practice of law.

Key Words: fraudulent raising; identity relationship; denial of legitimate children; tort; alimony return

（责任校对:韩旭至）

思想源流

Thinking Origination

论野生动物栖息地法律保护的困境与出路*

——以完善东洞庭湖候鸟湿地栖息地保护为视角

刘海鸥　张小虎**

摘　要:《中华人民共和国野生动物保护法》已由第十二届全国人民代表大会常务委员会第二十一次会议于2016年7月2日修订通过,在首次明确保护野生动物栖息地的契机下,栖息地保护的法律制度得到了进一步建立和完善。而东洞庭湖国家级自然保护区作为我国最为重要的候鸟湿地栖息地,虽然面临着执法困难、候鸟与湿地栖息地的保护缺乏衔接等问题,但是在生态文明建设的指导思想下,通过法律修订、职能提升、制度构建和国际合作等途径,东洞庭湖湿地栖息地保护将出现新的成效,并由此引发全社会对野生动物栖息地保护的关注。

关键词:《中华人民共和国野生动物保护法》　候鸟栖息地　湿地保护　东洞庭湖

2016年7月2日,在第十二届全国人民代表大会常务委员会第二十一次会议上,修订通过了新的《中华人民共和国野生动物保护法》,该法对现行野生动物保护法进行了较全面的修改,新增条款18条,首次明确保护野生动物栖息地,要求定期评估、调整并发布国家重点保护野生动物名录,对违法售购国家重点保护野生动物的行为追究刑事责任。同时,各级人民政府应当加强

* 基金项目:湖南省社会科学基金项目"东洞庭湖候鸟湿地栖息地法律保护研究"(项目编号:15YBA336)

** **作者简介:**刘海鸥,湘潭大学法学院教授、博士生导师,法治湖南与区域社会治理协同创新中心研究员;张小虎,湘潭大学法学院讲师。

对野生动物及其栖息地的保护,制定规划和措施,并将野生动物保护经费纳入预算。我国的野生动物保护法自 1989 年 3 月 1 日实施也来,相关事业取得长足发展。截至目前,全国共建立自然保护区 2740 个,总面积 147 万平方公里,约占陆地国土面积的 14.38%,有 85% 以上的野生动物种群得到了有效保护。但是,在部分地区滥用滥食野生动物的陋习依然存在,野生动物栖息地遭到侵占和破坏的情况较为严重。面对严峻的野生动物及其栖息地保护形势,以生态文明建设和依法治国为指导,经全国人大环资委牵头起草和提请审议,第十二届全国人大常委会将野生动物保护法列入立法规划,按照保护优先、突出重点、分类管理的原则进行全面修改,并增加 18 条条款。由于野生动物栖息地保护衔接不畅、力度不足,新的法律首次明确保护野生动物栖息地。发布野生动物重要栖息地名录、防止规划和建设项目破坏野生动物栖息地,禁止任何单位和个人违法猎捕、利用或者破坏。建设公共项目可能影响野生动物迁徙洄游的,应当采取积极措施,消除或减少对野生动物的不利影响。① 同时,该法要求对违法售购国家重点保护野生动物的行为追究刑责,对未经批准而引进放归外来物种的行为最高处 20 万罚款,禁止或限制在自然保护区等保护区域内引入外来物种等人为干扰、威胁野生动物的行为。可见,《中华人民共和国野生动物保护法》将会成为完善野生动物栖息地保护立法的首要展现,新法的通过将为野生动物的栖息地提供切实保障,它将成为构筑东洞庭湖候鸟湿地生态家园的法律依据。

一、东洞庭湖候鸟湿地栖息地的保护现状

湖南东洞庭湖国家级自然保护区位于长江中下游荆江江段南侧,地处湖南省东北部岳阳市境内,总面积 19 万公顷,主要保护东洞庭湖特有湿地生态系统和生物多样性。保护区成立于 1982 年,1992 年成为我国首批加入"国际重要湿地公约",是我国的六个国际重要湿地之一,1994 年升格为国家级自然保护区,其独特的生态环境孕育了丰富动植物资源。据 2015 年 12 月 14 日第八届洞庭湖国际观鸟节的统计,保护区内记录到鸟类 343 种,其中有国家一级保护的白鹤、黑鹳、白尾海雕等 7 种,二级保护的 44 种。在 2016 年 1 月 9 日开始的湖南省第二次野生动物资源调查鸟类同步调查工作中,"东洞庭湖区

---

① 雷英杰:《野生动物保护法修订草案首提保护野生动物栖息地》,载《环境经济》,2016 年第 3 期。

监测到越冬水鸟6目12科48种120531只，较上一年度增加了18069只，增幅达17%。”②可见，东洞庭湖既是我国湿地水禽的重要越冬地，也是重要繁殖地、停歇地，每年至此栖息候鸟达十万多羽。但是，近年来由于洞庭湖的湖面萎缩、湖区污染，环湖地区的产业转型、经济开发，加之过度捕捞和非法捕杀，这些活动让东洞庭湖的湿地生态系统遭到了破坏，候鸟的栖息地遭受威胁。面对严峻形势，加强湖区生物多样性和湿地栖息地的保护迫在眉睫，在野生动物保护法首次提出栖息地保护的规定下，加紧建立一套候鸟湿地栖息地法律保护制度成为重中之重。

二、导致候鸟湿地栖息地生态危机的原因

在现实中，湿地保护面临着诸多困境，例如，法律操作困难、湿地权属不清、机构设置模糊与执法缺乏衔接等，这些原因致使候鸟湿地栖息地的生态环境遭受破坏。

第一，在历史上，我国虽在1992年加入《关于特别是作为水禽栖息地的国际重要湿地公约》（简称《湿地公约》），但当时却将候鸟与湿地作为两个相互独立的概念，未建立一种二者相互影响、相互依存的生态观。从缔约目的中可见，《湿地公约》在第一条就确定了公约保护湿地与水鸟这两组概念及保护目标：“1. 为本公约之目的，湿地是指，不问其为天然或人工、长久或暂时的沼泽地、泥炭地或水域地带，带有静止或流动的淡水、半咸水或咸水水体，包括低潮时水深不超过6米的水域。2. 为本公约之目的，水禽系指从生态学角度看以湿地为生存条件的鸟类。”③从公约条款对概念的设计和表述来看，当时尚未形成一套整体性的候鸟湿地栖息地生态系统保护观念。而传统民风曾让上个世纪的东洞庭湖区民众将候鸟作为食补来源并提倡捕杀，不正确的候鸟保护观念导致今天仍有一部分人妄图捕杀候鸟，从中获利。

第二，在立法上，宪法中未明确提出湿地及其权属概念；环境基本法上也未提及湿地及其生态保护，仅以水源涵养区域替代之；环境单行法规中直接对作为栖息地的湿地生态保护的法条在《水法》《野生动物保护法》《湿地条例》

② 周月桂、徐典波：《东洞庭湖越冬水鸟增加1.8万多只》，载《湖南日报》，2016年1月16日。

③ Millennium Ecosystem Assessment. Ecosystems and human well－being：wetlands and water synthesis：a report of the Millennium Ecosystem Assessment. Washington，DC：World Resources Institute，2005：p. 1—2.

中均未出现;各地方的规范性文件虽以“部门规章”或“实施办法”的方式保护湿地,但法律位阶较低,容易引发法律适用冲突、影响执法。引外,当前规定了湿地生态环境保护的《自然保护区条例》却因第二十六、二十七、二十八条等禁止性规定在实践中难以操作而大打折扣。又如,《湖南省湿地保护条例》第十六条规定“不得超出湿地资源再生能力,不得破坏野生动植物的生存环境”。④ 不够细化的禁止性规定造成了湿地生态保护执法的模糊,牵扯到多个利益部门,既需要环保部门的科学认定,又需要森林公安部门的证据搜集,还需要保护区管理部门的执法检查。这些内容交叉往复,极易导致证据的灭失,增加了执法的困难。

第三,在机构设置上,东洞庭湖国家级自然保护区管理局级别较低,作为隶属于岳阳市林业局的副处级单位,它难以统领、协调候鸟湿地栖息地保护。显然不符合《中华人民共和国自然保护区条例》第二十一条的要求:“国家级自然保护区,由其所在地的省、自治区、直辖市人民政府有关自然保护区行政主管部门或者国务院有关自然保护区行政主管部门管理。”较低的行政设置不利于保护区管理局有效统领林业、渔政、水利、环保等部门对国家级自然保护区湿地生态的保护。同时,相关法规也未赋予管理局更多的行政管理权与执法权。《中华人民共和国自然保护区条例》第三十四条规定保护区管理局仅有针对三项行为的执法权利:非法进入保护区;移动保护区界标、标志;不为科学研究提供数据资料。这使得管理局在湿地保护过程中不得不向其它部门请求联合执法,削弱了保护区管理局的执法效果和工作职能。

第四,在执法效果上,保护区管理局每年开展 10 次以上的“大巡护、大监测、大走访、大整治”,查处行政案件 20 起、刑事案件 3 起左右,但捕杀国家二级重点保护鸟类 20 只(含)以上才属“情节严重”、达到非法猎捕、杀害珍贵野生动物罪的侦查立案标准。这就导致很多案件因为取证困难和立案标准高而不能进入刑事诉讼程序,只能以“非法持枪罪”等违反治安管理的行为进行治安拘留处罚。在 19 万公顷的保护区中,地广人稀让取证异常困难,而且捕杀候鸟的案件必须先移送至森林公安局进行侦查,再向有管辖权的岳阳楼区人民法院提起诉讼。因此,保护区管理与执法机构设置复杂、职能重叠,影响了

---

④ 《湖南省湿地保护条例》第十六条:“开发利用湿地资源,应当坚持经济发展与湿地保护相协调,维护湿地生态平衡,严格按照湿地保护规划进行,不得超出湿地资源再生能力,不得破坏野生动植物的生存环境。”

证据收集与案件侦查,导致那些屡屡发生的捕杀少量候鸟、破坏湿地生态的行为难以追责。

第五,在湿地权属上,其权属问题规定较模糊,从《宪法》和《环境法》等相关法律来看湿地被列入了“未利用土地”范畴。例如,《河道管理条例》允许在六种列举的“未利用土地”⑤中进行挖沙 ,但湿地作为一种类似“未利用土地”,在湿地保护区则明确禁止挖沙,于是出现法律适用冲突。又如,面对更具经济价值的养殖业和种植业品种,传统渔业被螃蟹和莲藕的培育所取代。但鱼类是越冬候鸟最为重要的食物来源,渔业减产必将对湿地系统食物链造成干扰,养殖品种转变会给湿地生态系统和候鸟生存带来潜移默化的影响。然而,湿地生态用地的所有权、使用权等未得到法律的明确认定,所以保护区管理局不能依法对这种养殖产业的转型强行制止,取而代之的是向政府提出申请与协调。保护区管理局曾就此向岳阳市政府提请发布《岳阳市人民政府关于进一步加强东洞庭湖湿地管理的通告》《岳阳市人民政府关于东洞庭湖核心保护区大小西湖及壕沟实施封闭管理的通过》,通过规范性文件来保护东洞庭湖湿地生态系统、保障越冬候鸟的栖息地。

三、保障候鸟湿地栖息地生态环境的举措

面对东洞庭湖候鸟湿地栖息地保护的难题,《中华人民共和国野生动物保护法》明确要求保护野生动物栖息地,其实质是超越原有保护野生动物物种本身的局限观点,形成一种生态系统的宏观保护观,关注栖息地保护,庇佑野生动物生存、栖息、繁衍的自然场所,这才是对生态系统的宏观保护。在野生动物保护法修订审议的背景与思路下,可以尝试从如下方面构筑起作为候鸟栖息地的东洞庭湖湿地生态家园:

其一,明晰湿地权属,赋予保护区管理局代行使湿地所有权,提升其行政职能。依照宪法和环境基本法以及地方湿地条例,东洞庭湖湿地所有权应交由国务院代表国家来行使。当然,由于东洞庭湖湿地生态资源的虚拟性,这使得国务院在代行使湿地所有权时将会产生间接性和抽象性的特点。国务院可

---

⑤ 由于权属不明晰,显然湿地可以划归至六种“未利用土地”中的第六种——“其他未利用土地”,它们分别为:“1. 其它土地。未列入农用地、建设用地的其它水域地。2. 河流水面。天然形成或人工开挖河流常水位岸线以下的土地。3. 湖泊水面。天然形成的积水区常水位岸线以下的土地。4. 苇地。生长芦苇的土地,包括滩涂上的苇地。5. 冰川与永久积雪。表层被冰雪常年覆盖的土地。6. 其他未利用土地。”

以明确指定东洞庭湖湿地国家所有权的代表机构，要求湖南省岳阳市政府主管部门代表国务院间接行使东洞庭湖湿地的所有权和管辖权。由此，东洞庭湖湿地的主管部门——湖南省岳阳市东洞庭湖国家级自然保护区管理局，可成为东洞庭湖湿地国家所有权的行使代表。通过国家、国务院、岳阳市政府，最后至东洞庭湖国家级自然保护区管理局的层层赋权。这样一来，方能从根本上解决长期困扰保护区管理局实施湿地保护执法的核心因素，这也是管理局开展候鸟栖息地生态环境保护的权力来源。同时，明晰保护区管理局代理国家行使湿地所有权和管理权的法律属性，能够提高东洞庭湖国家级自然保护区管理局的行政级别和工作职能，凸显管理局的指导性地位，让具备相当专业技能和执法技巧的管理者成为候鸟湿地栖息地保护工作的统领者和协调者，从而更好的实现与林业、环保、司法等国家职能机构的综合执法。

其二，健全东洞庭湖湿地保护机构的统一管理体制。随着生态文明建设的全面推进以及环境保护观念的革新，基于候鸟栖息地、湿地生态系统的整体性，要求对东洞庭湖湿地的管理和候鸟栖息地的保护必须具有统一性、整体性。因此，对东洞庭湖湿地生态系统的管理必须依靠多部门的综合管理。如，湖南省环境行政主管部门负责国家级自然保护区的统一管理，湖南省林业行政主管部门负责湿地生物多样性和水禽栖息地保护，湖南省国土资源管理机构对湿地国土资源进行管理。但在多部门联合管理机制下，如前文所述，东洞庭湖国家级自然保护区管理局的这一行政专门机构的地位稍显尴尬。因此，为了打破上述各行政部门各自为政的管理现状，东洞庭湖国家级自然保护区必须建立一个省级湿地管理的协调统一机构。让保护区管理局获得“行政集中管辖权”，能够联动林业、水利、航监、旅游等多部门，以集中统领候鸟湿地栖息地的保护，最终实现“综合执法”的良好效果。对此，东洞庭湖国家级自然保护区管理局可以升格行政级别，赋予其新的行政职能。如，“统一管理保护区范围内的湿地保护、渔政渔业、旅游、航运、水上治安等方面事务，行使对保护区内自然资源和自然生态系统管理权、行政执法权和行政处罚权。通过社区共管、公众参与、湿地资源有偿利用和湿地生态效益补偿等管理制度，协调湿地保护利用中的各种利益冲突。”⑥

其三，加快立法进程，完善既有法律，为候鸟与湿地栖息地保护提供严格

---

⑥ 胡晓华：《东洞庭湖湿地权属问题研究》，湖南大学法学院2007年硕士学位论文，第38页。

的法律依据。一方面,加快湿地保护法律的编纂和完善进程。加强候鸟与湿地栖息地保护的专门性立法,为东洞庭湖湿地及候鸟栖息地保护提供直接的法律依据。拟出台的《中华人民共和国湿地保护条例》应具有较强的操作性,避免与其他法规界定的管辖范围相冲突,明确界定湿地保护条例的调整范围。对于涉及多部门且职权重叠交叉的执法现状,应在法律上明确湿地资源管理部门职责和相关部门之间的协调关系。另一方面,对有关湿地与候鸟保护的现行法律进行修改完善,减少禁止性规定。在宪法层面将湿地作为重要自然资源列入第九条第一款。在环境基本法层面,于第二十九条中凸显湿地生态的价值作用。⑦ 因为,东洞庭湖湿地保护区既是珍稀、濒危的野生动植物自然分布区域,又是重要的水源涵养区域,作为我国在长江流域的重点生态功能区,对东洞庭湖湿地及候鸟栖息地的保护应当建立严格的生态保护红线。在国务院法令层面,《中华人民共和国自然保护区条例》必须赋予东洞庭湖国家级自然保护区管理局以更多的执法权,而不仅是第三十四条规定的对破坏、移动保护区界标,未经许可进入保护区等三种情况的执法处罚权。此外,类似第二十六、二十七和二十八条,禁止在自然保护区内砍伐、放牧、狩猎、捕捞,禁止在自然保护区的缓冲区开展旅游和生产经营活动等禁止性规定必须得到充分解释,明确违反禁止性规定所应承担的法律责任、具体罚款额度,细化政府和执法人员的责任,弥补破坏候鸟及湿地栖息地行为追责不明、处罚力度不够的缺陷。在地方法律层面,《湖南省湿地保护条例》和《湖南省环境保护条例》必须进一步重视湿地保护与候鸟栖息地的关系,明确候鸟栖息地与湿地生态资源之间相辅相成的特征。降低捕杀保护鸟类的入刑标准,最大限度打击和威慑捕杀候鸟、破坏湿地生态的犯罪行为。

其四,健全生态补偿制度,对候鸟栖息地生态系统和自然资源保护所获得效益进行奖励,对个人或区域保护生态系统和环境的投入或放弃发展机会的损失进行经济补偿。在湿地的生态保护优先性的前提下,弥补东洞庭湖湿地居民因禁、限产而遭受的利益损失,确保他们支持栖息地保护法律。根据《宪法》第十条第三款国家征收、征用补偿制度以及《物权法》第四十二条的具体

---

⑦ 《中华人民共和国环境保护法》第二十九条:“国家在重点生态功能区、生态环境敏感区和脆弱区等区域划定生态保护红线,实行严格保护。各级人民政府对具有代表性的各种类型的自然生态系统区域,珍稀、濒危的野生动植物自然分布区域,重要的水源涵养区域,具有重大科学文化价值的地质构造、著名溶洞和化石分布区、冰川、火山、温泉等自然遗迹,以及人文遗迹、古树名木,应当采取措施予以保护,严禁破坏。”

要求,在《自然保护区管理条例》第二十七条第二款和《湖南省湿地保护条例》第十八条第二款规定的湿地自然保护区核心区域居民迁出以及政府相应补偿的制度下,开展生态补偿活动。该生态补偿可针对前文提出的禁止东洞庭湖保护区居民转变养殖、种植行业而减少的经济收入。此外,生态补偿的区域仍必须具体考察,对于无生态功能的区域,不必要实施生态补偿。同时务必认识到,生态补偿的目的是为了保护生态系统,而不是解决社会矛盾。综上,确定岳阳市政府作为补偿主体,湿地栖息地保护核心区与缓冲区中的居民是补偿对象,采取现金补偿、土地置换或产业替代等灵活的补偿方式,以居民因禁、限产而遭受的经济损失为补偿标准,以一次性补偿或 10 年内长期补偿为期限,以岳阳市政府生态补偿专项资金,或湿地有偿使用的受益金为补偿资金来源,而补偿的认定机构以保护区管理局协调农业、渔业、水利、林业等部门进行综合考察认定。

其五,让候鸟湿地栖息地保护在公众环保知情权和参与权下实现良好效果。依据新《环保法》第五章第五十三条,实现"信息公开和公众参与,明确公众的知情权、参与权和监督权"。首先,岳阳市政府和人大可以通过人大决议或政府公告的方式,颁布类似《加强东洞庭湖自然资源保护与管理的决议》的文件。明确要求沿湖各级政府和社会团体采取多种形式,通过多种渠道,广泛开展宣传教育,对湿地重大开发项目实行听证等程序,努力提高全民湿地生态保护意识。其次,东洞庭湖国家级自然保护区管理局应当积极履行职责,引导公众参与保护区的管理和监督。通过举办东洞庭湖国际观鸟节、爱鸟周、湿地生态展等活动向公民公开环保信息。广泛征集环保志愿者,联系周边环湖 13 个乡镇及各渔场、芦苇场,挑选有责任意识的居民组成保护候鸟与湿地的联防网络,宣传候鸟湿地栖息地保护知识,监督、举报、打击捕杀候鸟的违法行为,让公民产生主人翁意识,从而真正参与到东洞庭湖候鸟湿地栖息地的保护实践中来。再次,各学术团体、民间社团、NGO 组织也应当参与其中,湖南省环境资源法学研究会、东洞庭湖自然资源研究会、岳阳市野生动物保护协会、岳阳市鹤类保护协会,乃至世界环保组织(IUCN)、世界自然基金会(WWF)、全球环境基金(GEF),他们都应当积极参与到东洞庭湖湿地与候鸟的保护实践中来,要使得这种协作参与制度化、常态化。最后,司法机关依然可以在案发地展开公审、公判,惩戒犯罪行为、威慑当地民众,实现宣传教育作用,让周边居民认识到捕杀候鸟、破坏湿地栖息地的危害性,让他们自觉形成候鸟的生存保护意识,使之成为最有效的基层法律监督者以及相关案件证据的发现者和保护者,从而为保护区管理局和森林公安的环保执法与证据发现提供重要帮助。

其六,通过国际条约参与合作,扩大候鸟、湿地以及生物多样性的保护范围。目前我国已加入《湿地公约》和《生物多样性公约》,未来可以通过缔结更多的国际条约,参与野生动物栖息地保护的跨国合作,关注作为候鸟栖息地的整个湿地生态系统,扩大其生物多样性的保护范围,与国际公约的精神内涵保持协调一致,履行中国承担的国际法义务,加强培训和交流,获得国际资金和技术支持,通力合作共同打击破坏候鸟湿地栖息地的环境违法行为。

结　语

综上,按照此次野生动物保护法修订目标,保护野生动物及其栖息地环境,维护生态平衡,促进生物多样性等公益目的是最终归宿。对此,学者建议将《野生动物保护法》第一条修改为:"为保护野生动物及其栖息地环境,拯救珍稀濒危野生动物,规范野生动物资源利用,维护生态平衡和生态多样性、遗传多样性,建设生态文明,制定本法。"在明确强调保护野生动物栖息地的立法目标中,可以尝试扩大栖息地的定义和范围,类似东洞庭湖湿地栖息地的候鸟越冬场和水生生物产卵场等均可纳入其中。另一方面,从东洞庭湖国家级自然保护区的执法困境来看,当前我国的自然保护区大多面积广阔,候鸟与湿地生态保护异常困难,甚至影响了当地经济发展。故,自然保护区周边以及湿地公园、森林公园等地区都因关注不足而屡遭生态破坏。鉴于此,在新修订的《野生动物保护法》明确提出栖息地保护的目标下,可将原"第二章野生动物保护"修改为"野生动物及其栖息地的保护",不仅将其范围涵盖野生动物生活之地,也应涵盖迁徙、产卵或停留区域。重要栖息地的概念也应进行量化,制定配套技术标准,如国家重点保护物种在某个区域达到1%的,就可定为重要栖息地。⑧ 因此,在新的《中华人民共和国野生动物保护法》首次明确保护野生动物栖息地的契机下,相关的法律和制度将得到进一步建立和完善。东洞庭湖国家级自然保护区作为我国最为重要的候鸟湿地栖息地之一,将会在法律修订、职能提升、制度构建、国际合作等基础上实现新的保护成效,并由此引发全社会对野生动物栖息地保护的高度关注。

---

⑧　常纪文、吴平、王可颖、尹立霞:《〈野生动物保护法〉修改的热点问题与建议》,载《中国环境管理》,2016年第1期。

Study on Legal Dilemma and Solution of Wildlife Habitat Conservation

——As the Perspective of East Dongting Lake Migrant Bird Wet Land Habitat Conservation

Abstract: The wildlife conservation law has been revised and adopted by the 21st meeting of the Standing Committee of the 12th National People's Congress on July 2,2016. Under the opportunity of explicitly protecting wildlife habitat for the first time, relevant laws and regulations have been established and further improved. As the most important wetland habitat for migratory birds in China, the East Dongting lake national nature reserve is facing difficulties in enforcement of law and lack of convergence between migratory birds and wetland habitat protection. However, under the guidance of the construction of ecological civilization, through law revision, function promotion, system construction and international cooperation, we will get new achievements of the protection of wetland habitat in East Dongting Lake, and arouse the attention of the whole society to the protection of wildlife habitat.

Key Words: Law of the People' s Republic of China on the Protection of Wildlife; Habitat for migratory birds; Wetland conservation; East Dongting Lake

（责任校对:凌艳怡）

现代自然法方法论转向原因探析

任岳鹏*

摘　要:现代自然法学(新自然法学)具有多个不同于传统自然法学的特征,其中之一便是由传统的本体论自然法转向更具实证意味的方法论自然法。现代自然法的方法论转向,是多种原因和条件共同起作用的结果。从社会趋向上讲,现代社会分工的发展加剧了社会分化,使社会价值观呈现多元化和相对化的特征,普遍性道德陷入"虚无"困境,从而导致了本体论自然法的衰微并催生着方法论自然法的出现。从哲学趋向上讲,与古代哲学注重本体论研究和近代哲学注重认识论研究不同,现代西方哲学主要研究方法论问题;作为法哲学的自然法学,必然会受到哲学发展趋向的影响从而走向方法论自然法。从法学趋向上讲,20世纪以来,新自然法学与实证主义法学在碰撞中相互交融,自然法学开始实证主义化;方法论自然法就是自然法实证化的表现,是自然法在实证主义法学大潮中求生的结果。现代自然法的方法论转向表征着现代社会、现代哲学和现代法学的发展趋向。

关键词:方法论自然法　现代社会　现代哲学　实证主义法学

自然法是西方法治文化的基石之一。根据通说,自然法在西方经历了四个发展阶段,即古希腊罗马时期的自然主义自然法、中世纪神学主义自然法、近代理性主义自然法和现代自然法。① 相较于前三个阶段(下文简称为传统

* **作者简介**:任岳鹏,天津财经大学法学院副教授、法学博士。

① 也称复兴自然法、新自然法等。这里的"现代"是在广义上使用的,它包括19世纪末20世纪初自然法开始复兴时期的思想,也包括20世纪后半期以来的(即二战以后)"当代"自然法思想。

自然法),现代自然法呈现出多个特征,其一便是在本体论自然法与方法论自然法的对比中,以方法论意义上的自然法为主。② 应当指出,任何一种法学理论都是本体论和方法论的统一,现代自然法也不例外。不过,与传统自然法相比,现代自然法主要关注的不再是本体论方面的内容,即不再重点探究自然法的始源和本质③,而是更多关注在现实社会中如何体现和运用自然法的方法论问题。如就现代方法论自然法思想的开创者来讲,新康德主义法学的代表、德国法学家施塔姆勒(Rudolph Stammler,1856—1938)提出了“内容可变的自然法”,意在把“自然法”作为一种方法,以指导和决定被历史所制约的经常变化着的法的质料,使其具有客观真实性④,从而引领了“方法论自然法”之方向。而在现代自然法内部的两个派别即神学自然法和世俗自然法之中,新托马斯主义法学的代表、法国思想家马里旦(Jacques Maritain,1882—1973)是神学自然法派别中探讨方法论自然法的主要人物。他明确地将自然法分为本体论和认识论两个方面,而后者主要阐发的就是方法论的内容。⑤ 在世俗自然法派别中,美国法学家富勒(Lon L. Fuller,1902—1978)是最具代表性的探讨方法论自然法的思想家;他提出了“程序自然法”思想,意在提供一套判断何谓法律的方法和程序。20世纪中期开始至今,自然法学研究非常活跃,涌现出一大批学者,其中最引人注目的是英国的菲尼斯(John Finnis,1940—);他把自然法的实现归结为表现为人的欲望、感情、动机等的所谓实践合理性(practical reasonableness)。⑥ 然而,本文主旨并非要全面梳理新自然法学的方法论自然法思想,而是试图探究、揭示现代自然法方法论转向的原因和条件。与现有研究成果不同,本文尝试从社会趋向、哲学趋向和法学趋向三个角度进行分析和思考。

一、社会趋向

马克思和恩格斯在《共产党宣言》中曾指出:“资产阶级在它不到一百年

---

② 参见西方法律思想史研究会编:《自然法:古典与现代》,中国法制出版社2007年版,第12页。

③ 概括地讲,自然主义自然法认为自然法的始源(本质)是“自然”,神学主义自然法认为自然法的始源是上帝的意志,即神意,古典自然法认为自然法的始源是人的理性。

④ 谷春德、史彤彪:《西方法律思想史》,中国人民大学出版社2000年版,第210页。

⑤ 西方法律思想史研究会编:《自然法:古典与现代》,中国法制出版社2007年版,第13页。

⑥ 於兴中:《法理学前沿》,中国民主法制出版社2015年版,第125~127页。

的阶级统治中所创造的生产力，比过去一切世代创造的全部生产力还要多，还要大。”⑦ 19 世纪以来生产力的发展、科技的发明和创造，带来了西方社会在各个领域的深刻变化，从而使西方社会进入了具有迥异于传统社会特征的现代社会，这样的社会也被称为工业社会、信息社会、网络社会等。

对于现代社会的特征和问题，不同社会学家有不同思考。如马克思指出在资本主义社会中社会分工所起的人的“异化”问题；韦伯认为社会现代化是一个“去魅”的过程，但由此产生的科层制却使现代人生活在“铁笼”中；涂尔干看到了现代社会的“失范”现象，要求从传统社会的“机械团结”走向现代社会的“有机团结”等。虽然这些经典社会学家的理论各有侧重点，但都看到了现代社会中社会分工所导致的社会分化及其影响。经典社会学家普遍认为，传统社会结构的基本特征是“同质性”（也可称为“未分化性”），现代社会结构的基本特征则是“异质性”（也可称为“分化性”）。⑧ 所谓“同质性”，是指社会生活各基本领域处于一种无差别、无个性的机械统一之中，主要依靠自上而下的政治权威实现社会整合。所谓“异质性”，是指社会各基本领域具有了自主性和独立性，社会生活日益多元化；个人日益从集体意识之下挣脱出来，成为异质性个体；社会整合主要通过社会各领域功能上的相互依存、互补来实现。

传统社会与现代社会不同的社会结构，决定了植根其上的社会道德具有不同的特点。与传统社会 “同质性”特征相适应，其社会道德具有一致性、唯一性和强制性特点，整个社会很容易形成强有力的道德共识，强有力的道德共识反过来又成为传统社会的内在构成要素，是传统社会共同体得以存续的重要条件。与之不同，随着社会分工所导致的社会结构的“异质化”的出现，现代社会的道德出现了日益分化或者叫多元化的趋势。个人从集体意识之下挣脱出来，日益成为有个体偏好和价值取向的异质性个体；社会越来越难以认同

---

⑦ 《马克思恩格斯选集》（第一卷），人民出版社 1995 年版，第 277 页。

⑧ 有学者不同意这种关于传统与现代社会的区分，认为现代社会的本质内核是异质性，但其形式表征却是同质性，现代社会是一个异质性和同质性同在的悖论性社会，参见周建国：《同质性还是异质性？——关于现代社会特征的一种解释》，载《社会科学家》，2009 年第 12 期。对此，本人认为，既然是类型划分，就是根据不同类型事物之间的核心（本质）区别展开的。对社会进行类型学划分有“化繁为简”之嫌，有可能导致人们忽视不同社会类型之间的内在联系以及社会本身“不变”的部分，但它毕竟是深化对社会的认识的要求和表现。从经济学意义上讲，对事物 “贴标签”也具有“效率”价值。因此，本文仍坚持关于传统与现代社会区分的一般看法。

或接受某种统一的、强制性的道德，道德越来越领域化、人群化、个体化（私人化）。可以说，现代社会作为一种世俗化的社会，要求把个体的理性、自由作为一切制度设计、组织构建和社会发展的基点和终点，尊重和保护个人的理性判断和价值偏好已经成为现代社会进步性的标尺。⑨ 梅因“从身份到契约”之社会进步公式昭示着，现代社会一切组织活动的“合法性”最终取决于个体的“同意”。由此，现代社会面临的一大难题便是社会道德共识的形成，超越于个人和各社会领域之上的普遍的、统一的社会道德陷入前所未有的困境，甚至愈发不可能。⑩

自然法又称为道德律，现代社会普遍道德观的困境甚至“虚无”无疑影响着现代自然法的研究。可以说，在社会结构相对简单的传统社会中，传统自然法学致力于自然法实体内容的确定，是有其社会基础的，也是适应社会需要的；而对于高度复杂、多元、世俗的现代社会来讲，普遍、绝对、永恒的自然法显然已失去了其社会基础，难以被现代社会所认同和接受。⑪ 现代社会社会分化所导致的道德共识困境决定了传统的本体论自然法的衰微，普遍性道德在现代社会的困境实质上就是本体论自然法在现代社会的困境。在此背景下，自然法学家们转而开始更多地思考自然法在社会中的现实表现和具体应用，即从方法论上研究自然法，而不再专注于本体论意义上的自然法或者说自然法的本体论内容。例如，施塔姆勒提出“内容可变的自然法”主张，认为法之为正当的法，并不需要具有一定的内容，只要它形式上合乎标准即可，因为从内容上判断法的正当与不正当是办不到的，那是人们无法知道的领域。所谓“法律理想”，只不过是指示法律价值判断的方向，仅仅是对各种形式的法律实行统一价值判断的规则性的“正规思维方法”而已。⑫ 可以看出，施塔姆勒的自然法思想是与价值多元化、相对化的现代社会背景相契合的。

二、哲学趋向

黑格尔曾指出，“哲学是被把握在思想中的它的时代”。⑬ 同时，一个时代

---

⑨ 这涉及自由主义和共和主义的差异，但现代社会的底色应是自由主义。

⑩ 贺来：《“道德共识”与现代社会的命运》，载《哲学研究》，2001 年第 5 期。

⑪ 申建林：《西方自然法学理论的当代走向分析》，载《环球法律评论》，2007 年第 3 期。

⑫ 吕世伦：《现代西方法学流派》（下卷），西方交通大学出版社 2016 年版，第 245 页。

⑬ ［德］黑格尔：《法哲学原理（或自然法和国家学纲要）》，范扬、张企泰译，商务印书馆 1961 年版，序言第 12 页。

的哲学又必然对这个时代的其他思想上层建筑产生直接或间接的辐射和渗透作用。可以说,现代自然法的方法论转向受到了西方哲学发展的影响。

纵观整个西方哲学的发展,就哲学的对象来说,古希腊、罗马哲学(古代哲学)主要研究本体论问题,近代哲学主要研究认识论问题,而现代西方哲学则主要研究方法论问题。这种方法论研究既包括认识的方法,也包括表达的方法。⑭ 当然,现代西方哲学由古代哲学尤其是近代哲学发展而来,包含了对古代本体论和近代认识论的继承和发展。不过,就其对传统本体论的看法来讲,虽然各流派态度有所不同,但整体上都是反本体论的。现代西方哲学内部可分为科学主义思潮和人本主义思潮两大阵营。科学主义思潮抛弃了传统哲学⑮中的本原问题,程度不同地拒斥形而上学,以具体的、实证的理性代替传统哲学抽象、思辨的理性。科学主义思潮的开创者、实证主义的创始人孔德对"实证"的解释是:只有在经验、现象的范围内,才能达到"实在""有用""确定""精确""有机""相对"等;超过此范围,就要走向反面,即虚妄、无用、不确定、不精确、机械、绝对,这正是实证主义要摒弃的形而上学的特点。在科学主义者看来,追求万物本原的形而上学是由妄命题组成的妄哲学,是无意义的、非科学的,从而根本取消了万物本原的问题。与科学主义思潮并行发展的人本主义思潮,则保留了本原问题,但却抛弃了理性,把非理性的意志、情感、直觉作为领悟万物本原、存在本质的唯一途径。而且它要建立的形而上学并不是传统的形而上学,而是一种以人为中心的形而上学,力图使人从科学的奴役下解放出来。⑯ 可以看出,虽然科学主义与人本主义是现代西方哲学内部两大不同的思潮,但它们都把传统本体论的目标理解为对绝对确定性的终极解释的寻求,把传统本体论的根基归结为对理性至上性的承诺,因而拒斥传统本体论的绝对主义和理性主义,张扬相对主义和非理性主义。⑰它们都是万物本原论和理性主义不相统一的哲学,都破坏了传统西方哲学的理论支柱,成了传

---

⑭ 郑杭生:《现代西方哲学主要流派》,中国人民大学出版社 1988 年版, 第 24 页。

⑮ 传统西方哲学(包括古希腊罗马哲学和近代哲学)是"万物本原论"和"古典理性主义"的统一,即追求万物的本原是其目的,而理性则是达到本原的手段。参见郑杭生:《现代西方哲学主要流派》,中国人民大学出版社 1988 年版,第 4 ~7 页。

⑯ 郑杭生:《现代西方哲学主要流派》,中国人民大学出版社 1988 年版, 第 14 ~17 页。

⑰ 孙正聿:《哲学导论》,中国人民大学出版社 2000 年版,第 97 页。

统西方哲学的对立面。[18]

就现代西方哲学所使用的方法来讲，如果说古代哲学在观察客体时主要用直观方法，近代哲学在研究主客体关系时主要用心理方法，那么现代西方哲学在探讨主体认识活动以及认识和语言表达的关系时则主要采用分析方法。在现代西方哲学家眼里，20 世纪以来的时代是一个“分析”的时代，“一切都是可以分析的”。[19] 对于分析方法的理解，尽管说法各有不同，但共同要求是把复杂的分解成简单的，把模糊的分析成清楚的，把抽象的分析成具体的，把一般的分析成个别的。分析方法表现形式繁多，主要包括逻辑分析、语义分析、结构分析、价值分析、精神分析等。现代西方哲学对“分析”方法的强调，是哲学主导观念变化的结果。如果说，传统哲学的主导观念是绝对性、必然性、普遍性、抽象性、本质性、确定性，那么，现代西方哲学的主导观念则是相对性、或然性、特殊性、具体性、概率性和模糊性。传统哲学首要关注的是事物、对象本身，现代西方哲学则聚集于事物之间的关系以及对象的意义、价值；而“关系”“意义”都是一个相对的概念。可以说，“一切都是相对的”是根植于现代西方哲学中的主导观念。[20]

现代西方哲学的方法论转向，一方面反映了人的认识的逐步深化过程[21]，是哲学对现代社会及其发展成果的回应和把握，另一方面又表征着哲学在整个科学中的地位和性质的变化。对于后一方面，有种形象的说法是，古代哲学是“科学的科学”，因而“一切都在哲学之中”；近代哲学只留下一个纯粹思想的领域（恩格斯语），具体科学纷纷离去，因而“一切都不在哲学之中”；现代西方哲学则担负起为科学服务的角色，因而“哲学在一切之中”。[22] 也有学者指出，现代西方哲学理论姿态的本质是后撤、缩小、降低。世界变得越来越大，而哲学变得越来越小，甚至被剥夺了作为一门知识的资格。进一步讲，现代哲学的方法论转向与其说是哲学及其世界的紧缩，不如说是整个现代社会和现代

---

[18] 郑杭生：《现代西方哲学主要流派》，中国人民大学出版社 1988 年版，第 21 页。

[19] 郑杭生：《现代西方哲学主要流派》，中国人民大学出版社 1988 年版，第 25 页。

[20] 郑杭生：《现代西方哲学主要流派》，中国人民大学出版社 1988 年版，第 26 ~ 27 页。

[21] 即从古代主要探讨客体，到近代着重探讨主客体之间关系，再到现代重点探讨主体认识活动内在机制以及认识和语言表达之间的关系。参见郑杭生：《现代西方哲学主要流派》，中国人民大学出版社 1988 年版，第 24 页。

[22] 郑杭生：《现代西方哲学主要流派》，中国人民大学出版社 1988 年版，第 26 页。

人观念视阈的紧缩，实质上是现代社会日趋功利化、商业化和世俗化结果。现代人放弃漫无边际的宇宙本体论探寻并从知识论或真理论进一步转向方法论和价值论，真正动因是基于无穷欲望所滋生的实利主义冲动。方法和价值追求被看作是最切合现代人和现代社会之需求的哲学。㉓ 甚至有学者认为，在坚持承认自己无知的科学文化时代，“现代社会之所以还能够维系，原因之一就在对科技和科学研究方法的信任，这几乎成了类似于宗教的信仰，甚至在一定程度上也取代了对绝对真理的信念”。㉔

自然法学，就是经典意义或狭义上的法哲学，它以哲人眼光和哲学方法观察、研究法律，因而可作为哲学的一个分支而存在。由此可知，自然法学的历史发展趋向必然会受到哲学历史发展趋向的影响甚至决定作用。与上述西方哲学历史发展趋向相适应，古代自然主义自然法和中世纪神学自然法，主要探讨自然法的本体论内容，因而可称为本体论自然法阶段；古典自然法，开始着重探讨自然法的认识论内容，因而可称为认识论自然法阶段；而现代自然法，则转向了自然法的方法论内容研究，因而可称为方法论自然法阶段。

三、法学趋向

古典自然法学由于与形而上学（或者说某种本体论）紧密联系在一起，因此，自休谟与康德对形而上学的合法地位进行“彻底”的批判以后，自然法就开始了其衰落的命运。另外，曾经适应资产阶级革命要求的古典自然法在资产阶级政权普遍建立后，开始成为无产阶级反对资产阶级政权的思想武器，从而成为一种不合时宜的法学理论。因而，伴随着科学实证主义的兴起，坚持实证主义立场进而起到维护资产阶级统治和社会稳定作用的功利主义法学、分析法学、历史法学开始成为19世纪的主流法学。到了19世纪末20世纪初，资本主义由自由竞争过渡到垄断阶段，尖锐的社会矛盾，严重的社会两极分化，使得采用社会学方法研究法律如何影响社会以及社会如何影响法律即“法律和社会关系”的社会法学开始产生。无论是功利主义法学、分析法学、历史法学还是社会法学，它们都坚持反对和批判自然法学的实证主义立场，都

㉓ 万俊人：《世界的“膨胀”与哲学的“萎缩”》，载《读书》，2015年10月。

㉔ ［以色列］尤瓦尔·赫拉利：《人类简史：从动物到上帝》，林俊宏译，中信出版社2014年版，第246页。

属于实证主义法学。㉕ 实证主义法学对自然法学的批判可概括为以下几个方面:(1)自然法学家从“是”命题推出“应该”命题在逻辑上是不可能的,这是一种“自然主义的谬误”;(2)自然法学家强调法律与道德的紧密联系是错误的,法律的有效性可以基于其有效创立性,即使它可能会伤害我们的道德感;(3)道德实质上是一种个人价值判断,可因多种原因而变化不定,因而把法律的发展奠基于道德考虑之上,破坏了法律的确定性和可预期性要求;(4) 自然法学家诉诸“高级法”作为道德和法律正当性标准,是一种非理性要求,因为这些原则不可能得到客观的说明。㉖

上述挑战和批评,构成了自然法学复兴的学术背景。新自然法学在努力回应和反驳实证主义法学观点的同时,也不能不受到实证法学(主要指分析法学和社会法学)观点的影响,进而呈现出向实证主义法学靠近的倾向。如,施坦姆勒受“法的社会化”影响,十分强调社会理想和社会观念的作用,从而提出“内容可变的自然法”主张;马里旦提出了社会自然法理论,特别探讨了自然法的认识论要素;比利时的达班(Jean Dabin,1889—1971)则竭力要把奥斯丁(John Austin,1790—1859)的分析法学和阿奎那(Thomas Aquinas,1225—1274)的神学自然法学结合到一起,提出了分析自然法理论等。二战以后,三大法学流派(自然法学、分析法学和社会法学)之间相互融合、渗透的倾向更加明显,其表现可归结为两个方面:一是自然法学的实证主义化;二是分析法学和社会法学对自然法学的让步。㉗ 就关乎本文探讨主题的第一方面来讲,既有自然法的社会实证主义化倾向,但更多的是自然法的法律实证主义化倾向。谈到这里,就不得不说富勒及其追随者德沃金(Ronald Dworkin,1931—2013)同新分析法学大师哈特(H. L. A. Hart,1907—1993)之间在 20 世纪 50 年代末至 70 年代初围绕法律与道德关系即“恶法亦法 VS 恶法非法”所进行的大论战。该论战影响极大,一批又一批的法学家被卷入进去。有趣的是,论战中每一方在高声指责和驳斥论敌的同时,又暗中偷用论敌的观点,或者不断作出让步,富勒的“程序自然法”以及哈特的“自然法的限度的内容”理论就是这种交锋的结晶。㉘ 表面上看,富勒的自然法观点更容易获得人们的关注,但

㉕ 只不过它们分属于不同的实证形态,即所谓的分析实证、历史实证和社会实证。

㉖ Jurisprudence 2012 – 2013, Seventh edition published 2012 by Routledge, p. 29.

㉗ 吕世伦:《西方法律思想史论》,商务印书馆 2006 年版,第 129 ~ 135 页。

㉘ 吕世伦:《西方法律思想史论》,商务印书馆 2006 年版,第 131 页。

实际上是法律实证主义这种解决法律与道德关系的现代方案获得了看不见的胜利:法律与道德问题开始以技术、事实、程序等这样的立场来思考。自然法开始主动向实在法靠拢,并试图将自己的合理性建立在实在法的技术平台上。富勒与哈特一样,坚持了现代法律的形式理性原则,而对法律的实质理性持警惕甚至怀疑态度。[29]

在富勒之后,涌现了一大批研究自然法的知名学者,其中尤其需要关注的就是世纪之交自然法学的代表菲尼斯。作为哈特的学生,菲尼斯深受哈特分析法学思想的影响[30],在其著作《自然法与自然权利》中,他应用分析法学理论重述古典自然法学,用九项"实践合理性的基本要求"将七种基本善结合起来;[31]认为自然法是关于人类幸福的基本原则,而追求幸福依靠的就是人的实践合理性(practical reasonableness),试图以人的欲望、感情、动机这样的非理性来说明自然法的根源。[32] 菲尼斯的自然法思想带有极强的实证主义色彩,有学者甚至认为,"菲尼斯的观点看起来倒像和自然法理论的老对手——法律实证主义更为相投"。[33] 他提出了符合法治要求的法律体系的八个形式特征[34],这些概括与富勒的程序自然法标准极为相似,显然又受到了富勒思想的影响。可以说,菲尼斯的自然法思想已经融合了自然法学和分析实证主义法

[29] 参见强世功:《法律的现代性剧场:哈特与富勒论战》,法律出版社 2006 年版,第 82~84 页。

[30] [英]约翰·菲尼斯:《自然法理论》,吴彦编译,商务印书馆 2016 年版,第 207 页。

[31] 这七种基本善包括:生命;知识;娱乐;审美体验;社交(友谊);实践合理性;"信仰"。九项"实践合理性的基本要求"包括:积极追求善;人生规划具有内在一致性;不极端偏爱某种价值;不极端偏爱某个人;超然并遵守承诺;有限的结果主义(合理的效率);尊重每项活动中的基本价值;需要共同善;遵从良心。参见[英]雷蒙德·瓦克斯:《法哲学:价值与事实》,谭宇生译,译林出版社 2008 年版,第 14~15 页。

[32] 於兴中:《法理学前沿》,中国民主法制出版社 2015 年版,第 127~128 页。於先生指出,这里的实践合理性,不同于康德和波斯纳所说的实践理性,实践理性对应的英文是 practical reason 或者 practical rationality。

[33] [美]埃尼尔·希曼:《当代美国自然法理论走势》,徐爽译,载《现代法学》,2002 年第 1 期。

[34] 这八个特征是:非溯及既往;可被遵守;必须公布;应清晰明确;规则之间保持一致;规则必须具有足够的稳定性;针对特定情况下的判决和命令必须受已公布的、清楚的、稳定的、相对普遍的规则的指导;掌握权力的人必须遵守适用于他们的规则并保证法律得到一致、忠实的实施。参见[英]约翰·菲尼斯:《自然法与自然权利》,董娇娇等译,中国政法大学出版社 2005 年版,第 216 页。

学两个学派的观点。他特别强调自然法的实现问题，并把自然法的实现归结为命名为“实践合理性”的人的欲望、感情、动机这样的非理性，明显受到了现代西方哲学人本主义思潮的影响。

总之，新自然法学在与实证法学的碰撞过程中，也开始吸收、融合对方的“实证”因素，从而转向更具实证意味的“方法论自然法”研究，使得自然法越来越作为一种方法和思维方式而存在。美国学者约翰逊曾明确指出，他运用自然法这个术语时，“指的是一种方法，我们运用它以判断个人伦理或实在法的原则应该是什么。自然法的哲学家们渴望在理性和人类本性的基础上，而不是依靠神启或先知的灵感作出这些判断。这样定义的自然法是一个比任何特定的自然法理论都更为广泛的范畴。一个人可以相信自然法的存在而不同意亚里士多德或阿奎那等自然法的倡导者的特定的体系。我正在描述的是一种思想方式，而不是特定的理论。”㉟我国学者张文显也指出，现代西方学者对自然法和自然法思想的解释和概括表明，就自然法来讲，重要的不是概念本身，而是它的内容和功能；自然法是一个参照系统；自然法观念是一个组织人们看待法和法律的基本模式。㊱

四、结语

事物总是不断发展变化的，而发展变化总是有原因和条件的；对事物发展变化原因（条件）的探析，是人把握事物“为何如此”的一种认识需求。现代自然法之所以出现方法论转向，最根本的应从其社会基础的变化谈起。19 世纪以来生产力飞速发展，导致了西方社会结构急剧变化，其最主要表现是社会分工发展和社会分化加剧，由此产生的价值多元化和相对化使“普遍性道德”陷入“虚无”困境。现代自然法放弃本体论寻求并转向形式化的方法论研究，就是对这种社会现实的反映。哲学浓缩着一个时代的精神，又从最高层面上影响着一个时代其他上层建筑包括自然法理论和文化。西方哲学的研究对象，经历了一个从古希腊、罗马哲学（古代哲学）主要研究本体论问题，到近代哲学主要研究认识论问题，再到现代哲学主要研究方法论问题的发展过程。相应地，自然法理论也有一个从古代自然主义自然法和中世纪神学自然法主要

㉟ ［美］菲利浦·E·约翰逊：《对自然法的某些思考》，吴玉章译，叶逊校，载《环球法律评论》，1988 年第 6 期。

㊱ 张文显：《二十世纪西方法哲学思潮研究》，法律出版社 2006 年版，第 31～33 页。

探讨自然法的本体论内容，到古典自然法开始着重探讨自然法的认识论内容，再到现代自然法重点转向自然法的方法论内容的发展趋向。现代自然法是沐浴着实证主义法学的批判而重生的，在与实证主义法学的碰撞和对话过程中，其自身也自觉不自觉地融合、吸收了实证主义法学的因素和要求。把自然法作为一种方法论来看待和研究，就是现代自然法实证主义化的表现和反映。现代自然法欲以一种思维形式、方法、标准、规则、程序等（即方法论形式）证明自己的正当性和生命力，既可以说是对强大的实证主义的妥协和退让，以便“适者生存”；也可以说是试图以一种间接的、更容易被人接受的方式唤起人们对法的本质、价值问题的关注和思考。从某种程度上讲，只有本体论意义上的自然法，才是真正严格意义上的自然法。

On Reasons of the Methodological Turn of Modern Natural Law

Abstract: Contemporary natural law theory (new natural law theory) has many characteristics different from the traditional natural law theory; one of them is to go from the traditional ontological natural law to the methodological natural law which is more positive. The methodological turn of Contemporary natural law is the result of a variety of reasons and conditions. Generally it can be analyzed from three aspects of social trend, philosophical trend and legal trend. From the social trend, the development of the modern social division of labor has aggravated the social differentiation, which makes the social value becomes pluralistic and relative and the universal morality falls into the trap of "nihility", therefore leads to the decline of the ontological natural law and the birth of the methodological natural law. From the philosophical trend, different from the ancient western philosophy which focused on ontology research and modern western philosophy which focused on epistemology research, contemporary western philosophy mainly focuses on methodology research. As the philosophy of law, natural law theory is bound to be affected by the trend of the development of western philosophy and finally turns to the methodological natural law. From the perspective of law, since twentieth Century, the new natural law theory and legal positivism begin to reconcile in their collision and natural law theory becomes more positive. The methodological natural law is the demonstration of the positive trend of natural law theory and the result of natural law theory surviving in the tide of legal positivism. The methodological turn of modern natural law represents the development trend of modern society, modern philosophy and modern law.

Key Words: methodological natural law; modern society; modern philosophy; positivistic jurisprudence

（责任校对：林源）

论我国股东双重代表诉讼制度

——兼评《公司法》司法解释四第三十一条

梁　莹*

摘　要:最高人民法院通过的《关于适用中华人民共和国公司法若干问题的规定(四)》首次确认了双重代表诉讼制度,但并没有对该制度的具体内容进行相应设计。针对公司集团化趋势下,母公司股东利益无法得到有效保护的情况,首先应该对最高人民法院通过的司法解释四的相关规定进行合理性质疑,并且结合我国司法实践适用不足的现状以及对域外经验进行分析与反思,进而就适格原告、被告范围、前置程序以及防止滥诉等问题,提出完善我国的双重代表诉讼制度的思路。

关键词:股东双重代表诉讼　适格原告　被告范围　前置程序

2016年12月5日,最高人民法院原则上通过了《关于适用中华人民共和国公司法若干问题的规定(四)》(下文简称《司法解释四》)。在《司法解释四》中,第三十一条将《公司法》第一百五十一条第一款、第二款所称的"董事、高级管理人员""监事会""监事"解释为包括全资子公司的董事、高级管理人员、监事会、监事,以及第三十五条第二款规定"股东因公司的全资子公司利益受到损害,依据公司法第一百五十一条提起诉讼,请求被告向全资子公司承担民事责任的,应予支持;请求被告向公司承担民事责任的,不予支持。"根据其规定,子公司利益受到损害时,作为子公司股东的母公司本应提起股东代表诉讼,但是其自身怠于行使其权利,此时,母公司股东则可以提起股东双重代表诉讼以维护全资子公司的利益。由此可知,最高人民法院意在承认股东双

* **作者简介**:梁莹,中南财经政法大学经济法专业硕士研究生。

重代表诉讼存在的必要性并对此作出相应的制度安排。

一、问题的提出

关于最高人民法院通过的《司法解释四》,学术界和实务界对此毁誉参半。支持者认为,在公司集团化的现代发展模式下,保护母公司股东的合理利益不受到损害,有利于母子公司运行过程中的规范化管理;①并且,确认股东双重代表诉讼制度这一举动,对于稳定股东的投资信心和保持其投资热情,进而保证公司运行的稳定性,将发挥积极作用。但是各界亦有不少反对的意见:1. 股东双重代表诉讼制度的本土化过程中存在公司治理理论供给不足的问题,主要表现为公司集团化背景下衍生的股东双重代表诉讼制度与我国现行单一制管理模式下的理念相悖;2. 基于上述原因,造成该制度入法之时,存在诸多表达不严谨的法律用语以及关于设计"全资子公司"等关键概念的范围界定不恰当的问题;3.《司法解释四》并未规定制度中原告、被告、前置程序等方面,内容存在多处空白点;4. 实践当中,法官一以贯之地运用单一模式下的公司法的治理思维,导致司法适用不足的问题,最终无法真正实现保护母公司利益的目标,上述正是该制度备受争议之处。

综合上文所述,这一制度是否能适应我国的本土化进程或者说我国的法律制度的设计能否克服这一制度本身的弊端,业已成为《司法解释四》中关于双重代表诉讼的争议焦点。笔者拟于下文针对争议焦点进行一一探讨。

二、我国构建完善的双重代表诉讼制度之必要性

双重代表诉讼(double derivative suit)被定义为"在一家公司的权利受到侵犯而该公司和作为其股东的另一家公司均无意行使诉讼权利的情况下,由该另一家公司的股东就该侵犯公司权利的行为提起的诉讼"。②

根据《公司法》第一百五十一条以及《司法解释四》第三十一条的规定,某一家子公司利益受到损害,有权提起股东代表诉讼的,应该为子公司的股东,即母公司。如果母公司不愿意提起股东代表诉讼,母公司股东可提起第二重的股东代表诉讼,也即股东的股东提起的代表诉讼(关系图 1 所示)。

① 樊纪伟:《日本多重代表诉讼制度及其启示》,载《法学杂志》,2016 年第 7 期。

② 薛波:《元照英美法词典(缩印版)》,北京大学出版社 2013 年版,第 439 页。

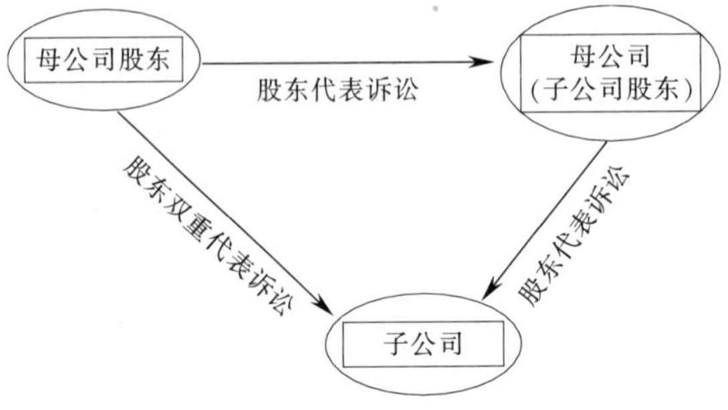

图 1　股东间关系图

随着股东利益保护的问题日益被重视，滥觞于公司集团化模式的双重代表诉讼制度，逐渐为各国的公司立法所确立完善。我国最新的公司法《司法解释四》，也将双重代表诉讼制度纳入其范畴。就此，我国虽承认了双重代表诉讼制度，但关于该制度在司法实践中具体运用却举步维艰。一方面在于《司法解释四》对该制度规定过于粗糙，存在立法理论供给不足的问题；另一方面，由于我国的公司法立法之基为单一的公司治理模式，实践中许多法官思维固定于此，难以转换。因此，本文将从我国立法上的不足与实践中存在的问题等方面入手，论述对该制度进行完善的必要性。

(一) 针对现行《司法解释四》相关规定的合理性质疑

公司集团化现代趋势下，我国双重代表诉讼的相关制度内容立法缺失、导致司法实践适用不足，最终无法保障母公司股东的利益。基于现实的需求，最高人民法院出台了《司法解释四》，试图构建关于母公司利益维护的双重代表诉讼机制。

尽管《司法解释四》中确认了双重代表诉讼的合法地位，但由于制度规定的不完善以及其本身的弊端，学界亦存有反对之声。笔者认为，双重代表诉讼符合我国的实际需求，该制度的构建是必要的，此并不意味着目前的《司法解释四》符合理想的制度需求，相反，其尚存不足，应该受到合理性质疑。

1.《司法解释四》中支持双重代表诉讼的理论存在缺陷

公司法根本目的是保证公司的独立自主运行，确认公司独立的法人人格和地位。《公司法》颁布之时所考虑的均为单一制公司的设立、运行情况而非当下的集团化发展模式。笔者认为，《司法解释四》对《公司法》第一百五十一条第一款、第二款的解释，其理论基础在于“法人人格否认理论”，即“刺破法人面纱理论”。该理论的内涵是，当股东滥用法人独立地位和股东的有限责任以逃避债务损害债权人利益时，其直接否认了母公司和子公司的人格独立性,将其视为一个整体,从而认为母公司的股东可以子公司股东的身份起诉。为了与公司法立法者本意保持一致——对单一公司的治理运营关系进行调整,《司法解释四》第三十一条采用“刺破法人面纱理论”,将母子公司视为一个公司,对其中涉及的股东以及公司利益进行法律调整。其规定的目的在于防止因僵化适用法人人格独立制度而导致的实质非正义的结果出现。

法人人格否认理论的缺陷在于:一方面,该理论提出的目的在于防范股东滥用公司法人的独立地位和股东的有限责任,进行损害债权人的不法行为;而双重代表诉讼制度则适用于子公司的董事、监事、高级管理人员以及他人损害子公司利益的情况下,子公司和母公司均怠于行使权利,母公司的股东可以提起诉讼以保护子公司利益的情况,两者侧重保护的利益群体并不一致,则两者的适用目的实际上存在不一致;另一方面,否认母子公司法人人格的独立性后,实际上两个公司归为一体,则提起诉讼的股东自然属于整个公司中的股东,其提起的诉讼就应该可以直接称为股东代表诉讼而并非双重代表诉讼;③否认法人人格理论实际上与股东双重代表诉讼相冲突。

据此,笔者认为,囿于司法解释自身定位,其尚不能突破现有公司法的规范目的,则上述问题的出现,并非为法律工作者的疏漏,而是在衡量多方利益之下,不得已而为之的行为。如是,仅仅依靠最高院对公司法条文作出的扩张解释来构建双重代表诉讼制度,一则造成公司法体系不对称的问题,二则亦不利于该制度在实践当中的运用,此制度的完善应依赖于公司法的修改。随着市场经济的发展,对相对滞后的法律进行修改,使其宗旨和目的与现行的经济活动相契合,方能维护法律的权威和经济活动的秩序。

2.《司法解释四》第三十一条第一款“全资子公司”规定过窄

我国现行《公司法》中,并未对母子公司的关系进行界定。学术界关于母公司的理论一般分为两种:1. 持股多数说,即甲公司持有乙公司的多数股份和表决权(通常为50%以上),则甲公司为乙公司的母公司;2. 控制说,即丙公司通过与丁公司签订控制协议而实现对丁公司的控制支配,丙公司为丁公司的母公司。综上所述,母子公司的认定必然以持股和控制关系为基础。

根据母子公司间的持股比例,母公司存在全资母公司与非全资公司两种形态。由此可知,《司法解释四》中提及的“全资子公司”,已表明其采持股多数说以界定母子公司关系,并且从我国《公司法》体系解释的角度而言,母公

③ 杨玲玲:《论股东双重代表诉讼》,上海交通大学2013年硕士学位论文,第28页。

司股东只有在“全资子公司”受损时，方存在提起双重代表诉讼的基础。但也有学者认为，《司法解释四》并没有排斥母公司股东逾越公司起诉非全资子公司的董事、监事、高级管理人员，只是在《司法解释四》的文字上未予规定而已。因此，不排除在非全资子公司中适用双重代表诉讼的可能性。

从《司法解释四》出台的背景看，其采取的态度是谨慎保守的。其第三十一条第一款规定的“全资子公司”，目的在于限定母公司股东起诉的被告范围。全资子公司一旦受损，基于母子联系的紧密性，受损情况将会传导至母公司，此情况下，母公司股东依据利益受损的理由提起诉讼具有合理性；另一种情况是，母公司的非全资子公司受损时，利益传导并不如全资子公司直接与全面，则在非全资子公司情况下，母公司的其他的股东只需要采取股东代表诉讼的方式防止子公司利益进一步扩大即可，并不必要采取双重代表诉讼的方式。这也正是《司法解释四》第三十一条第一款作“全资子公司”规定的原因。

笔者认为，对于受损的子公司不应该区分为“全资子公司”与“非全资子公司”。一方面，就上述关于母子公司的关系界定学说而言，母子公司不仅仅通过持股关系而且可以控制方式的标准进行双向判断。即虽然某公司并非其母公司的全资子公司，但是母公司对其具有绝对的控制力，且其母公司所持的该公司的股份的账面金额占母公司总资产的比例较大，由此可以推断，即使非全资子公司利益被侵害，母公司的利益也会因母子公司的紧密相关性而同样受到损害。

另一方面，至于“非全资子公司”其他母公司股东可以对母公司怠于行使权力的行为提起股东代表诉讼的观点，笔者认为，母公司股东是在母公司与子公司均怠于行使权利的情况下方才提起诉讼，即母公司与子公司达成一致，不愿意追究损害公司利益的不法行为人责任，若不依赖于外部法律手段的强制性和执行力，而仅仅寄希望于集团公司内部会进行矛盾的自我消化和解决，纯属无稽之谈。在母子公司“统一战线”保持沉默的背景下，仅仅起诉母公司的股东代表诉讼所带来的规范以及保护的作用并不大，因为此诉讼被告范围局限于母公司的董事、监事或者高级管理人员，而真正的公司利益侵权人则逍遥法外，实质上造成了法律正义目标的偏失。而且，母公司股东要举证证明母公司的利益受损只能基于子公司的受损情况以及母子公司的关联性，但此股东代表诉讼只涉及母公司，意味着完全把利益受损的子公司排除在外，则母公司股东证据收集成本以及诉讼的困难性将会大幅度增加。

由此可知，学界提出的“非全资子公司”自身不具备利益受损的条件与替代性解决方案均与公司法保护股东利益的理念相悖,笔者因此以认定《司法解释四》第三十一条第一款中“全资子公司”规定过窄。

3.《司法解释四》第三十一条第二款中“他人”的含义过宽

《司法解释四》第三十一条第二款中指出,《公司法》第一百五十一条第三款所称的“他人”,是指除公司或者全资子公司的董事、监事、高级管理人员外的其他人。该解释过于宽泛。一是母公司股东以此进行滥诉,增加法院的审判成本;二是损害公司自主经营的利益,若他人本身与公司不存在关联交易的可能性,应该尊重子公司董事会、监事会不起诉的决定,因为其对市场的具有高度敏感性以及自身经营管理活动的熟悉性,其认为追究“他人”的所产生的成本远远高于不追责的成本,而且诉讼会影响公司的商业和形象,甚至会丧失与其他公司进行磋商合作的机会。因此市场经济下的法律对子公司的决策进行过多干预,并非是一个促进市场交易中的公司高效经营发展的合理选择。

最高人民法院出台的《司法解释四》中首次承认了双重代表诉讼,相对于现行公司法而言,已经是较大的制度突破,但是,我国真正意义上的双重代表诉讼尚未架构。《司法解释四》只是一个制度的雏形,其存在不足,笔者指出并进行合理性质疑,旨在为制度构建提供参考,且鉴于我国对双重代表诉讼制度构建缺乏丰富的经验,对域外进行借鉴实是完善制度构建的有效路径。

(二)司法实践适用需求

事实上,在我国的司法实践中,已经发生了多起试图提起双重代表诉讼的案件。其一是Sino公司案④,Sino公司的股东为张鑫以及SDT公司,Sino公司的子公司为自动化公司,自动化公司利益受到损害时,张鑫以Sino公司股东的身份提起侵权损害赔偿之诉,但最终法院以“Sino公司作为自动化公司的股东依法无权干涉自动化公司的上述具体的管理和经营活动”,且“张鑫对于给Sino公司利益造成直接的损失并未充分举证”,最终驳回其诉讼请求。

其二是寇薇尔公司案件⑤,媚若诗公司是在香港设立的股份公司,股东为原告汪文宏和被告吴金辉,持股比例1∶1。蔻薇尔公司是媚若诗公司在上海设立的外商独资公司,被告吴金辉任蔻薇尔公司董事长。原告认为被告担任董事长期间,违反法律、法规及公司章程的规定,侵占公司财产,给公司造成严

④ 天津市第一中级人民法院(2009年)一中民初字第21号民事判决书(一审),天津市高级人民法院(2012)津高民四终字第1号民事判决书(二审)。

⑤ 上海市第二中级人民法院(2008)沪二中民五(商)初字第21号民事判决书。

重影响。但法院认为,只有媚若诗公司才具有原告的诉讼主体资格,本案原告江文宏无权行使股东代表诉讼的权利。

其三是嘉隆公司案⑥,詹德懿、方文雄为我国台湾隆国企业股份有限公司(简称"隆国公司")的股东。饶平嘉隆冷冻食品有限公司(简称"嘉隆公司")系隆国公司在汕头市饶平县设立的全资子公司。两原告同样以嘉隆公司董事长,不遵守公司章程和《公司法》的规定,损害嘉隆公司的利益,剥夺两原告的知情权为由向法院提起诉讼。法院认为,两原告并非嘉隆公司股东,故其对嘉隆公司不享有知情权,嘉隆公司即使存在盈余,也应向隆国公司而非向两原告分配,而隆国公司是否将其从嘉隆公司取得的盈利在其股东中进行分配则属于另一法律关系,并认为在本案中,两原告并未起诉隆国公司,故不属于本案审理范围。

综合上述的案例可知,双重代表诉讼制度没有立法背景的支撑,在我国发展是举步维艰的。一方面,在《司法解释四》出台前,我国并没有针对双重代表诉讼进行法律规制,法官在没有法律制度支撑的背景下无法通过"法官造法"而直接支持利益受损的股东进行双重代表诉讼;另一方面,在司法实践当中,判断母公司股东能否直接刺破子公司独立的法人面纱而进行诉讼的关键在于,母公司股东有明显的证据证明母公司的利益确实受到损害,而损害的判断标准往往在于母子公司财产混同情况以及董事、监事、高级管理人员相互混同的情形,由此推断出母子公司具有紧密相关性,子公司利益受损,此情况会直接传导至母公司,使母公司利益也受到损害。尽管从理论上而言,损害的判断标准明晰,法官可据此清楚断定母公司利益是否受损;实际上,母子公司财产情况往往体现于往来账簿等会计信息,若母子公司的董事、监事、高级管理人员故意将各种会计信息隐藏,母公司的中小股东自然无法得知具体的混同情况并以此作为证据提供于法庭诉讼中。在法庭诉讼中提供此证据。

综上所述,针对我国司法实践当中,多数受损害的母公司股东无法通过诉讼的途径以维护自身权益的情况。我国实有必要尽快构建完善切实可行的双重代表诉讼制度以解决存在的上述司法适用不足问题。

三、双重代表诉讼的域外之鉴

双重代表诉讼并非公司法的原生制度,而是随着世界范围内的公司集团

---

⑥ 广东省汕头市中级人民法院(2004)汕中法民四初字第66号民事判决书(一审)。

化趋势的发展而逐渐产生并且在各国的特殊法律土壤中发展形成本土化的制度规范。美国是世界上最早通过判例确定双重代表诉讼的国家，日本则在2014年通过《公司法修正案》确定了双重代表诉讼制度。上述两个国家均为我国进行双重代表诉讼制度借鉴研究的典型代表，下文将对其制度进行分析。

（一）美国的双重代表诉讼制度

美国首先在 Ryan v. Leavenworth 一案中，确立了双重代表诉讼制度，认为母子公司均在子公司利益的不法侵害者的控制下拒绝起诉时，母公司股东可以提起诉讼，否则其将没有其他的救济方式阻止违反行为的继续进行。而后的 Martin v. D. B. Martin Co. 案中，法院认为，双重代表诉讼的提起必须符合下述条件：1. 子公司为一人子公司；2. 共同实施同一事业；3. 母公司为子公司提供资金支持；4. 二公司的管理层共通；5. 子公司为母公司的事业工具。随着时代发展，关于适格原告的要求，美国的大多数法院意见一致，则不限定原告股东所在的母公司必须持有子公司一半或者半数以上、全部的股份。此外，美国关于双重代表诉讼还有特殊的适用规定：为了防止股东滥诉并且降低法院的审查成本，美国公司的董事会下设了一个诉讼委员会⑦，被赋予广泛的自由裁量权来决定是否提起股东的代表诉讼，而其决定也会得到法院的认可。

（二）日本的多重代表诉讼制度

实际上，日本在其《公司法》中确立的是多重代表诉讼制度，即母公司股东在子公司董事损害子公司利益之时，母公司股东向子公司提出请求，自请求60日内子公司未提起追究董事责任之诉的，母公司股东可提起诉讼。关于多重代表诉讼的适格原告，仅限于6个月前持续持有"最终全资母公司"股东代表大会1%以上表决权的股东，但公司可以在公司章程中规定少于1%的持股比例。

根据日本《公司法》的规定，"最终全资母公司"⑧包括直接持有子公司全部股份的母公司和通过全资子公司间接全部持有下位公司股份的最上位公

⑦ 美国许多州的公司法规定董事会下设立诉讼委员会，以维护公司利益为前提，考虑原告股东提出的请求并负责答复，其作出的决定或建议，对公司、董事和全部股东均有约束力。诉讼委员会的成员由公司董事委派，但一旦成立便不受公司董事会的指示、控制和罢免。

⑧ 崔文玉：《日本公司法最新修改之简述——以2012年〈公司法制纲要〉为视角》，载《河北法学》，2013年第4期。

司。如图2所示⑨:(第一种情况:A公司为B公司的全资母公司;第二种情况:A公司为C公司的全资母公司,C公司为B公司全资母公司;第三种情况:A公司为C公司全资母公司,C公司持有B公司20%的股份,A公司则持有B公司80%的股份)

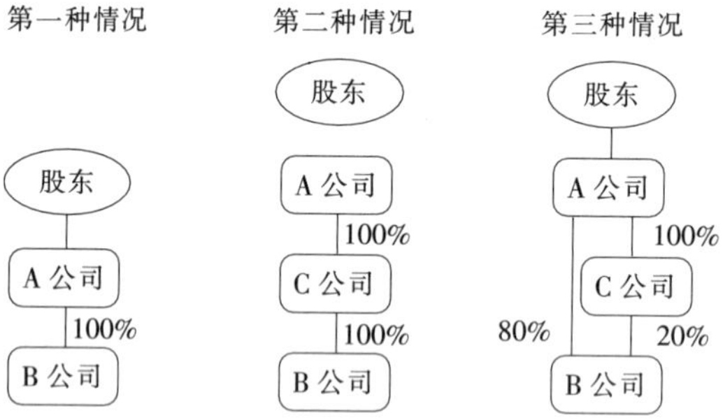

图2 最终全资母公司关系图

对于双重代表诉讼中的子公司的规定,必须为母公司的"重要子公司",所谓的重要性,是指B公司的利益受到损害时,母公司直接持有和通过全资子公司间接持有B公司股票的账面价格总额超过母公司总资产的1/5。

同样,基于防止母公司股东滥诉的目的,日本的双重代表诉讼规定了在两种情况下母公司股东不得提起多重代表诉讼:一是为了起诉股东或第三人的不正当利益或者具有损害子公司或母公司的目的;二是追究子公司董事等责任的原因事实并未给母公司造成损害。⑩

四、双重代表诉讼制度完善的具体思路

关于双重代表诉讼制度的完善,首先要考虑到双重代表诉讼制度的确立,可能会破坏公司独立法人的地位这一制度定位问题,在制度设置完善过程当中,皆应以此为基点,防范立法偏颇,致使其与公司法自身的强化公司意识自治的私法属性相悖(下文关于制度的完善亦是围绕防止股东滥诉而破坏母子公司独立法人地位的问题)。

其次,笔者认为,双重代表诉讼制度的本土化法律路径宜通过《公司法》修改这一方式以实现。一方面《司法解释四》规定尚存不足、内容存在空白点;另一方面,《司法解释四》属于最高人民法院所作出的司法解释,司法解释

⑨ 樊纪伟:《我国双重代表诉讼制度架构研究》,载《华东政法大学学报》,2016年第4期。

⑩ 樊纪伟:《日本多重代表诉讼制度及其启示》,载《法学杂志》,2016年第7期。

有其自身的角色定位，并在其职能范围内发挥作用。上文中针对《司法解释四》提出的质疑，其支持双重代表诉讼的理论存在缺陷，也正是司法解释发挥作用的范围具有限定性体现。司法解释发挥功能的前提，在于法条的规定具有模糊性与文意理解的多样性，因此司法实践中会出现适用法条的困境。司法解释只能在法理、案例、公司法之间徘徊并寻求一个最佳平衡点。其发展历程在于将一类特殊案件的审判经验上升为抽象规则，最终以普适性规则适用于具体的案件审理当中。因此，司法解释只能针对目前的法条进行符合时代发展的较为合理的解释，但是，此种解释与法条的原意即目的解释相悖，基础理论的冲突会削弱制度逻辑构建与制度的权威性。则，依赖于司法解释以构建一个保护母公司利益的重要制度不具有可行性，源于司法解释自身的功能性供给不足，无法超出现行法律规定，因此构建双重代表诉讼的制度的重任应该赋予《公司法》以实现，通过《公司法》修改的方式，将制度的具体内容进行细化规定。

这也正是笔者并没有对《司法解释四》具体制度设计的空白提出质疑，进而要求完善的原因，因为司法解释本就无法实现构建完善制度的重任和目标，所以，笔者认为，应该在其扮演的角色范围内进行评价即可，并对其规定的不足进行反思，为构建完善的双重代表诉讼制度奠定基础。

在具体制度设计方面，笔者认为，未来的公司法修改应该考虑到以下三个方面：

（一）适格原告规定问题

从判例中可以看出，美国对于适格原告的要求由严格转变为宽松——并不限定母公司必须为持有子公司半数以上的股份，对于股东所持的股份数量和持有的时间亦没有严格的要求；而日本则规定，6个月前持续持有“最终全资母公司”股东代表大会1%以上表决权的股东为适格原告。此规则与我国现行公司法中关于股东代表诉讼中原告股东的规定基本一致，一是通过持有时间以明确该股东对公司存在的风险和经营状况的掌握情况（持股时间短，对公司的经营情况和是否存在风险了解不足，若允许其诉讼，则损害公司法人的自主经营权）；二是通过持股比例以明确股东受损害情况（持股低于1%，受损害情况并不严重）。⑪

⑪ 李小宁：《公司法视角下的股东代表诉讼——对英国、美国、德国和中国的比较研究》，法律出版社2009年版，第280页。

股东代表诉讼是双重代表诉讼的基础，而双重代表诉讼是前者的异化和变形，两者之间存在共源性与互通性——表现在我国原有的股东代表诉讼当中适格原告的规定与双重代表诉讼制度中防范股东滥诉以破坏公司法人独立地位的目标相契合，则若对两者关于适格原告规定不一致，会造成原告对法条适用混淆的困境，同时会弱化公司法的权威，所以，笔者认为关于双重代表诉讼中原告的规定，应与现行《公司法》第一百五十一条规定相一致，股份有限公司的股东行使股东代表诉讼提起权时，必须连续180日以上持有公司1%以上股份；有限责任公司的股东提起股东代表诉讼并没有持股期限和持股比例的限制（有限责任公司的人合性强于股份有限公司，股份的流转频率低于股份有限公司，总体而言，股东对于公司经营状况了解程度较高，滥诉的情况少于股份公司，故作此规定）。

（二）被告范围问题

日本《公司法》中规定，双重代表诉讼中的"子公司"，必须为"母公司"的"重要子公司"，而我国的《司法解释四》规定，"子公司"必须为"全资子公司"，两种规定方式也属殊途同归。笔者认为，上述规定均过于严苛，毕竟母子公司的关联性不仅仅是基于持股比例，尚且有许多相关因素的影响，况且该规定与双重代表诉讼制度意在维护母公司中小股东的利益不相协调，上文第三部分已经就此提出合理性质疑。因此，笔者认为，宜借鉴美国在司法实践之经验，不以持股比例或者子公司在母公司中的地位来判定该子公司是否符合双重代表诉讼中的"子公司"，此规定较为符合市场经济中母子公司运行模式的多样性的现状，则关于双重代表诉讼的被告范围，我国不宜将子公司限定为"全资子公司"。

另一方面，对《司法解释四》第三十一条第三款中"他人"范围进行限缩，也是界定双重代表诉讼被告范围的重要任务。笔者认为，应当将"他人"限定为除公司或者全资子公司的董事、监事、高级管理人员以外的，与董事、监事、高级管理人员具有利害关系并且对公司决策具有实质性影响力的其他人，如是，方能在保障股东利益的同时，保护公司的自主经营权和独立法人地位，不影响其日常的管理与经营，具体原因的阐述详见上文第三部分，此处不再赘述。

（三）防止滥诉问题

为了防止母公司的股东滥用双重代表诉讼制度，笔者认为应该从以下两点入手，保证制度的有效运行：

1. 设置双重代表诉讼的前置程序

股东代表诉讼的前置程序规定为，股东只有在公司拒绝起诉的情形下，方得以代位行使公司的诉权，此为股东须穷尽内部救济⑫、防止滥诉原则的应有之义。双重代表诉讼中涉及了母子公司两个主体，单纯设置母公司股东请求母公司起诉或者请求子公司起诉既不符合制度的逻辑也不符合穷尽内部救济原则。综合考虑了学界提出的四种观点：顺序提起⑬、逆向提出⑭、分别提起⑮、单向提起⑯后，笔者认为，前置程序规定设置应采用顺序提起说，原因在于前置程序的设置应该与双重代表诉讼的逻辑相一致。即前置程序应设置为：子公司利益为其董事、监事、高级管理人员或者其他不法行为人所侵害，母公司股东首先应该向母公司的董事、监事提交书面请求，董事、监事拒绝起诉（意味着作为子公司股东的母公司已经提前放弃了自身拥有的股东代表诉讼的权利），母公司股东（直接越过母公司）向子公司的董事、监事提交书面请求也被拒绝后，母公司的股东方能行使双重代表诉讼的权利。此顺序，一方面符合集团化治理模式下，股东意欲维护公司权利的逻辑——即作为母公司的股东，自然应首先向母公司提出起诉请求，而非越过母公司首先直接向子公司提出，因为其与子公司并未存在直接关联性，子公司则无法基于充分的理由而接受其请求；另一方面，此表明，母子公司均依次拒绝的情况下，股东业已满足穷尽救济原则的要求，由此，股东提起双重代表诉讼，具有合理性。则在未来的公司法修改当中，此规定应该被纳入制度设置当中，以规范诉讼的程序，防止股东进行滥诉行为。

2. 借鉴美日关于防止滥诉的规定

综合比较了美国关于董事会下设的诉讼委员会审查双重代表诉讼的实践和日本对双重代表诉讼的两项限定：没有实质性损害；股东为了不当利益而诉

---

⑫ 刘俊海：《现代公司法（上册）》，法律出版社2015年版，第409页；施天涛：《公司法论》，法律出版社2006年版，第448页。

⑬ 顺序提起指先向母公司提起，母公司拒绝或怠于起诉后向子公司提起，子公司拒绝起诉或怠于起诉，母公司股东即可自行提起诉讼。

⑭ 逆向提起指先向子公司提起，子公司拒绝或怠于起诉后向母公司提起，母公司拒绝起诉或怠于起诉，母公司股东即可自行提起诉讼。

⑮ 分别提起指同时向母子公司共同提起，当母子公司拒绝起诉后，母公司股东可以自己名义代表公司进行诉讼。

⑯ 单向提起指先向子公司提起，同时书面告知母公司。

讼。在上述两种情况下,母公司股东不能提出双重代表诉讼。笔者认为,应该采用日本的规定以防止股东滥诉。若适用美国的制度,以董事会下设的诉讼委员会审查是否提起双重代表诉讼存在一定的问题,比如,此董事会下设的诉讼委员会是指子公司董事会抑或母公司董事会的下设问题需要考虑;董事会业已拒绝了母公司股东提出起诉要求,自然对于双重代表诉讼审查持消极态度,尽管诉讼委员会与董事会的职能是相互分离的,但毕竟诉讼委员会的人员均由董事会委派,人员之间存在关联性即滋生权力寻租的可能性。日本规定被告有证据证明子公司并没有受到实质性的损害或者股东为了自身或者他人的不正当利益而滥诉,则母公司股东的诉讼请求将被驳回,将证明责任倒置于相对处于优势地位、容易搜集证据的被告,实践中易于操作,普适性强,亦有利于原被告利益的协调。因此,防止母公司股东滥用诉讼引入双重代表诉讼制度时,我国应该规定若被告有证据证明以下两点,则双重代表诉讼的原告的诉讼请求将被驳回。第一点,母公司股东是为了自身或第三人的不正当利益或者具有损害子公司或母公司的目的;第二点,追究子公司董事等责任的原因事实并未给母公司造成损害。

五、结语

现代公司法应当适应公司集团化、母子公司运营常态化的发展趋势,对母子公司架构予以必要规范。尽管最高人民法院出台了《司法解释四》,但司法解释囿于其自身的功能性定位,只能在当前的公司法框架下尚不完善地承认双重代表诉讼。我国要真正构建起完善的双重代表诉讼制度,须将上文提及的双重代表诉讼制度的具体内容——关于双重代表诉讼的原告、被告、前置程序以及防止滥诉的规定,置于修改后的公司法中,如是,方能实现公司法的适应并促进市场经济发展的目标。

On the Structure of Dual Representative Action System of Chinese Shareholders

—— Commentary on the Judicial Interpretation (4) Article thirty - first of the Company Law

Abstract: Under the trend of corporate grouping, the double representative litigation system which protects the interests of the shareholders of the parent companies can be developed gradually. The Provisions on Several Issues Concerning the Application of the Law of the People's Republic of China (4) promulgated by The Supreme People's Court confirmed the dual representative litigation system for the first time, but the corresponding content of the dual representative litigation system has not been designed accordingly. In the view of the reality, the interests of the shareholders of the parent companies still can not be effectively protected. The construction of the dual representative litigation system in our country requires to be challenged, reflecting on the theoretical supply of the Draft for Soliciting Opinions released by the Supreme People's Court, combining with the reality – the shortage in judicial practice and a lack of extraterritorial experience, and then making specific provisions on the proper plaintiff of dual representative, the defendant scope, pre – procedures, preventing abuse and other issues.

Key Words: shareholder dual representation litigation; qualified plaintiff; defendant scope; prerequisite procedure

（责任校对：陈阵香）

证据演变视域下的法律真实与客观真实

吴升圆*

摘　要：证据的演变过程再现了部分客观真实、塑造了法律真实。在证据的演变中，"现在或未来"中的证据只能是"过去"证据的倒影，它是诞生于过去的客观真实中的客观证据经过主观认知再结合相关证据规定而形成的。证据的演变导致了法律真实与客观真实的对立，使得法律真实永远不能与客观真实相等，但是它们又能于客观证据中统一。在证据的演变中人的主观性不可避免，解决法律真实与客观真实的冲突应以调动人的能动性为主线，最大程度的发现证据与认知证据。

关键词：时间　客观证据　主客观证据　伪证据　价值判断

关于诉讼证明标准的争论在我国诉讼法学界已持续良久，早期辩论的焦点主要集中在法律真实、客观真实与形式真实之间。由于形式真实说过于强调法官的主观认知而忽视了程序和实体对裁判者的实质性约束，因而逐渐被学界抛弃，现在学界关于诉讼证明标准的主流观点仅存客观真实说与法律真实说。

客观真实说认为：诉讼证明应以客观实际情况为标准，对案件的认识应符合客观存在。他们主张，"客观真实"是诉讼中查清案件事实的最"善"，"以法律真实代替客观真实是不正确的，简单地否定法律真实也是不现实的，理性的做法是实现客观真实与法律真实相结合"。① "'法律真实'这个概念是个伪概念——由于法律没有判定证据是否真实的功能。与此相反，客观真实则是

---

* **作者简介**：吴升圆，女，安徽安庆人，南华大学2017级法律硕士研究生。

① 陈光中、李玉华、陈学权：《诉讼真实与证明标准改革》，载《政法论坛》，2009年第2期。

一个科学概念……检验对案件事实的认识是否正确的标准是看它与客观实际情况是否相符合,而且只有案件事实的客观实际情况才有资格作为判定的标准。”②支持法律真实论的学者们则认为,法律真实是建立在客观真实基础上的真实,是包含有客观真实内容的真实。③ 实质真实与形式真实都是有机统一于诉讼证明标准④,诉讼证明标准是“法律真实”。在方法论上,我们根本无法将诉讼中根本就不存在的客观真实作为判断者主观认识的具体尺度。⑤

客观真实说批判法律真实说属于不可知论,批判法律真实中证据来源的客观性,认为法律真实说仍然是以客观真实为基础,法律真实说则批判客观真实说不符合人有限生命中的有限认知规律和客观真实的不可证实性。但无论是哪种学术观点,不可否认的是,客观真实与法律真实都是建立于证据之上,证据对诉讼证明标准有决定作用。本文将从证据运用过程中证据的演变为突破口,从主客观维度、时间维度、对案件法律真实产生错误认定的伪证据角度和裁判者角度出发,探析不同维度和角度证据的演变,深度挖掘法律真实质变的量变因素,深度分析法律真实与客观真实的异同点。

一、客观真实、法律真实与证据的联系

法律真实这一词是专指诉讼中的证明标准,是在证明责任分配后由双方进行举证从而得知的案件事实的证明标准,是建立在证据和法律之上的案件事实(即认识论上的事实),故而称为法律真实。虽然它是诉讼证明标准,但是它的固定却是由诉讼中具有终审性的判决决定的。在判决确定的那一刻,法律真实被固定下来,在此之前,案件的法律真实都处于飘忽不定的状态。在我国,具有案件终审性权利的机构有:各类仲裁委、各级人民法院、省部级行政机关和国务院。各类仲裁委因案件当事人协议仲裁而享有终审裁决权,各级人民法院因当事人起诉而拥有本权力,省部级行政级和国务院因某些行政复议的特殊性而具备终审裁决权。

客观真实是指案件的证明程度应以达到客观事实为标准。虽然客观事实

② 张继成、杨宗辉:《对“法律真实”证明标准的质疑》,载《法学研究》,2002 第 4 期。

③ 何家弘:《论司法证明的目的和标准——兼论司法证明的基本概念和范畴》,载《法学研究》,2001 年第 6 期。

④ 樊崇义、赵培显:《法律真实哲理思维》,载《中国刑事法杂志》,2017 年第 3 期。

⑤ 吴宏耀:《刑事证明标准研究评述》,载樊崇义主编:《诉讼法学研究》第 1 卷,中国检察出版社 2002 年版,第 527 页。

与客观真实二者的名称不同,但隐藏于客观真实之下的是客观事实,即发生于过去的案件事实状态。因为客观事实是不可复制的,它只存在于过去,而法律真实是发生于案件发生之后。所以,如果法律真实是点,那么客观真实就是一个线段,因为诞生客观真实的时间是一个过程,所以它是由某一时间段组建在一起所形成的,在这个过程中的每一个点都属于客观存在,这是确定无疑的。正是由于这一确定无疑导致客观真实为线,而法律真实为点。

在《中华人民共和国行政诉讼法》第五条、《中华人民共和国刑事诉讼法》第五条和第六条、《中华人民共和国行政复议法》第四条、《中华人民共和国仲裁法》第七条、《中华人民共和国民事诉讼法》第六条和第七条中都有关于证据与客观真实、法律真实的规定。因众法律关于证据与法律真实、客观真实的规定大同小异,此处仅以现行民事诉讼法为例。《中华人民共和国民事诉讼法》第六条、第七条分别规定:"民事案件的审判权由人民法院行使。人民法院依照法律规定对民事案件独立进行审判,不受行政机关、社会团体和个人的干涉","人民法院审理民事案件,必须以事实为根据,以法律为准绳"。其中"事实"即指由客观真实中的客观存在的证据组建、推导,再由推导后形成的主客观相结合的证据进行排列组合、辅以法律规定再加入裁判者的价值判断,由此而诞生的整体。在这一事实形成过程中,一切都要遵守法律规定,如果证据的收集违反了法律规定就要承担相应的不利后果,例如证据中会对案件法律真实产生错误认定的伪证据,它是冤假错案的根源,是法律真实中的量变因素,同时也可能是客观真实中的客观存在的证据的证据,它的采纳会导致案件真相在一定程度上与事实(指本体论的事实)相背离,客观证据向主客观证据的演变中对客观证据的错误收集与整理会导致证据三性出现问题。

二、证据演变中的法律真实与客观真实

法律真实与客观真实的差别在于证据属性的演变,证据最初始的状态是客观性的、存在于"过去"的证据,法律文本规定中的证据就是对证据最完美状态的规定。在证据的实际适用中,证据经由人的主观渗入、法律规定对证据的束缚以及裁判者的价值判断使得证据的属性发生了转变,而除与法律真实有直接关联的证据外,证据中的伪证据也会导致法律真实量变属性的异变,会使得真实性产生动摇。故而,法律真实与客观真实的差别在于证据的采用与转变中,在于伪证据是否被纳入法律真实质变点的量变因素中,在于裁判者的价值判断对法律规定的适用、各类证据的抉择中。而法律文本规定中的证据

与实际运用中的证据的差别是在于“过去”与“现在或未来”，在于“客观存在”与“主客观相结合”。

证据的演变使得客观真实与法律真实发生分离。在客观真实中的证据向法律真实中的证据的质变过程中，证据的演变主要分为以下几类：客观存在的证据加入主观因素成为主客观相结合的证据；发生于“过去”的客观存在的证据由于案件的发生，成为“现在或未来”的证据；法律真实质变中的量变因素不可能总是为“真”，在这一过程中会有伪证据的加入，伪证据同样拥有与客观存在的证据相同的演变过程；裁判者对案件审理中已经被主观化的证据的再主观化认识。这些证据的演变促使法律真实与客观真实于客观证据中统一，于主客观证据中对立。

（一）从客观证据（“过去”的证据）到主客观证据（“现在或未来”的证据）

海德格尔说：“一切存在论问题的中心提法都植被于正确看出了和正确解说了的时间现象以及它如何植根于这种时间现象”。⑥ 如果以时间轴为序，以证据在这一过程中的演变为切入点，那么，客观真实是发生于过去的一段事实，属于“过去”；法律真实是案件终审判决确定那一刻固定下来的“本院查明”，属于“现在”或是“未来”；依法举证与依法质证等属于量变，它处于时间轴上的起诉点与终审判决之间。法律真实属于质变，案件审理的这一过程类似于往杯子里注水，当水溢出杯口的那一刻则法律真实固定。在这从量变往质变发展的过程中，不以人的主观意志为转移的、并且未经过主观渗透的证据属于“过去”客观事实（指本体论上的事实）遗留下的事物，是非主观性的，属于客观真实中的现实存在，这一现实存在自“过去”到“现在或未来”都一直存在。

从案件进入司法环节为分割点，客观真实属于“过去”，而法律真实属于“现在或未来”。因为发生某个事实，根据自然规律和普遍认知，过去发生且被人认知即存在某些痕迹（如果不存在痕迹则不存在被认知可能性，因为不可能被发现），而这些痕迹就是客观事实中所指的证据。这些证据站在“现在或未来”的角度来考察，它们是法律文本中规定的证据，这些证据中所有的证据种类都可能存在或存在部分抑或不存在。“过去”的客观真实遗留的能被人认知的证据即“客观证据”，“现在或未来”被人加以主观性的证据即“主客观证据”。虽是“过去”，但“‘过去’从未丧失其不可唤回性”。⑦

---

⑥ ［德］海德格尔：《海德格尔存在哲学》，孙国兴等译，九州出版社2004年版，第27页。

⑦ ［法］梅洛·庞蒂：《知觉现象学》，姜志辉译，商务印书馆2001年版，第332页。

从“现在或未来”的角度来看，这些证据是不沾有主观认知的，是完全客观性的，因为它们是可以被认知的存在，所以可以被称为证据。这部分证据在“现在或未来”的时间段内，因查明案件事实的必要，被主观加以渗入，在庭审时被质证主体在法律的基础上加以主观性的认识继而被表述出来，也正是这一主观性的渗入，使得“现在或未来”的证据存在证明力问题。例如辛普森案⑧，受害人尼科尔·布朗·辛普森被杀，在辛普森住所的后花园找到一只染血的手套，运用法律文本规定的证据可对该手套做如下认知：沾了血迹的手套、物证，此手套于1994年6月12日某时某分某秒诞生，1994年6月某12某时某分某秒该案被移送立案侦查，即量变点的出现，于1994年6月13日某时某分某秒被发现，1995年10月3日某时某分某秒案件终审判决。本案法律真实固定点为1995年10月3日某时某分某秒，该手套在1994年6月12日至1995年10月3日之间因其客观存在被庭审各方附以法律规范和主观判断加以认知，认知后对本案的贡献是：物证，间接证据、原始证据、有罪证据。经对认知后的证据质证，辛普森在该手套证据上得到的证明结果是：手套非辛普森所有。在这一实践过程中，“过去”的证据因“现在或未来”的需要已发生质变，法律规范（本案中即美国相关刑事诉讼法、刑事判例）和三角审判各方的价值判断（本案中即三方的主观认知，主观认知又受个人受教育程度、社会经验、思考案件角度等影响）是“过去”的证据发生质变的量变因素。如图1所示：

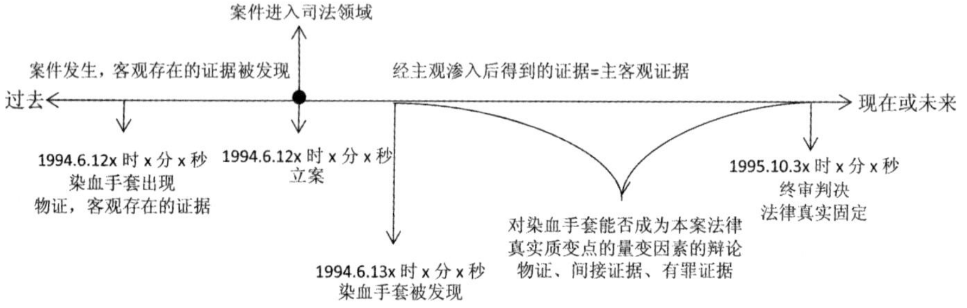

图1　辛普森案证据的形成

（二）法律文本中的证据与“过去”和“现在或未来”的证据的区别和联系

“法律规范”属于主观与客观相结合的产物，伯恩·魏德士指出：“任何完整的法律规范都是以实现特定的价值观为目的，并评价特定的法益和行为方

⑧　辛普森案：https://baike.so.com/doc/5392322－5629109.html.

式,在规范的事实构成与法律效果的联系中总是存在着立法者的价值判断”。[⑨] 主观即价值判断原则上是自由的,在法律真实与客观真实的认定中不能偏移事实(指本体论上的事实),否则就会沦为案件的“伪法律”。故而“法律规范”是人基于社会需要根据社会现象创造出来的,每一个社会现象又是实践性的,社会实践又是“过去性”的,它是由“过去”遗留的客观存在的证据结合主观认知拼凑而成,而法律规范的诞生属于“现在或未来”。所以,法律规范本身是人的主观认知与社会实践中的客观证据相结合的产物。

法律文本规定中的证据种类属于“过去”的证据,它不属于“现在或未来”的证据,是一种乌托邦[⑩]形式的证据。法律规范中的证据是立法者对“过去”事实(指本体论上的事实)遗留下的证据所做的一种分类,它是对事实本源的一种归纳整理,是对在实践运用中证据的最完美状态的规定。而司法实践中的证据是经过人的主观认知与价值判断的证据,其中甚至有伪证据的渗入,在这一证据的量变过程中,实践中呈现出来的“证据”已不止是单纯的“客观真实”中的“证据”,故而,法律规范中的证据相对于实践中的证据来说它是无法实现的“乌托邦证据”(见图2)。

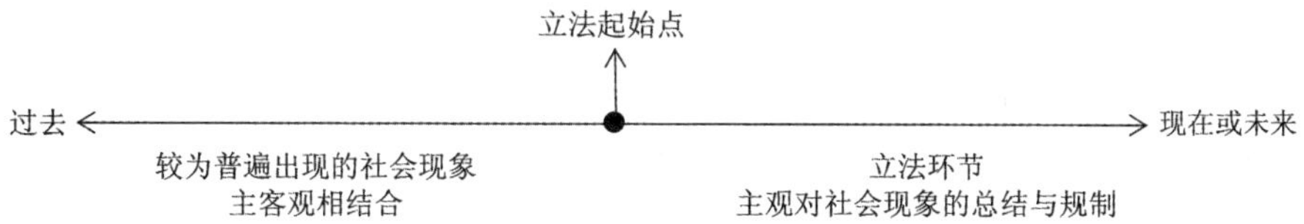

图2　法律规定——主客观结合的产物

(三)法律真实与客观真实中的伪证据

伪证据是指对案件法律真实产生错误认定的一种证据,它是冤假错案的根源,是法律真实中的量变因素,同时也可能是客观真实中的客观存在的证据的证据。从伪证据的来源来看它分为两种,一种为处于“过去”的客观存在的假证据,另一种是完全独立于客观真实之外的假证据。前一种伪证据可以分为两种:其一为在一定程度上可以被称为法律真实固定过程中的证据的证据,即内部证成的小前提。例如上文提到的辛普森案中手套,手套上沾有血迹,但

⑨　[德]伯恩·魏德士:《法理学》,丁晓春、吴越译,法律出版社2013年版,第52页。

⑩　乌托邦本是英国空想社会主义者莫尔(Thomas More)所著书名的简称。作者在书里描写了他所想像的没有阶级的幸福社会,并把这种社会叫作“乌托邦”,意即没有的地方。后来就用乌托邦指不能实现的理想,此处意为:不能实现。参见《现代汉语大词典》,商务印书馆2012年版,第1371页。

手套是否与案件相关则需要其他证据来佐证,“其他证据”可包括手套所处位置、手套上的血迹与受害人的关系。此时,为了证明这个手套符合证据的真实性、合法性、关联性,而对它所做的一系列验证就是内部证成的小前提,即“过去”存在着的“与案件本源无关的证据”对“过去”存在着的“客观存在”的证据的“证明”;其二为完全与案件无关的伪证据,这种伪证据与“完全独立于客观真实之外的假证据在性质上相同,二者究其根本都不应该属于“法律真实”质变的量变因素,但由于实践中人的主观恶性捏造证据或者是对“过去”事物的判断失误导致这两种伪证据称为“法律真实”量变过程中的一部分,而现实生活中的“冤假错案”正是这些因素导致的。

伪证据也可以从证据三性来分析。证据三性是人结合实践经验的产物,分为“真实性”“合法性”“关联性”。其中真实性也称为客观性,分为形式真实与内容真实;关联性指与待证事实有关,而待证事实分为争议事实与相关事实;合法性即证据是否具备作为定案依据的法律资格。真实性与关联性与证明能力相关,而合法性与证据能力有关。在证据三性中“合法性”是特殊的,因为不论“客观真实”如何,证据的“关联性”与“客观性”总是存在的,而“合法性”却要结合“法律规定”来认定,它属于主观上的主观再创造。

伪证据中的“内部证成的小前提”即是关联性中的相关事实,而非争议事实,对于证成对象而言它具备完整的证据三性,但对外部证成来说,它又与案件本源存在割裂关系,缺少关联性。对于伪证据中的人为捏造证据它存在真实性问题,因为伪证据的内容可能是形式不真实也可能是内容不真实;伪证据中对“过去客观真实”的误判证据是缺少关联性的证据。至于“合法性”在任何一种伪证据中都可能出现,具体要归结于司法取证与相关诉讼法规定。

(四)过去”与“现在或未来”的分割点问题

上文已详细说明客观真实与法律真实中“过去”与“现在或未来”的区别,那么“过去”与“未来或现在”的分界点又在哪呢?

当某一案件发生后,立下或间隔一段时间后案件才会被人所注意,才会进入到法律真实的阶段。在这一过程中不论是民事诉讼还是刑事诉讼,或是行政诉讼和行政复议,还是仲裁,立案和起诉均为原点。首先,笔者在文章开头就已对法律真实的概念做了界定,它是指案件终审判决点所认定的事实。这一概念就已表明,法律真实认定点为案件终审判决点,那么与终审判决点相对应的就应当是案件起始点,在诉讼案件中分为刑事公诉立案点、刑事附带民事诉讼与民事诉讼起诉点、行政起诉点、仲裁立案点、行政复议受理点。刑事公诉为何不是从起诉时起算呢？原因是，从刑事公诉立案时起，案件就已经进入到“法律”层面，此时侦查、审查阶段收集的部分或全部“主客观证据”是属于法律真实认定阶段的证据，它不同于普通原、被告在案件起诉之前收集的证据材料，它是可以对案件最后的终审判决造成影响的，故而刑事公诉案件的原点为刑事立案点。

案件自进入立案时起法律真实的量变因素就开始积累，从这时起原有的“客观存在”开始渗入主观认知，而这些主观认知会导致存在上文提到的伪证据，也会导致主客观相结合的证据存在证明力问题。从立案到终审判决的那一刻，中间所有的一切都是往法律真实质变点“注水”的量变因素，里面注入的每一滴“水”都可能导致案件发生改变。

三、裁判者的价值判断对证据与法律真实的影响

由上文可知，法律真实属于一个点，属于某一瞬间固定下的永恒，而在法律真实的固定中裁判者的价值判断拥有不可估量的影响。判断证据真伪，不可避免地带有强烈的主观性，它在很大程度上只是法官内心所确认的事实，毫无疑问就是自由裁量的一种形式，而裁判者的自由裁量权无疑会受其个人价值判断的影响，换言之，价值判断会导致自由裁量的最终结果。

根据证明责任规则原理和当事人诉讼中所享有的权利，裁判者的自由裁量权必须基于法庭辩论中所涉法律和证据（此证据指主客观相结合的证据），当事人为自己举证不能承担后果。所以在刑事司法实践中，裁判者对案件作出既不同于起诉书中所述罪名也不同于被告所辩罪名的判决的行为是对案件相关当事人权利的侵犯和对证明责任规则原则的一种破坏，这种行为是裁判者基于自己的主观认知在案件之外对双方当事人所做的一种判决，此判决确定的法律真实只是裁判者个人意志的体现，而不是原告与被告相互博弈而产生的后果。换言之，案件无需进入审判环节，社会中任何一具备正常精神和熟悉法律之人都可以对该案宣判，包括案件的原告与被告，审判失去意义。此时，加盖了法院公章的裁判书因缺少司法性而丧失本质，继而缺少公信力，由此司法进入循环悖论之中。故而，裁判者的价值判断必须基于案件审判中的原告与被告的“主客观”证据和法律规定，必须基于由此而诞生的法律真实进行裁判。

裁判者的价值判断在司法过程的各个重要阶段皆有明显表达。在认定事实方面，裁判者对证据形态、举证责任、证据证明力必须给予准确判断；在认知法律方面，裁判者必须选择正确的法律方法就法律条文给出确定的含义；

在不同诉讼类型中，裁判者需要发挥主观能动性努力实现不同的部门法目的；在不同的法律价值面前，裁判者必须协调好形式与实质、个人与社会、公权与私权、合法性与妥当性之间的复杂关系。⑪

裁判者的价值判断受众多因素影响，其中最重要的有：裁判者的受教育程度、对法律的认知程度、社会经验、公众意志、个人价值观。受教育程度、对法律的认知程度、社会经验和个人价值观对裁判者价值判断的影响是毋庸置疑的，它们属于裁判者内心的一部分，是内在的，乃所有大众在日常生活抉择中都会产生的受影响因素，是一种社会普遍现象与规律，此处不再赘述。公众意志在当下是值得研究的，上文已提到法律文本中明确规定案件裁判应以事实为根据、以法律为准绳，《法官法》第七条也对法官审判案件作出了同样的规定，公共意志既不属于案件事实范畴也不属于法律文本规定之内，它是一种案件之外的影响因素，不属于案件本身。从法律人的职业操守来看，法律人办案不应受外在因素的影响，但是一个又一个案件又不得不清晰明了的告诉我们，公众意志确实是不可忽视的影响裁判者价值判断的重要因素。传媒在法律允许的范围内将司法部门的有关信息传递给人民大众，大众再对各种信息就行判断、评价的基础上形成舆论，再通过新闻媒体将舆论的评价和公众的褒贬公之于众，这些评价传递到司法部门难免会形成一种舆论压力环境，从而影响了裁判者的价值判断。⑫ 裁判者作出判决如果与公众意志不一致，大众会认为司法不公，进而导致司法判决丧失公信力，法院丧失权威性；但如果判决符合公众意志又可能导致公众意志绑架司法判决。当然，不排除公众意志与司法的同向可能性。毕竟“我们的政府的基础是民意，因而政府首先就要保障这一权利；如果我在由政府无报纸或有报纸无政府之间加以选择，我将毫不犹豫的选择后者”。⑬

四、对立与统一：从根本上解决客观真实与法律真实的冲突

从前述可知，在实际情况中，法律真实永远也不可能等于客观真实，事实再现更多适于产生一种主观性，因为它自称涉及的只是“真实”，却始终怀有“是否确定真实”的怀疑心理，它自称在置身于“过去”的状态下解释“事实”，

---

⑪ 陈旗：《法治视野下的 裁判者自由裁量权研究》，武汉大学2013博士学位论文，第16页。

⑫ 刘睿、常健：《公众意志对司法的影响》，载《法制与社会》，2009年第3期。

⑬ [美]沃尔特·李普曼：《公众舆论学》，林珊译，华夏出版社1989年版，第23页。

却始终处于离“过去”极为遥远的“现在。⑭ 首先，证据的适用过程中会渗入主观因素；其次，法律规定永远都是主观与客观的产物；最后，证据的选择和适用、法律规定的性质和适用、裁判者的价值判断和价值判断对证据和法律的糅合、再判断，这些因素都会对法律真实产生绝对影响，会导致法律真实与客观真实发生偏差。即：客观真实≠法律真实 =【主客观证据（主客观证据 =“现在或未来”的证据 = 客观证据 + 主观渗入，客观证据 = 乌托邦证据 = 法律规定中的证据 =“过去”的证据）+ 法律规定（法律规定 = 社会实践 + 人的主观认知）】× 裁判者价值判断 n%（受公众意志、受教育程度、社会经验等等影响）。如下图所示：

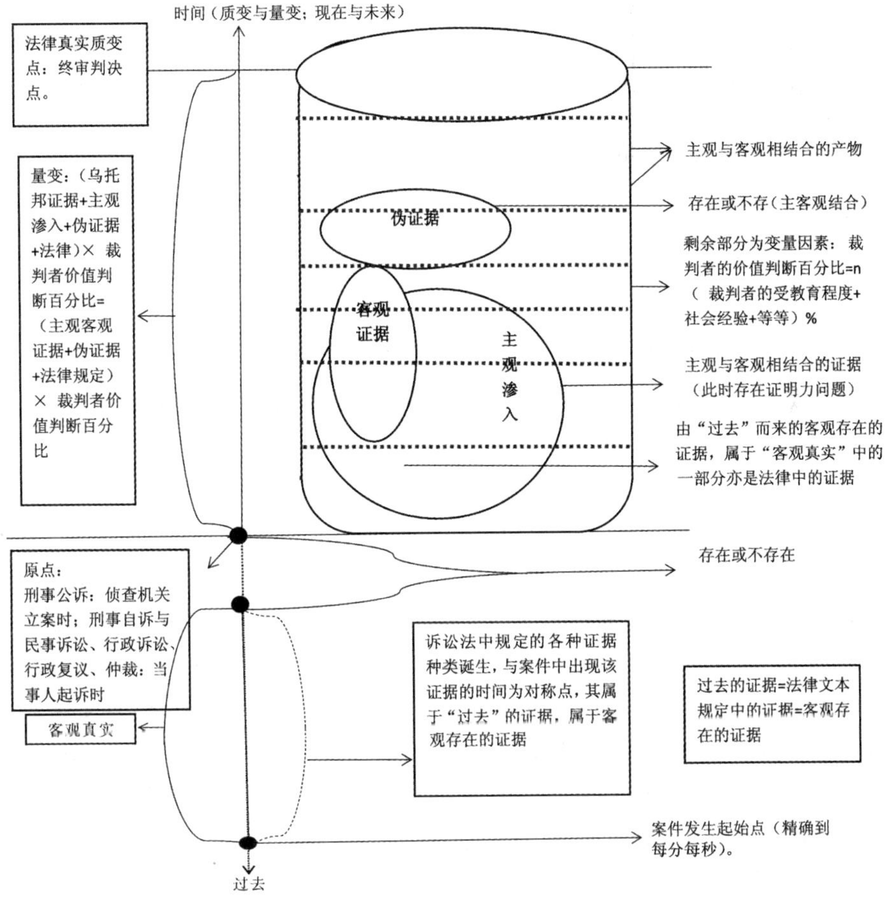

图 3　法律真实的形成

⑭　栗峥：《后现代证据理论研究》，中国政法大学 2008 年博士学位论文，第 10 页。

故而，不存在法律真实与客观真实的完全重合，目前学界诸多关于客观真实与法律真实的关系判断都或多或少存在一些错误，从该公式中可明确看出他们之间是对立与统一的关系，于证据演变导致二真实的非重合性而对立、于同基于客观证据而向法律的客观真实靠近而统一。

由此，从证据的演变中可以得出一个结论：客观真实的诉讼证明标准永远都达不到客观事实的程度，法律真实仍然是以客观事实为基础，人的主观性在法律真实的认定中不可避免，“理性”主义在法律真实的认定中不可能存在。那么如何解决根据法律结合证据从而得到案件在法律上的真实性的问题呢？法律真实是“过去”的倒影，科学并不能使得“过去”完整的重现，科学理论所述的唯一的真相是不存在的，既然主观介入是不可避免，那么在司法实务中就应当正视本现象，尽一切可能鼓励与发挥人的主观能动性，尽一切可能发掘客观证据的价值，尽一切可能寻找法律中的真实。诉讼三角关系也应不遗余力的建构以当事人为中心，发挥当事人最大的主观能动性，在法律的框架内寻找客观证据、利用客观证据，以主客观相结合的证据编织属于自己一方的可能的法律真实，以此影响裁判者的价值判断，使其形成内心确信，从而产生于己有利的裁判结果。

Legal Reality and Objective Reality in the Perspective of the Evolution of Evidence

Abstract: The evolution of evidence has reproduced part of the objective reality and shaped the legal truth. In the evolution of evidence, the evidence in “now or in the future” can only be the reflection of the “past” evidence. It is objective evidence which born in the past objective truth formed through the subjective cognition combined with relevant evidence provisions. The evolution of evidence has led to the opposition between legal reality and objective truth, so that legal truth can never be equal to objective reality, but they can be unified in objective evidence. In the evolution of evidence, human subjectivity is inevitable. To solve the conflict between legal reality and objective truth, the main line should be to mobilize people's initiative, and to discover evidence and cognitive evidence to the maximum extent.

Key Words: time; objective evidence; subjective and objective evidence; false evidence; value judgment

（责任校对：吕宗澄）

司法理论

Judicial Theory

历史与逻辑、对立与统一：民事诉讼中的发现真实探析

罗春华 *

摘　要：纵观民事诉讼制度特别是民事证据制度的发展历程，在不同历史时期，当事人主义与职权主义交织融合，二者统一于发现真实；民事诉讼中的发现真实具有实在性和必然性，客观真实和法律真实具有对立统一的辩证关系，民事诉讼绝不能满足于法律真实，在一定程序、一定时间和一定成本的许可范围之内应当超越法律真实，力争达到客观真实。法律真实可以结案，但很可能不能了案，达到法律真实只是最低要求。接近客观真实要坚持实效主义，要靠科学的思想方法和科学的办案手段。

关键词：民事审判模式　证据失权　法律真实　客观真实　发现真实

一、问题的提出

2002 年的民事证据规则出台以后，当事人主义深入人心，民事诉讼效率很大程度上得到了改观。但是，仅满足于坐堂问案，不注重调查研究，片面强调法律真实的倾向也随之出现。不少法律工作者认为，民事纠纷是私权纠纷，当事人可以处分自己的权利，民事审判不存在客观真实的问题，只要能够解决纠纷就行，甚至声称“摆平搞定当事人就是本事”。2008 年《民事诉讼法》施行后，全国法院新收再审案件，总体呈上升态势，2009 年前 10 月，同比上升 6.26%，高级人民法院呈现井喷式增长，如江苏省上升 5 倍，新疆维吾尔自治区上升近 10 倍。中级人民法院再审案件数比例明显增多。① 近年来，一审、

---

* **作者简介**：罗春华，湖南南舫律师事务所副主任，法律硕士，衡阳市法学会理论研究会发起人、监事，衡阳市人大常委会立法咨询专家。

① 孙祥壮：《关于民事审判监督程序修改后实施情况的调研报告》，载《法律适用》，2010 第 Z1 期。

二审质量不高,申请再审的案件因证据和事实认定问题大量进入省级法院,省级法院不堪重负,需要提高裁判的质量,从源头上减少错案。② 当事人向法庭陈述客观事实的时候,法庭以法律真实为理由而不予听取,造成了严重后果,严重损害了法院裁判的权威性和司法的公信力。

据报道,2003 年,某农民夫妇在广东某法院附近喝农药双双自杀。原因是该法院判决他承担归还借款的法律责任。该案件的主审法官事后被检察院指控玩忽职守。查明的事实表明,原来这个看似简单的民间借贷纠纷,实际上涉及刑事犯罪:有个人用暴力逼迫这对老实巴交的农民夫妇打了欠条。那人拿到欠条后就到法院起诉,要求法院判决这位农民夫妇归还。而法官当时没有听取农民夫妇关于客观事实的陈述。本来有犯罪嫌疑,应当中止审理,移交公安机关进行侦查的,但法官没有这样做,而仅仅是坐堂问案,没有经过调查研究,只是教条地根据当事人主义,以农民夫妇没有提供反驳证据,判决农民夫妇败诉。败诉后,就发生了前面所说的惨剧。该案中的法官是否做到案结事了? 是否意识到他片面地追求案件法律真实是否妥当?③

民事诉讼中究竟有没有发现真实? 如果有,发现真实究竟是什么? 究竟怎样发现真实? 这些是经常要面对而且不得不回答的问题。要对这些问题作出在情理法方面都站得住脚的解答,必须依靠确实肯定的材料,必须从实际出发,而不是从定义出发得出结论。④ 有人也许会认为,发现真实是理所当然的事情,法律工作者不追求发现真实,还有什么用? 但是,由于种种原因,在民事诉讼实务中,发现真实的任务往往被遗忘。因此,有必要对民事诉讼中的发现真实问题进行正本清源。现有文献把研究重点放在证据制度上,从民事诉讼

② 有学者指出,申请再审的案件成倍增长,生效裁判的权威性受到更大的挑战,终审不终的问题更加严重,导致法的安定性及判决的既判力受到破坏,进而导致法律权威和法律秩序受到破坏。应先完善第一审、第二审程序,以提高裁判的质量,从源头上减少错案。参见蔡虹:《我国民事再审程序的立法完善》,http://www.legaldaily.com.cn/fxy/content/2011-09/14/content_2950170.htm? node=21221,2018 年 1 月 14 日访问。

③ 2003 年最受全国法官们关注的案件,莫过于广东四会法官莫兆军涉嫌玩忽职守一案:一起简单的民事欠款纠纷案掀起轩然大波,两名老人败诉后在法院门口自杀身亡,主审法官莫兆军涉嫌玩忽职守被捕。广东省高院作出终审判决莫兆军无罪。《老农败诉法院外自杀 法官莫兆军终审被判无罪》,载 http://www.chinacourt.org/article/detail/2004/06/id/122378.shtml,2018 年 2 月 3 日访问。

④ 看问题不要从抽象的定义出发,而要从客观存在的事实出发,从分析这些事实中,找出方针、政策、办法来。参见《毛泽东选集》,人民出版社 1964 年版,第 810 页。

法整个程序法演变的角度分析发现真实有所不足。本文的创新之处在于运用历史与逻辑相统一的方法,用对立统一的观点,通过具体分析诉讼法和证据法具体规定的演变,说明发现真实在民事诉讼中的精神实质。

发现真实是司法活动获得正当性,获得人民群众认可的主要途径。⑤ 为了发现真实,目前世界范围内各国民事诉讼有两种模式或者是两种典型结构:大陆法系审问式诉讼和英美法系对抗式诉讼。对抗式的主要特点是法官保持消极仲裁者地位,诉讼双方的律师主导证据的提出和事实调查程序,当事人的权利较大,证据的提出和调查主要是由当事人及其律师主导和完成。审问式的主要特点是法官主导诉讼过程,在证据的提出和事实调查程序中发挥积极的作用。诉讼双方在证据提出和事实调查程序中居于次要和辅助地位,作用有限。与对抗式相比,当事人享有的诉讼权利较少。

审问式的目的是发现实质真实,与对抗式的目的是发现形式真实相区别。但是对抗式在大多数案件中,事实问题对审判结果有最大的影响,其证据规则决定事实认定者在解决这些事实问题时可以使用什么材料。因此,民事诉讼的两种模式审问式和对抗式以及这两种模式的混合,其目的都是为了发现真实。⑥

民事诉讼参与人主要是原告、被告和法院三方,就发现真实所起的作用来看,归根到底只有两方。一方是法院,另一方是当事人。借鉴大陆法系的审问式与英美法系的对抗式在发现真实主导作用方面的区别,如果强调法院在发现真实过程中的作用,这样的民事诉讼模式本文称之为职权主义模式;如果强调当事人在发现真实过程中的作用,这样的民事诉讼模式本文称之为当事人主义模式。根据这种划分,中华人民共和国成立后的民事诉讼模式经历了从职权主义到当事人主义的演变。

二、制度变迁:职权主义与当事人主义的立法演变

中华人民共和国成立以来,我国民事诉讼模式的发展历史就是一部围绕如何更好地发现真实,职权主义和当事人主义此消彼长的演变史。

---

⑤ 王亚新:《社会变革中的民事诉讼(增订版)》,北京大学出版社 2014 年版,第 52 页。

⑥ 廖永安:《民事证据法学的认识论与价值论基础》,中国社会科学出版社 2009 年版,第 7 页。

我国民事诉讼的模式经历了从有当事人主义因素的职权主义到有职权主义因素的当事人主义两个阶段。⑦

第一阶段：有当事人主义因素的职权主义模式（1949 年至 1982 年）

根据李浩教授的归纳，这个阶段的特点是法官几乎可以决定诉讼中的一切问题，诉讼由法院主宰。法官为确定有争议的案件事实，在诉讼中主动询问当事人，询问证人，展开庭外调查。与古代欧洲纠问式诉讼不同的是，这种职权主义模式也有当事人主义的因素，因为，如果当事人不起诉，法官也不会审理。当事人不能不提供任何证据。

第二阶段：有职权主义因素的当事人主义模式（1982 年至今）

改革开放后，社会改革不断深化，矛盾和纠纷不断增加，民事纠纷越来越多。1982 年，《中华人民共和国民事诉讼法（试行）》（以下简称 1982 年《民事诉讼法》）开始实施。20 世纪 90 年代初，相比 20 世纪 80 年代，全国法院每年受理的第一审民事经济案件翻了两番。到了 21 世纪初，相比 20 世纪 90 年代初，全国法院每年受理的民事经济纠纷案件翻了近一番⑧，案多人少的矛盾日渐突出，职权主义的审判方式面临的严峻挑战，到了非改革不可的地步。实行当事人主义，弱化法院的职权，可以缓解案多人少矛盾⑨，确立当事人诉讼主体地位，调动当事人为了自己切身的私权利而举证的积极性，落实处分原则和辩论原则。

这一阶段，总体特征是当事人主义，但是，职权主义也有相当地体现。例如，1982 年《民事诉讼法》第六十四条规定“当事人对自己提出的主张，有责任提供证据”的同时，该条第二款仍然责成“当事人及其诉讼代理人因客观原因不能自行收集的证据，或者人民法院认为审理案件需要的证据，人民法院应当调查收集”。并且在第六十七条规定了法院调查取证的保障，“人民法院有权向有关单位和个人调查取证，有关单位和个人不得拒绝”。另外，1982 年《民

⑦ 批判将不是把事实和观念比较对照，而是把一种事实同另一种事实比较对照。对这种批判唯一重要的是，把两种事实尽量准确地研究清楚，使之真正形成相互不同的发展阶段但尤其重要的是，同样准确地把各种秩序的序列、把这些发展阶段所表现出来的连贯性和联系研究清楚。参见《马恩列斯思想方法论》，中共中央党校出版社 1983 年版，第 165 页。

⑧ 李浩：《民事证据立法前沿问题研究》，法律出版社 2007 年版，第 3 页。

⑨ 廖永安教授认为，案多人少不足以概括法院面临的问题，案件不仅多，而且牵涉广泛而复杂，麻烦多，压力大，法院解决手段有限。

事诉讼法》第七十二条规定,“凡是知道案件情况的单位和个人,都有义务出庭作证”。[⑩] 这说明,法院根据案件情况,可以依职权查明自己认为需要查明的案件事实,各有关部门或个人以及证人必须配合。

这一阶段,职权主义不仅有相当的体现,而且有逐步加强的趋势。例如,2002 年施行的《最高人民法院关于民事诉讼证据的若干规定》(以下简称 2002 年《民事证据规则》)没有赋予法院主动委托鉴定的权力。2012 年修订的《民事诉讼法》(以下简称 2012 年《民事诉讼法》)改变了这种做法,在第七十六条第二款重新规定了法院主动委托鉴定的权利,“当事人未申请鉴定,人民法院对专门性问题认为需要鉴定的,应当委托具备资格的鉴定人进行鉴定”。这些规定,体现了立法机关要求法院为了发现真实而努力的意图。

对当事人主义的消极影响,最高人民法院通过司法解释进行了防范,体现了发现事实真相的立法考量。[⑪] 例如,2015 年施行的《最高人民法院关于适用〈中华人民共和国民事诉讼法〉的解释》(以下简称 2015 年《民事诉讼法司法解释》)第九十二条第一款规定,“一方当事人在法庭审理中,或者在起诉状、答辩状、代理词等书面材料中,对于己不利的事实明确表示承认的,另一方当事人无需举证证明。”但同时在第二款规定在特殊类型的案件,自认的事实与真实不一致时的处理原则,即“对于涉及身份关系、国家利益、社会公共利益等应当由人民法院依职权调查的事实,不适用前款自认的规定”。不仅如此,在第三款规定即使在一般类型案件,自认的事实与查明的事实不符的,人民法院也不予确认。这些规定,显然体现了发现真实的原则。

推而广之,“谁主张、谁举证”,案件事实真伪不明时,由承担举证责任的当事人承担不利后果。当事人主义也是利用民事主体追求私权利,害怕举证不能带来的败诉后果,调动他们的举证积极性和穷尽举证能力,从而有利于发现真实。因此,当事人主义与职权主义都是为发现真实服务的,当事人主义和职权主义统一于发现真实。

第二阶段又大致细分为三个时期。

第一,从 1982 年民诉法生效到 2002 年民事证据规则出台:提出问题。正

---

⑩ 2008 年《民事诉讼法》第七十六条,2012 年《民事诉讼法》第七十二条均有相同的规定。

⑪ 司法解释不是立法本身,但是具有立法性质,本文为阐述方便,把司法解释视为立法。

如前述,这一时期,案多人少的矛盾已经日渐突出。再加上部分当事人利用1982年《民事诉讼法》和1992年通过的最高人民法院关于适用《中华人民共和国民事诉讼法》若干问题的意见(以下简称1992年《民诉法意见》)对证据规定的粗疏,利用证据随时提出主义搞证据突袭,大大延缓了诉讼进程,造成了严重的诉讼迟延问题。当时最高人民法院已经明确提出公正与效率是法院工作的两大主题。解决司法效率低下的问题,是当时亟待解决的问题。

第二,从2002年《民事证据规则》出台到2012年《民事诉讼法》修改:矫枉过正。这个时期总体特征是以2002年《民事证据规则》为代表的超当事人主义。这种超当事人主义特点为:首先,过度加重当事人举证的责任,过度缩小法院调查取证的范围;其次,创立举证时限制度特别是证据失权;再次,明确区分行为意义上的举证责任和结果意义上的举证责任,明确规定在案件事实真伪不明的时候,法院不负有查明事实真相的职责而由负结果意义上的举证责任一方承担不利后果。

这一时期,为了解决严重的证据突袭和诉讼迟延问题,在民事证据规则中建立了举证时限制度。这个举证时限制度最核心的规定是证据失权。逾期提交证据到底造成什么后果?是费用赔偿,还是导致证据失去证明的效力?最高人民法院在征求意见的时候,提供了两种办法:一是费用制裁;二就是证据失权。最终最高人民法院选择的是证据失权。这说明最高人民法院在二者之间的选择上是经过利弊权衡的。这个事实可以印证当时证据突袭和诉讼迟延的严重程度。在最高人民法院看来,费用制裁也许解决不了当时十分突出的证据突袭和诉讼迟延的问题,也就是司法效率的问题。

证据失权规定实施几年后,法院事实上废止了该规定:当事人提出对方延迟提交证据,要求法院不予采信,法院一般以案件处理要坚持实事求是的原则为理由而予以拒绝。当事人对证据失权普遍不认可,他们认为一个能够证明客观事实的证据居然不能作为定案依据,这是不能想象的。当事人拿着不能定案的证据到处上访,要求改判,造成了很大的社会问题。2008年《最高人民法院出台的关于适用〈中华人民共和国民事诉讼法〉审判监督程序若干问题的解释》(以下简称2008年《审判监督司法解释》)对证据失权制度实施过程中造成的偏向进行了纠正,对证据失权的法律后果进行了弱化,同时规定了迟延提交证据的惩罚措施。

1982年《民事诉讼法》第六十四条规定的人民法院应当调查收集证据的情形有两种,一是当事人及其诉讼代理人因客观原因不能自行收集的证据;二是人民法院认为审理需要的证据。为了明确法院调查取证的范围,1992年《民事诉讼法意见》第七十三条具体规定了4种情形。[12]

2002年《民事证据规则》第十五条则重新界定了人民法院认为审理案件需要的证据的范围。其一是涉及可能有损国家利益,社会公共利益或者他人合法权益的事实,其二是涉及依职权追加,当事人中止诉讼,终结诉讼,回避等与实体争议无关的程序事项。第二十五条规定,对需要鉴定的事项负有举证责任的当事人,在指定期限内无正当理由不提出鉴定申请或者拒不提供相关材料,致使对案件争议的事实无法通过鉴定结论予以认定的,应当对该事实承担举证不能的法律后果。

与1992年的《民事诉讼意见》相比较,2002年《民事证据规则》取消了法院主动依职权鉴定勘验的权利,代之以由当事人申请鉴定勘验的制度;取消了案件事实真伪不明时,法院必须依职权调取证据的权力,代之以直接根据证据裁判原则,由负有举证责任的当事人承担不利后果。这一时期矫枉过正,职权主义大大弱化,当事人主义挤占了职权主义应有地盘。以2002年《民事证据规则》为代表的超当事人主义,有明确的指向性,那就是解决日益严重的诉讼迟延和证据突袭问题,有强烈的"乱世用重典"的应急色彩。

第三,2012年《民事诉讼法》修改到目前:理性回归。如果说前一时期以当事人为主,职权主义为辅,职权主义还只是形式的话,那么,2012年《民事诉讼法》修改后,当事人主义为主,职权主义为辅中的职权主义在立法上才真正落实。

当事人主义诉讼模式虽然得到了立法的认同,提高了司法效率,但在缺乏相关制度配套的条件下,推行当事人主义弱化了法院依职权调取证据,把发现真实的责任完全交给当事人,把法官当作绝对的中立裁判者,放弃了对事实真相的追求,偏离了民事诉讼的根本方向。[13] 因此,2012年《民事诉讼法》修改纠正了这个偏向,进入理性回归时期。例如,对证据失权制度进行了修补。修改法律时没有过分地强调证据失权,如果不是在指定的期限内提交证据,导致对方当事人产生的费用,由迟延提交证据的一方承担,或者不采纳逾期提交的

---

[12] 这四种情形是:(1)当事人及其诉讼代理人因客观原因不能自行收集的;(2)人民法院认为需要鉴定、勘验的;(3)当事人提供的证据互相有矛盾、无法认定的;(4)人民法院认为应当由自己收集的其他证据。

[13] 沈志先:《民事证据规则应用》,法律出版社2010年版,第12页。

证据。2012年《民事诉讼法》继承了2008年《审判监督司法解释》的成熟做法。2008年《审判监督司法解释》可以看作是试点，2012年《民事诉讼法》则可以看作是全面推开。

鉴定制度不断在改革，也体现了立法者对发现案件客观真实的追求。在复杂的案件中，有关专业性的问题，必须引入鉴定专家、咨询专家、专家陪审员参与诉讼才能正确地认定案件客观事实。而“鉴定结论”这一提法使得案件之外的专家决定了事实认定，当事人和律师不能对鉴定结论质证。法官过度依赖鉴定结论妨碍了案件事实真相的查明。为了消除鉴定制度现存的弊端，2002年《民事证据规则》第六十一条首次规定当事人可以申请有专门知识的人出庭。2005年《关于司法鉴定管理问题的决定》第一条首次出现“鉴定意见”一词明确鉴定意见是可以质证的证据材料，不是最终的结论。在此以前，有关鉴定使用的词语是鉴定结论，即使2002年《民事证据规则》也是如此。2012年《民事诉讼法》第六十三条开始使用“鉴定意见”这一提法。在总结审判实践经验，吸收司法解释的基础上，2012年《民事诉讼法》第七十九条确立了专家辅助人制度。2015年《民事诉讼法司法解释》第一百二十二条和第一百二十三条对有专门知识的人参与庭审的相关内容作出了具体规定并进一步明确了专家意见的效力。

此外，该时期扩大了法院依职权调取证据的范围。2015年《民事诉讼法司法解释》第九十六条对人民法院认为审理的案件需要的证据的范围再一次进行了界定，对第二时期的2项范围全面扩展为5项。⑭ 与2002年《民事证据规则》相比较，身份关系的调查以及涉及国家利益和社会公共利益的公益诉讼的调查取证，法院也应当依职权主动进行。2012年《民事诉讼法》第七十六条第二款规定，当事人未申请鉴定，人民法院对专门性问题认为需要鉴定的，应当委托具备资格的鉴定人进行鉴定。因此，修订后的《民事诉讼法》恢复了人民法院依职权委托鉴定的权利，没有延续民事证据规则所有的鉴定都需要当事人申请，法院不能依职权委托鉴定的做法。

另外，该时期关于民事调解书能否申请再审的问题，有一个从不可以到可以的过程，民事调解书的再审程序启动的主体经历了由不全面到全面的过程。

---

⑭ 该五项为：（一）涉及可能损害国家利益、社会公共利益的；（二）涉及身份关系的；（三）涉及《民事诉讼法》第五十五条规定诉讼的；（四）当事人有恶意串通损害他人合法权益可能的；（五）涉及依职权追加当事人、中止诉讼、终结诉讼、回避等程序性事项的。

1982 年《民事诉讼法》没有规定当事人对调解书申请再审的权利，但是 1992 年《民诉法适用意见》明确规定了当事人对调解书可以申请再审。《关于民事调解书确有错误当事人没有申请再审的案件人民法院可否再审问题的批复》（[1993]民他字第 1 号）、《法院调解案件再审的批复》对调解案件的再审启动主体范围进行了扩大，原来只限于当事人，现在规定作出调解的法院及其上级法院均有权对调解案件主动提起再审。最高人民法院《关于人民检察院对民事调解书提出抗诉人民法院应否受理问题的批复》（法释[1999]4 号）规定对检察机关就调解书提出的抗诉不予受理。2008 年《民事诉讼法》仍然没有规定当事人对调解书可以申请再审，更没有规定法院和上级法院以及人民检察院启动再审的权利。直到 2008 年《审判监督司法解释》才有案外人对民事调解书有异议可以申请再审的规定。2012 年《民事诉讼法》改变了这一做法，明确规定检察院对损害国家利益、社会公共利益的调解书有提起抗诉的权利。在司法解释成熟规定的基础之上，2012 年《民事诉讼法》第一次在立法上规定了除了案外人以外，法院、当事人、检察院对民事调解书可以启动再审。2015 年《民事诉讼法》司法解释则规定案外人有申请再审的权利。所以，截至目前，有权对调解书提起再审的主体是本院院长、上级法院、当事人、检察院、案外人。也就是说，民事调解书与判决和裁定在审判监督程序上享有同等地位。

证据失权制度从确立到修正，鉴定制度从鉴定结论到鉴定意见再到专家辅助人制度，法院依职权调取证据制度从扩大法院针对实体争议事项依职权调查取证的范围到大大缩减范围，再到全面扩张范围；从法官可以主动决定进行鉴定勘验，到法官不可以主动决定进行鉴定勘验，再到恢复法官的依职权鉴定勘验的权力；民事调解书从不能再审到能够再审，民事调解书审判监督程序启动的主体从当事人一个主体增加到法院、检察院、案外人等多个主体。这些事实说明，为了体现司法效率而过度强调程序公正，牺牲实体公正，偏离发现真实的倾向得到了一定程度的纠正。⑮

从以上民事诉讼两个阶段，特别是第二阶段三个时期演变过程的立法考察，我们可得出三个结论。1. 不管是职权主义或者职权探知主义，还是当事人主义或者辩论主义，都是为发现真实服务的。2. 我国民事诉讼审判模式从

---

⑮ 值得我们注意的是，《民事诉讼法》无论怎么修改，“人民法院审理民事案件，必须以事实为根据，以法律为准绳”这一条从来没有变化过。

职权主义向当事人主义转变，职权主义中有当事人主义因素，职权主义是计划经济时代发现真实的适当形式；当事人主义中有职权主义因素，当事人主义是市场经济时代发现真实的适当形式。3. 有当事人主义因素的职权主义，职权主义占主导地位，但不能忽略当事人主义因素；有职权主义因素的当事人主义，当事人主义占主导地位，同样也不能忽略职权主义因素。[16]

事实上，跳出中华人民共和国成立以来的民事诉讼制度演变的历史，将时间轴向前延伸，我们可以发现，古代的神示证据制度[17]、欧洲中世纪的法定证据制度[18]、西方近现代的自由心证制度[19]、我国古代的民刑合一的司法制度[20]，

---

⑯ 在构成一个事物的诸多内部因素中，一定会有某个因素在全部因素中占据突出或主导的地位。当一个事物具有了特定的目的性之后，偏与正就构成了主从关系。当目的发生变化，新的主导因素就会出现，并取代旧的主导因素，与现有的全部因素构成新的偏正关系。捕捉住了事物中主与全的关系，就等于抓住了黄金律和偏正律的要义。参见乔良王、湘穗：《超限战》，解放军文艺出版社 1999 年版，第 180 页。《道德经》第 11 章以车轮，器皿和房屋为例说明虚实中虚的作用，对我们理解在当事人主义中的职权主义的作用有很大的启发意义，“三十辐共一毂，当其无，有车之用。埏埴以为器，当其无，有器之用。凿户牖以为室，当其无，有室之用。”车轮之所以可以转，是以为轮木之间有空隙，器皿之所以可以盛东西，是因为其内部有空间，房屋同理，“故有之以为利，无之以为用。”正由于有了无，才会有有，没有空和虚，万物都不能发挥它的作用，这便是无的力量。没有职权主义，或者虽然有职权主义，但没有切实的贯彻，当事人主义的作用不能得到很好的发挥，特别是由于证据法律制度不配套的原因，我国老百姓诉讼能力和调查取证能力低下的现实下尤其如此。

⑰ 神示证据制度因为 50% 发现真实的可能性以及对神的惩罚的恐惧在一定程度上能使真正的违法者和犯罪受到惩罚，虽然是一种非理性的司法证明方法但是它有时也能产生理性的效果。参见樊崇义：《证据法学》，法律出版社 2003 年版，第 23 页。伊朗电影《纳德和西敏：一次别离》中男主角雇请的女工因害怕真主的惩罚说出了案件真相，也证实神示证据制度具有合理性的一面。

⑱ 欧洲大陆各国的法定证据制度防止法官在证据判断认定事实上的专断，维护法制的统一上具有积极意义。参见樊崇义：《证据法学》，法律出版社 2003 年版，第 25 页。

⑲ 自由心证制度的建立废除了法定证据制度的烦琐的形式化的规则，使是法官有可能对证据进行自由判断，为查明案情提供可能性。参见樊崇义：《证据法学》，法律出版社 2003 年版，第 29 页。

⑳ 我国古代奴隶主各个王朝的证据制度主要是根据审判实践经验形成的比较重视与案情有关的客观材料，要求法官据证推断，不能根据宣誓时的情况和宣誓本身的决断。我国的封建王朝继承了奴隶制国家“以五声听狱讼，求民情”的审判方法，据众证定罪和断罪必取输服供词，重视勘验检查。参见樊崇义：《证据法学》，法律出版社 2003 年版，第 31、33 页。

中华人民共和国成立以来的证据法律制度不同于法定证据制度，也不同于自由心证制度，学界称之为客观真实的证据制度㉑，无不体现发现真实的内在要求，无不把发现真实作为建立司法权威的前提和条件。数千年的诉讼证据制度的发展历史就是追求如何求得案件事实真相的历史。在追求的过程中不断积累诉讼认识上的经验和智慧，形成了认识和发现案件事实的方法与技术，凝结了人们关于案件事实的理论性认识。㉒

在市场经济发展到一定程度的后市场经济时代，基于互联网物联网技术、大数据、超级计算、人工智能技术的发展，对国民经济的监督和计算必将进入一个新的阶段，宏观调控在新的技术生产条件下有可能吸收计划经济的合理内核，向新的调控方式转变㉓，国家对经济和社会的管理形式与现有的管理形式相比，也会出现新的变化。虽然我们很难在此断定，职权主义对发现真实的作用是上升还是下降，当事人主义对发现真实的作用是下降还是上升，或是呈现出更加复杂的组合及表现形式从而形成新的诉讼模式。但是，为了发现真实，职权主义和当事人主义将分别代表不同的角色，发挥着不同的作用，以适应新的社会经济调控方式和新的法治状况，这一点是毫无疑问的。

三、多维考察：民事诉讼中发现真实的实然、应然与比较

从实然的角度来看，正如上文所述，从中华人民共和国成立到现在的整体发展过程来看，我国民事审判始终（个别时期有偏差，主要解决特定的问题，也得到了一定程度地纠正）以发现真实为目的，以维护正义为价值取向。这就是为什么新旧民事诉讼法的开篇均规定民事诉讼法的任务是保证人民法院查明事实的原因。事实上，证明达到真实的要求，是各种证据理论和制度的普遍追求，从古至今，没有一种法律制度承认自己的诉讼制度不要求真实，否则就失去了正当性，也不可能确立裁判的权威，任何证据制度都要表明当时的社

㉑ 樊崇义：《证据法学》，法律出版社2003年版，第34页。

㉒ 廖永安：《民事证据法学的认识论与价值论基础》，中国社会科学出版社2009年版，第68页。

㉓ 大数据技术是否让计划经济再次成为可能，目前还有很大的争议，马云、刘强东等经济领域实务人士持肯定态度，学术界部分学者观点却截然相反。

会和历史环境，诉讼实现着真实与正义的理念。[24]

从应然的角度来看，与德国，日本以及我国台湾地区相比，我国内地法院依职权调查取证虽然有所扩大，但范围仍然偏窄，而且非常明显。例如，日本的家事法院设置了大量的调查官，其人数远远超过法官的人数[25]，我国的家事案件并没有因为其本身的特殊性，与其他普通的民事案件在法院依职权调查取证的范围方面有所区别。我国内地法院依职权调取证据的范围还不够大，不能完全满足司法需求。[26] 因此，有必要增加制度供给，满足司法需求，在再次修改民事诉讼法时进一步扩大法院依职权调查取证的范围，以与当前我国未实行律师强制代理制度以及律师与当事人调查取证能力极为有限的状况相适应，以便更好地在民事案件中发现真实，为增强司法裁判的公信力和权威性创造条件。[27]

法院不能仅仅满足于当事人主张的事实和提供的证据，法院应当查明那些当事人虽然未主张，但对正确处理案件有意义的事实，应当依职权调查当事人虽然没有提供，但却有利于确定客观真实或者揭示事实真相的证据。我们不能说无证据就不能认定案件事实，因为并非所有的案件事实均需证据证明，司法认知的事实、民事诉讼中当事人自认的事实等就不需要证据来证明。[28]

---

[24] 李国光：《最高人民法院关于民事诉讼证据的若干规定的理解与适用》，中国法制出版社 2002 年版，第 411 页。

[25] 李浩教授认为，将搜集和提供证据的责任置于当事人，并不意味着法院在任何情况下，对证据的收据均应采取消极无为的态度。缩小法官依职权调查取证的范围虽然有利于程序公正，但也不利于发现真实。参见李浩：《民事证据立法前沿问题研究》，法律出版社 2007 年版。

[26] 有些法官已经开始搞律师调查令，但形式是法院介绍信，请律师根据座机号在电信局查当事人的住址以便送达文书。有些律师已经多次使用调查令，具体做法是，法官不熟悉调查令程序，没有固定文书格式，律师起草好调查令后讲明情况，让法官盖章，法官一般不拒绝。还有的律师在办理医疗纠纷案件过程中向不是该案承办人的法官建议搞个调查令让律师去医院调取病历并获得成功。应当说律师调查令是法院调取证据很好的辅助形式。但这种辅助形式因没有立法规定还处于探索阶段。

[27] 李浩教授认为，将搜集和提供证据的责任置于当事人，并不意味着法院在任何情况下，对证据的收据均应采取消极无为的态度。缩小法官依职权调查取证的范围虽然有利于程序公正，但也不利于发现真实。参见李浩：《民事证据立法前沿问题研究》，法律出版社 2007 年版。

[28] 江伟：《中国证据法草案建议稿及立法理由书》，中国人民大学出版社 2004 年版，第 481 页。

事实上,2002 年《民事证据规则》对司法认知和自认等免证事实作出了明确的规定。所以,法院在发现真实的目标面前,并不是绝对的中立和被动,而是能动的,法院应当切实履行调查取证的职责,以发现真实。

从比较法角度来看,强化法院发现案件事实的职权作用,是现代两大法系共同的发展趋势。在德国,法官为了查明真相,必须主动的向当事者发问和提出建议,法官不再是沉默的判断者,法官代表一种权威,按自己的意愿和观点介入整个诉讼。1976 年《德国民事诉讼法典》的修改加强了法院推动诉讼的职权。在美国,审判者消极性的概念也被逐渐抛弃,学者主张法官应当扮演更积极的角色,以发现案件真实。1983 年的《美国联邦民事诉讼规则》使得美国民事诉讼实现了当事人竞赛理论向发现真实理论的跨越。可见,传统的当事人主义诉讼模式,正随着时间的需要不断更新和矫正,发现真实原则也有了新的内涵。[29] 英美法系对抗式诉讼也吸收了大陆法系审问式诉讼在发现真实上的优点。这就说明,法治发达国家,早在 20 世纪 70、80 年代就放弃了超当事人主义。而法治相对落后,老百姓诉讼技能缺乏以及律师提出证据和事实调查程序尚无配套的证据规则来保障的我们国家,却在 21 世纪初实行超当事人主义。[30] 20 世纪中期以来,职权主义和当事人主义互相吸收和融合,出现了一种以日本和意大利为代表的混合式诉讼结构。这种模式是职权主义吸收当事人主义的一些因素而发展起来的新诉讼模式,代表了诉讼结构发展的基本方向[31]。从 2002 年《民事证据规则》出台起,十年的司法实践表明,超当事人主义有着明显的弊端。在 2012 年《民事诉讼法》中,立法者显然意识到了这个问题,并作出了相应调整,重申了职权主义和发现真实。

民事诉讼中的发现真实与自然科学领域里的发现真实相比,两者有着相同点。自然科学研究与民事诉讼都存在真理(发现真实)和价值(如手段的正当合理等)的问题。因为,自然科学的发现真实,也有价值的约束,这个约束是科学伦理和学术道德。但是,科学伦理、学术道德与正义等法律价值在具体

---

[29] 沈志先:《民事证据规则应用》,法律出版社 2010 年版,第 12 页。

[30] 学界通说认为,诉讼结构或诉讼模式与证据法的密切关系表现诉讼结构直接影响证据法内容和形式,证据法支撑诉讼结构或诉讼模式。英美对抗式诉讼中诉讼双方的律师主导证据的提出和事实调查程序,证据的调查主要是由当事人及其律师主导和完成的。我国的实际情况是,律师的举证和搜集证据的认可问题,在立法上还没有得到明确的解决。

[31] 樊崇义:《证据法学》,法律出版社 2003 年版,第 41、47 页。

内涵上有着显著的区别。

不仅如此，民事诉讼中的发现真实与自然科学领域里的发现真实也有着明显的区别。民事诉讼中的发现真实是在实体法和程序法的框架之内有一定期限和现实需求等法的价值（如自由、秩序、平等、效率、人权等）的约束。民事诉讼发现的真实是在现有约束条件下符合现实需求的由法律规范的客观真实。这种客观真实虽然与原始的自然的客观真实不完全符合，但是其对人们的个案需求来说已经足够了。直言之，这种客观真实也就是法律真实，是现有法律规定下以案件事实证明材料、司法认知、当事人自认等为自变量，以法律真实为因变量的函数。在具体案件中，各方面具体参数综合作用下，在人财物时间有限的条件下，得到法律真实的极大值，才能满足现实司法需求。或者说，民事证据规则以证明标准为形式预先规定案件真相还原度，在具体案件中求时间金钱等投入的极小值。基于这个思路，我们提供初步的数学模型如下，供读者参考。[32] 而自然科学，特别是基础研究领域的发现真实则没有时间限制，如果有时间限制的话，自然科学就不可能向前一步。

数学模型一：

案件真相还原度 P(还原度)（完全恢复，则 P(还原度) =100%）与投入的时间（t）和资金（M）的关系

Y为法律真实，x_1为当事人证据，x_2为法院调取的证据材料，x_3司法认知，…… 则

$$Y = F(x_1, x_2, x_3, \cdots\cdots) \quad (1)$$

Y为一个集合，集合中的元素为真相的可能事件

Z为案件真相(也为一个集合，其中的元素为真相中的事件)，则真相的还原度为

$$P(\text{还原度}) = \frac{|Y \cap Z|}{|Z|} - \frac{|Y - Z|}{Z} \quad (2)$$

上式中第一部分为**法律真实与案件真相一致**的比率，第二部分为**法律真实扭曲案件真相**的比率。

但，当事人证据x_1，法院调取的证据材料x_2，司法认知x_3等的获得都需要时间、金钱等成本，现在问题事件还原度 P(还原度)大于阈值(A)时，所需要的时间、金钱成本最小值。优化问题变为：

$$\text{约束条件：}\frac{|Y \cap Z|}{|Z|} - \frac{|Y - Z|}{Z} > A \quad (3)$$

$$\text{目标问题：}\quad \min\ (t + \alpha M)$$

其中αM为金钱成本归一化为时间成本

---

[32] 正文中的两个模型由江西理工大学马存良博士提供。

数学模型二：

案件真相还原度 f（完全恢复，则 f=100%）与投入的时间（t）和资金（M）的关系

假设由 4 种途径可以还原案件真相，它们的效率分别为 f_1，f_2，f_3，f_4，每个途径还原真相的效率与投入的时间（t）和资金（M）的关系可以写为：

$$f_1 = 1 - \alpha_1(t, M)\exp(-\frac{t}{t_1})\exp(-\frac{M}{M_1}) \qquad (1)$$

$$f_2 = 1 - \alpha_2(t, M)\exp(-\frac{t}{t_2})\exp(-\frac{M}{M_2}) \qquad (2)$$

$$f_2 = 1 - \alpha_3(t, M)\exp(-\frac{t}{t_3})\exp(-\frac{M}{M_3}) \qquad (3)$$

$$f_2 = 1 - \alpha_4(t, M)\exp(-\frac{t}{t_4})\exp(-\frac{M}{M_4}) \qquad (4)$$

其中 $\alpha_1,\alpha_2,\alpha_3,\alpha_4$ 的函数形式，t_1,t_2,t_3,t_4 的值，M_1,M_2,M_3,M_4 的值的选取与具体的途径有关。

时间和资金之间的换算关系设为 $t = aM$，其中 a 为比例系数，需要预先给定。由于每个途径获得的案件真相内容有重叠，所以总效率 f 可以表示为

$$f = f_1 \cup f_2 \cup f_3 \cup f_4 \qquad (5)$$

现在的任务变成：给定 f 大于某个阈值（比如 80%），求最少的时间和资金投入。

数学模型简述如下：

$$\text{限定条件：} f \geq f_{min} \qquad (6)$$

优化问题：min（t+aM）

这个问题初看起来简单，但实际上，所有的变量与律师的专业水平都是相关的。还需要与大数据结合，才能最终建立科学的模型。

不仅如此，自然科学领域的发现真实主要是认识真理即认识客观规律性，不会调整社会关系；民事诉讼中的发现真实，不是为发现真实而发现真实，而是有着鲜明的目的，是为适用法律，调整民事关系创造前提与基础。

与民事诉讼法要保护的法律价值相比，民事诉讼中的发现真实只是手段而已。民事诉讼中的发现真实是保护当事人合法权利的前提和基础，发现真实是为民事诉讼中要保护的法的价值服务的。㉝

与现行民事证据制度中发现真实相比，民事诉讼中的发现真实，除了体现人权原则外，还要体现其他的原则，如自由、秩序、平等、公正、效率等，另外，发

㉝ 民事诉讼中要保护的价值或者说要实现的理念，除了自由平等人权之外，还有经济发展，社会稳定及国家治理现代化的价值。参见《中共中央关于全面推进依法治国若干重大问题的决定》《最高人民法院关于充分发挥审判职能作用为经济发展提供司法保障和法律服务的意见》《最高人民法院关于充分发挥审判职能切实维护企业和社会稳定的通知》等文件。

展、稳定、和谐等现实中新的价值,也不可假装视而不见。㉞ 而民事证据制度中的排除非法证据,主要体现的是人权。也就是说,在保障人权的前提下发现真实,不能不择手段侵犯他、合法权益地调查收集证据。

与刑事诉讼相比,民事诉讼中的发现真实与刑事诉讼既有一致之处,又有不一致之处。不管民事诉讼还是刑事诉讼,他们有一个共同的原则,那就是以事实为根据,以法律为准绳。也就是说他们必须以发现客观真实为指南,否则,民事诉讼和刑事诉讼都将缺乏最基本的正当性基础。无论是民事判决,还是刑事判决;无论是过去,还是现在,抑或是将来;无论是中国,还是外国;只要不以发现客观真实为指南,司法活动就不可能得到民众的信任和支持。一句话,在发现客观真实这一点上,他们具有共同的诉讼目的。而与此同时,在法律真实方面,他们又有明显的区别。一般来说,民事诉讼证明的标准是高度可能性,不管是51%的可能性,还是80%以上的可能性(例如,涉及人身、家事、国家利益、社会公共利益的民事案件证明标准要比普通民事案件的证明标准要高),均不是排除一切合理怀疑的可能性。而刑事诉讼证明标准是排除一切合理怀疑的可能性,显然,刑事诉讼的证明标准要明显高于民事诉讼的标准。

正如何家弘教授所言,客观真实是司法证明的目的,而且无论是在刑事诉讼中还是在民事诉讼中,无论是在侦查阶段还是在审判阶段,司法证明的目的都应当是明确案件客观真实情况,法律真实是司法证明标准和结果,客观真实与法律真实是一元与多元的关系,法律真实作为法律标准不仅在刑事诉讼有

㉞ 为了发展地方经济,地方政府设立经济开发区,制定优惠的招商引资政策以吸引外来投资。开发区的某企业是地方政府的税收大户安排了大量的就业人员。该企业因经营不善资不抵债申请破产但法院基于民生的考虑,最后认定,该企业尚未达到资不抵债的条件。该企业为了摆脱债务,以部分员工认缴出资新成立一家公司,把原公司的所有资产出租给新公司。债权人起诉旧公司与新公司资产、财务和人员混同要求它们承担连带责任。法院以证据不足,要求承担连带责任的诉请不支持,这就体现了司法实践中地方政府对发展的考量。我国没有实行法定证据制度,没有规定如何通过证据认定案件事实的问题。所以,如何根据客观的证据认定案件事实,在我国没有建立强制性的法院说理制度,法院裁判只讲结果,不讲理由而不会承担责任的条件下,法院在认定事实方面有不是相对的而是绝对的自由裁量权。就司法证明模式而言,我国现行的证据法律制度基本上属于自由证明的范畴,司法人员在运用证据认定案件事实时享有绝对的自由裁量权。造成这种状况的客观原因是因为证据确实充分如何认定,证据足也不足在实践中的标准很难掌握,主观原因是司法人员主观擅断。所谓"官断十条路"也许就是这个原因。

差别,就是在民事诉讼也有差别。㉟

四、辩证统一:客观真实与法律真实的区别与联系

一般认为,1982 年《民事诉讼法》第五条,2008 年《民事诉讼法》和 2012 年《民事诉讼法》第七条的"人民法院审理民事案件,必须以事实为根据,以法律为准绳"是关于客观真实的立法规定。㊱ 最高人民法院《关于民事经济审判方式改革问题的若干规定》第六十三条提出的"人民法院应当以证据能够证明的案件事实为依据,依法作出裁判"以及《民事证据规则》第六十三条"人民法院应当以证据能够证明的案件事实为依据依法作出裁判"把法律真实的理论具体化为司法解释性质的立法性规定。㊲

民事诉讼程序分一审、二审和再审。仅仅从民事诉讼程序这种制度安排就体现了客观真实与法律真实的统一。有错必纠,实事求是,时至今日,仍然是指导民事诉讼的司法政策。㊳ 这是问题的一方面。问题的另一方面是,民事诉讼因为有时间节点的限制,有司法资源的限制,维护裁判既判力因而有定纷止争,维护社会关系稳定的需求,所以一审、二审、再审后,如果还有再再审,发现真实所花费的成本可能远远高于发现真实所得的收益。这种情况下,我们只能满足于法律真实,也就是近似于客观真实的真实。当然,这种真实可能基本上符合客观真实,也可能基本上不符合客观真实。但根据正态分布理论,这两种情况都是少数,而案件事实部分真部分假是多数。㊴ 在部分真部分假

㉟ 何家弘:《从应然到实然——证据法学探究》,中国法制出版社 2008 年版,第 309 页。

㊱ 刑事诉讼法也有相同的规定,由于超出了本文所讨论的范围,在此不作阐述。

㊲ 事实上,关于《行政诉讼证据若干问题》第五十三条也规定"人民法院应当以证据能够证明案件事实作为依据依法作出裁判",这说明司法界在行政诉讼中也吸纳了法律真实的思想。当然,这也超出了本文所讨论的范围。

㊳ 妥善审理涉及夫妻债务案件 维护健康诚信经济社会秩序——最高人民法院有关负责人就《婚姻法司法解释(二)》有关问题答记者问,新华网:http://news.xinhuanet.com/legal/2017-02/28/c_1120541605.htm,2018 年 1 月 18 日访问。

㊴ 学术界存在着另外一种假设,诉讼制度和证据制度应当保证大部分案件中所认定的事实是高度真实的,否则很难长久存立。民事诉讼和司法证明中的事实往往不是客观真实而是法律真实。这个理想与现实的矛盾推动着诉讼制度和证据制度的不断完善。放弃客观真实这个值得追求的目标将会终结诉讼制度和证据制度的日益完善的努力。如果说有"普世价值"的话,发现真实才是超越法体系和法文化的真正的"普世价值"。参见廖永安:《民事证据法学的认识论与价值论基础》,中国社会科学出版社 2009 年版,第 181 页。

的案件事实中,案件事实大部分真小部分假和大部分假小部分真是对称的,也就是这两种情况数量基本相同。剩下来的还有案件事实半真半假的情况。所以,以客观真实为目标,以法律真实为最低标准或最低要求。换句话说,争客观真实,保法律真实,就可以做到最高人民法院周强院长所说的从总体或总量上实现司法供给满足司法需求。

客观真实与法律真实的关系,不但在民事诉讼程序的制度设计上得到了体现,而且民事再审制度的修订和完善,立法规定与司法解释的差异也可以说明这个问题。我国民事再审程序在中华人民共和国成立初期的有关法律文件及司法解释中就已经规定。从 1950 年的《中华人民共和国诉讼程序试行通则》,到 1954 年的《人民法院组织法》,再到最高人民法院 1955 年的《关于北京、天津、上海等十三个大城市高、中级人民法院民事案件审理程序的初步总结》;从 1982 年《民事诉讼法》,到 2008 年《民事诉讼法》,再到 1991《民事诉讼法意见》,最后到 2012 年《民事诉讼法》;我们可以看出:第一,从中华人民共和国成立开始,法律规定的民事再审程序启动的主体比较广泛,有当事人、各级法院、各级检察院。第二,正如前述,再审范围从各级法院的生效裁判已经扩大到调解书。第三,民事再审在立法上至今没有再审次数限制,表现为各级法院在理论上可以无限次自我纠错,各级检察院在理论上可以无限次抗诉,当事人对法院裁判不服在理论上可以无限次申诉,这充分体现了立法上坚持实事求是,有错必纠的原则,坚持以事实为根据,以法律为准绳原则。[40] 一句话,坚持客观真实原则,这是问题的一方面。问题的另外一方面是,最高人民法院通过司法解释对当事人申请再审的次数进行了限制。[41] 2012 年《民事诉讼法》修改后,涉法信访,人大、政法委不受理,只能到检察院申请抗诉或建议,但仅限一次处理。而且,并非所有的生效的裁判都可以启动再审程序。例

---

[40] 《民事诉讼法》许多司法解释中成熟的做法在修订《民事诉讼法》时吸收为立法规定,但是,《民事诉讼法》没有吸收司法解释中关于再审次数限制的规定,这应该体现了立法者对发现客观真实的保留态度。虽然司法解释可以作为判决依据,但其效力层级低于立法条文。

[41] 2007 年 7 月 31 日公布《关于人民法院对民事案件发回重审和指令再审你有关问题的规定》规定,各级人民法院对本院已经发生法律效力的民事判决、裁定,不论以何种方式启动审判监督程序,一般只能再审一次。2012 年《民事诉讼法》修改后在法院再审后还可以申请检察院抗诉或者提出检察建议,突破了只能再审一次的限制。2012 年《民事诉讼法》明确规定检察院只能处理一次。但实务中,也有当事人通过申诉途径,在检察院处理过一次后,又申请检察院抗诉获得成功的。

如,《民事诉讼法》规定,当事人对已经发生法律效力的解除婚姻关系的判决,不得申请再审。按照督促程序、公示催告程序、企业法人破产还债程序审理的案件不属于再审对象。按照审判监督程序审理后维持原判的案件也不属于再审对象。从这个事实出发,我们可以得出结论,司法实践中坚持的并非是无限的客观真实,也就是说在坚持客观真实的同时,也在坚持有限的法律真实。

如此说来,既有法律真实,又有客观真实,那么,在民事诉讼过程中,如何处理客观真实与法律真实的矛盾关系?司法实践中存在着两种截然不同的偏向:一种偏向是片面追求客观真实;另外一种偏向是片面追求法律真实。片面追求客观真实,也就是不计成本、不计时间限制地查明案情,使得诉讼过程过分拖沓冗长。片面追求客观真实,一方面浪费了大量的司法资源(这是在计划经济时代的职权主义诉讼模式和当事人主义诉讼模式前期的司法实践已证明的事实);另一方面,终审不终也使我国司法权威乃至我国是法治国家在国际上受到了某些国家的质疑。而片面追求法律真实又与我国传统文化和目前人民群众的认知水准格格不入而显得水土不服。2002 年《民事证据规则》实施以后,涉法上访大幅增加就是证据。因此,有必要廓清有关法律真实与客观真实的几对范畴。

(一)真理意义上的客观真实与价值意义上的法律真实

真理意义上的客观真实与价值意义上的法律真实是真理与价值在民事诉讼活动中的具体表现形式,这对范畴表明了发现真实与实现法的价值的关系。所谓真理意义上的客观真实,是指主观符合客观意义上的客观真实。所谓价值意义上的法律真实,是指诉讼证明得到的法律真实必须符合正义、人权、稳定、发展等法律价值。

辩证唯物主义认识论认为,追求真理和创造价值是人类认识和实践活动的两个基本原则,真理原则是指人类必须按照世界的本来面目去认识和改造世界,追求真理,服从真理。价值原则是指人类必须按照自己的尺度和需要去认识和改造世界,使世界适合人的生存和发展。这两个原则既矛盾又统一,前者揭示了人的客体尺度,后者揭示了人的主体尺度。真理是一元的,价值是多元的。真理原则是人的活动的条件性原则。尊重真理反映的规律,人的活动才能成功,价值原则是人的活动的目的性原则。人的活动以获得一定的价值为目的。两个原则的差别和对立,深刻体现了人类生活本身的矛盾性,这一矛盾不断出现,又不断地解决,伴随着人类实践和认识发展的历史。在诉讼过程中认识案件事实本身不是最终目的,其最终目的在于通过认识案件事实,解决纠纷,实现法律具有的保护公民权利和维护社会秩序的价值。[42]

在某些情况下,认识案件事实与实现法律价值是有矛盾的,司法实践中经常遇到的非法证据问题,就体现了真理的原则和价值原则的矛盾性。如果该证据是真实的,对案件事实有证明作用,这符合认识论的要求,但该证据是通过侵害当事人合法权益的方式取得的,违反了价值原则中保护人权的要求。对诉讼认识中真理原则和价值原则的矛盾,只能通过对法律价值进行平衡,予以取舍,不能仅其因为符合真理的原则予以认可。因为价值原则是人类认识活动的目的性原则,所以根据认识目的来决定认识的方式和程度,才是符合辩证唯物主义认识论的要求的,才是理性的认识活动。如果只根据真理原则行事,则有滑向非理性的危险。

例如,一名患糖尿病的司机在施工地段倒车时撞伤了行人。交警在事发后3小时才抽血检验,而检验结果刚好达到酒后驾驶的标准。司机得到结果后第二天申请重新检测,而交警以施工地段没有行政处罚权,以及从事发到抽血期间司机未在其视线范围内,拒绝安排重新检测。司机是否酒后驾驶成为诉讼中争议的焦点。如果以本案有证据证明司机喝了酒(根据司法认知,3个小时前的酒精含量更高,而且,司机案发后送伤者到医院,没有做其他的事情),就认定司机酒后驾驶,从价值意义上的法律真实的标准衡量,这样的认定没有考虑到行政处理优先,以及交警大队没有保证司机享有的法定的复核的程序权利。这样认定事实,就没有实现民诉法所要实现的程序正义的价值,就有"滑向非理性的危险"。鉴于司机是糖尿病患者,法院依职权组织专家会诊,以确定糖尿病患者血液中酒精含量是否有特异性,从真理意义上客观真实的角度来看,法院查明案件事实真相的努力,又值得肯定。

(二)存在意义上的客观真实与意识意义上的法律真实

意识意义上的法律真实与存在意义上的客观真实是存在与意识在民事诉讼活动中的具体表现形式。这对范畴反映了主观与客观,主体与客体的关系。

意识意义上的法律真实是指法律工作者对案件客观真实近似的正确的反映,这里所谓的反映,也就是列宁所说的映射、复写和摄影。这种反映是对案件客观真实近视的反映。存在意义上的客观真实是指过去发生的自然状态的案件事实。反映自然界的意识与意识所反映的自然界相符合。[43] 反映客观真

---

[42] 樊崇义:《证据法学》,法律出版社2003年版,第60~62页。

[43] 《马克思主义经典著作选读》,人民出版社1999年版,第358页。

实的法律真实与法律真实所反映的客观真实要相符合。所以,民事案件不能满足于法律真实。

民事诉讼应当以最大限度地接近(基本接近客观事实具有可能性,也有现实性)客观真实为价值取向,而不能以法律真实为价值取向。法律工作者应当把注意力集中在客观真实上。案结事了首要的核心的条件是客观真实,而不是法律真实。

民事诉讼绝不能满足于法律真实。在一定程序、一定时间、一定成本的许可范围之内应当超越法律真实,力争达到客观真实。达到法律真实只是最低要求。法律真实可以结案,但很可能不能了案。[44] 现在最高人民法院的司法政策强调各级法院要做到案结事了。在这种背景之下,法律工作者片面强调法律真实,有怠于履行法律职责的嫌疑。这是李浩教授主张的"就发现真实而言,在证据的收集和提供上似应以当事人为主,法官给予必要协助的模式为优"的根本原因。[45] 客观真实也好,法律真实也好,值得当事人信赖的真实(究其实质也是法律真实)也好,都不否认发现事实真相对作出正确裁判的重要意义。发现或还原事实真相是由民事证据法的根本目的决定的,也是民事诉讼法查明事实真相,保护合法权益的终极目的决定的,更是包括民事法律在内的一切法律适用的一般规律所决定的。

正如有学者指出的那样,必须正确处理法律真实和客观真实的关系,法律真实与客观真实是辩证统一的。司法证明活动应当尽最大可能努力追求法律真实与客观真实相一致。

例如,本文开头所述的农民夫妇败诉后喝农药自杀的例子。从存在意义上的客观真实来看,农民夫妇没有向原告借钱。从意识意义上的法律真实来看,农民夫妇向原告借了钱。如果以法律真实为最高目标,办案的法官对农民夫妇因败诉而自杀不会有任何道德上的过错和愧疚。如果以法律真实为最低标准,不放弃对客观真实的追求,那么,办案法官将会有另外的选择,那就是,

---

[44] 据最高人民法院披露,彭宇撞到人的陈述,公安机关的问话笔录的照片以及民警确认笔录的真实性这三份证据是彭宇案一审的定案证据。南京官方消息,彭宇本人后来承认自己撞到了那位老太。所以,彭宇案一审的法律真实达到了客观真实,但未了案。最高人民法院认为原因是媒体的不当炒作。笔者认为,说理有欠妥当也是一个原因。彭宇案说明即使达到客观真实,也可能不能了案,更何况只达到法律真实。这充分说明诉讼活动的复杂性和风险性。

[45] 李浩:《民事证据立法前沿问题研究》,法律出版社 2007 年版,第 75 页。

认真考虑被告的没有证据印证的当事人陈述,要求原告提供转账凭证;或者以本案涉嫌犯罪为由,移交公安机关侦查。

(三)绝对意义上的客观真实与相对意义上的法律真实

民事诉讼存在着的诉讼认识结论是否真实以及在何种程度上真实的问题。在这个问题上,绝对真实和相对真实的是一对重要的范畴。[46]

绝对意义上的客观真实与相对意义上的法律真实是绝对真理与相对真理在民事诉讼活动中的具体表现形式。绝对意义上的客观真实是指与客观真实百分之百符合的法律真实。相对意义上的法律真实,例如,当事人在劳动仲裁后没有起诉或者一审判决后没有上诉,法院可能认定当事人对劳动仲裁委的裁决和一审判决中的事实认定部分没有异议,这是司法实践中的推定。另外,在法律规定中,有法律推定和事实推定之分。婚姻法司法解释根据房产登记在一方或双方的名下来推定双方父母意思表示。这些都属于相对意义上的法律真实。

就绝对真理与相对真理的关系,恩格斯曾经指出:“一方面,人的思维的性质必然被看作是绝对的,另一方面,人的思维又是在完全有限的思维着的个人中实现的。这个矛盾只有在无限的前进过程中,在至少对我们来说实际上是无止境的人类世代更迭中才能得到解决。从这个意义来说,人的思维是至上的,同样又是不至上的,它的认识能力是无限的,同样又是有限的。按它的本性、使命、可能和历史的终极目标来说,是至上的和无限的;按它的个别实现情况和每次的现实来说,又是不至上的和有限的”。[47]

因此,基于人的思维的至上性和无限性,独立于法律工作者意志之外的案件的客观真实是可以发现的,我们不能放弃客观真实的指引,但是具体的个案,具体的个人因主客观各方面的条件限制对案件事实有可能只能达到法律真实。相对真理在一定范围内有绝对真理的因素。正如前文所言,法律真实是在各种案件参数综合作用在一定约束条件下取得的极大值。所以,我们不能忽视法律真实对实现法的价值的作用。

例如,在一起民间借贷纠纷中,出借人向借款人实际转账交付100万元。有借款合同、借条、银行转账凭证,法院判决支持原告全部诉讼请求。这说明

---

[46] 何家弘:《从应然到实然——证据法学探究》,中国法制出版社2008年版,第298页。

[47] 《马克思主义经典著作选读》,人民出版社1999年版,第193页。

在民事诉讼中绝对意义上的客观真实是存在的。这种情况往往发生在无事实争议且法律关系简单的案件之中。同样在一起借贷纠纷中,有借款合同、借条,只有80%数额的借款有银行转账凭证,另外20%,出借人声称是现金交付,并出具案外人书面证词为凭。法院以合同约定必须用银行转账且案外人没有出庭作证为由判决只支持原告80%的诉讼请求。而实际上,这起简单的民间借贷纠纷中,客观真实是合同双方乃是多年关系处理非常好的同学。当时口头说好的是,被告代为原告投资理财。但因种种原因却办理了书面的民间借贷手续。如果法官确信客观真相确实如此但没有任何证据证明,法官不可能按委托理财来判决。如果法官完全支持原告的诉讼请求也不符合自己内心确认的客观实际情况。从相对意义上的法律真实来衡量,法院支持原告80%的诉讼请求,有利于解决纠纷。判决后双方服判息诉。

(四)民事诉讼证明目的意义上的客观真实与民事诉讼证明标准意义上的法律真实

目的意义上的客观真实与标准意义上的法律真实是理想与现实、目的与结果在民事诉讼证明中的具体表现形式。何家弘教授指出,司法证明的目的,是指司法证明主体追求的目标,是司法证明活动的标的,司法证明的标准,则是指司法证明必须达到的程度和水平,是衡量司法证明结果的准则。司法证明的目的是就行为过程而言的,体现了证明活动的追求和方向,是目标;司法证明的标准是就行为结果而言,是根据一定的价值观念和需要确定的,是法律所认可的具有现实性品格的衡量准则。在具体案件的司法证明活动中,司法证明的目的不是必须实现的,而司法证明的标准就是必须满足的。[48] 以法律真实为目的指导证据调查工作,容易导致搜集证据的主观性和片面性,不应否认或忽视客观真实对司法证明活动的指引和驱动作用。

例如,因生活琐事邻居之间发生口角,一方坐地致尾椎受伤导致9级伤残。受伤者坚称是另一方拖脚导致的,但事发现场没有目击证人证实。公安机关立案侦查并出具没有目击证人的证明,检察院审查后作出不起诉决定。伤者起诉另一方,另一方坚称没有动手。如果坚持以法律真实为目的,法院就会以"有证据证明"原告受伤与被告有因果关系和民事证据标准低于刑事证据标准为由判决被告承担赔偿责任。如果坚持以客观真实为指引,就可以在

---

[48] 何家弘:《从应然到实然——证据法学探究》,中国法制出版社2008年版,第292页。

被告坚称比窦娥还冤,情绪激动,不断上访,采取过激行为情况下,依职权积极查明事实真相,例如,在双方同意的情况下,进行撒谎测试。

(五)实质意义上的客观真实与形式意义上的法律真实

形式意义上的法律真实与实质意义上的客观真实是内容与形式,形式与实质在民事诉讼活动中的具体表现形式。形式意义上的法律真实是实际发生的客观事实在诉讼证明过程中因主客观原因基本上没有被揭示或者基本上被揭示或者部分地被揭示。实质意义上的客观真实是指实际发生的案件事实。法律真实是客观真实的实现形式。这种实现形式因具体个案的情况不同,又分别表现为全部实现、基本实现、少部分实现或者根本没有实现。

程序正义因程序本身的科学性和外来因素的影响并不必然产生公正的结果。且片面强调程序正义不利于发现真实。程序公正与实体正义虽然是对立统一的,但是实体正义在这个统一体中才是占主导地位的。在保证人权的基础上恢复受到过分侵蚀的实体正义,成为现实司法需求。不仅在我国应当如此,事实上,即使是非法证据排除规则的发源地美国在20世纪80年代以后的许多案例对非法证据排除规则也进行了修正,确立了善意的例外,公共安全的例外,必然发现的例外,独立来源的例外,反驳证人的例外,防止过分地强调程序正义妨碍客观事实的发现。[49] 这个事实以及我国的学者主张对非法证据排除规则(侵害他人合法权益的证据不予采纳)作严格的解释,说明程序公正并不是至高无上的,它受到实体正义,努力发现案件事实真相等诉讼任务的约束。

发现案件真实与实现程序正义的关系中,与实现程序正义相比较而言,发现案件真实占主导地位,因为查明案件事实真相是获得裁判正当性的主要途径,至少是重要的途径。离开了发现案件真实,程序正义不具有独立的意义。只有在违反程序正义给社会造成的损害超过发现案件真实所带来的利益时坚持程序正义才具有正当性。否则的话,脱离发现案件真实而实现程序正义,为了程序而程序,势必把解决实质问题抛在脑后,诉讼活动同样也得不到人民群众的认可支持。这就是为什么中央政法委《关于建立涉法涉诉信访执法错误纠正和瑕疵补正机制的指导意见》提出区分执法错误和执法瑕疵,防止法律程序空转,切实依法解决问题的原因。

---

[49] 廖永安:《民事证据法学的认识论与价值论基础》,中国社会科学出版社2009年版,第203页。

例如，一个债权转让纠纷，债权人起诉次债务人。债权受让方迟到半个多小时到法庭。次债务人以债权人未按时到庭，要求法庭裁定驳回起诉。承办法官尽管有权裁定驳回起诉，但没有简单地支持次债务人。本案的事实是，次债务人已经另案起诉要求确认基础合同无效，返还财产，赔偿损失。鉴于这个情况，法庭以本案的处理结果取决于另案的处理结果，裁定中止审理。如果法庭裁定驳回起诉，债权人势必立即要求重新立案。在程序上，这种做法无可指责。但是，这样做的后果是债权人又要重新交纳诉讼费，法院又要重新立案，重新制作法律文书，重新送达，费时费力费钱。为了所谓的“程序公正”和“法官中立”，却违背了案结事了司法政策，牺牲了实际解决问题的司法价值。这个案子的客观真实与法律真实都是本案的审理取决于另案的处理结果。该例子中，实质方面显然占了上风，而形式与实质是紧密结合的，法律真实完全实现了客观真实。

又如，一个男女双方都想离婚的婚姻纠纷案。只是因为财产与子女抚养达不成一致无法协议离婚，女方实在忍不住男方的死缠烂打而起诉离婚。承办法官没有经验，没有了解本案的真实案情，简单地以被告不同意离婚，原告夫妻感情破裂的证据不足为理由，驳回了女方离婚诉请。判决生效6个月后，该离婚案的被告又到同一家法院起诉离婚。立案庭又花时间进行调解，调解失败后，又移送审判庭的审判，最后判决离婚。一个简单的离婚案，经过三个法官处理，浪费了大量的司法资源。[50] 这个案子一审的客观真实是双方感情已经破裂，法律真实是双方感情没有破裂。该例子中，形式方面显然占了上风，形式与实质是相脱节的，法律真实完全没有体现客观真实。

此外，还有实体意义的客观真实与程序意义上的法律真实，因篇幅有限，在此不再赘述。

综上所述，我们之所以从以上5个方面尽可能站在不同的角度探讨真实的本来面目，是因为认识事物是一个不太容易的事情，法律职业人员作为有限的个体要查明具体个案的案件事实，就如盲人摸象，如果只摸到大象身上的一部分，那样很容易陷入片面的认识。如果盲人摸到大象的全身，就有可能准确掌握大象的形状。同样的道理，法律职业人员在民事诉讼中应当最大限度的全面了解发现真实中真实的各个方面，就有可能对真实的本来面目做一个准

---

[50] 可能有人会说，第一次起诉的时候，被告还不想离婚；第二次起诉的时候才想离婚很正常。

确的把握,就有可能使法律真实更加接近于客观真实。上述5对范畴,也是客观真实与法律真实的区别与联系。上述5对范畴实质上都有一个共同的本质,那就是主客体矛盾关系。矛盾即问题,有问题,有矛盾,就有解决的必要;没有问题,没有矛盾,就没有解决问题的必要和动力,就没有发展的前提。"没有矛盾就没有世界。"同样,民事诉讼中没有客观真实与法律真实的矛盾,就没有民事诉讼制度的推陈出新,这是毫无疑问的。

也许有人会说,虽然从5个不同的角度阐述了法律真实和客观真实的关系,但是,"发现真实中的真实含义并不明确,到底是法律真实,还是客观真实?"我们对这个问题的答复是,如果将发现真实中的"真实"比作是一个集合,那么其既有确定的元素,又有不确定的元素。发现真实中的"真实",如果是完全确定的,那么,发现真实将会成为一个僵死不变的教条,随着社会政治经济和民事诉讼模式的发展,发现真实的内涵将会万古不变,然而发现真实是办理民事案件的指南而不是金科玉律的教条。

如果真实的含义仅仅是客观真实的话,那么,就没有办法解释法律真实与客观真实基本重合的情况;就没有办法解释本来可以达到客观真实,但是我们因为主客观原因只能达到了法律真实,只能根据法律真实才能结案的情况;就没有办法解释在案件事实真伪不明时,根据举证责任的分配规则作出判决的情况。

发现真实中的"真实",如果是完全不确定的,那么,独立于人的意志之外的案件事实就不存在,案件事实就只存在人的意识中。也就是说,你说它存在就存在,你说它不存在就不存在。一句话,发现真实就变得根本不可能。

语词既不确定,又确定的模糊性,不仅在法学理论上如此,在哲学上更是如此。[51] 绝对真理与相对真理到底有什么界限?按照列宁的话说,真理的绝对性与真理的相对性界限,既不确定,又确定。说不确定,因为真理的绝对性与真理的相对性之间的界限,如果是确定的,科学就变为僵死的教条,就不能前进一步。真理的绝对性与真理的相对性之间的界限又是明确的,这就与不可知论划清界限。

不仅有些哲学术语具有既不确定又确定的模糊性,即使法律讲求明确具体,但是,也避免不了法律词语具有既不确定又确定的模糊性。例如,2015年

---

[51] 有时不清晰正是走向清晰的最佳路径,因为只有模糊才适合整体把握,这是东方式的思维。参见乔良、王湘穗:《超限战》,解放军文艺出版社1999年版,第188页。

《民事诉讼法司法解释》第一百四十五条规定,当事人一方或双方坚持不愿调解,应当及时裁判。这里的"及时"到底是确定的,还是不确定的。显然,这里的"及时",既不确定又确定。为什么是不确定的?因为最高人民法院之所以这样规定,目的是为了防止调解期限过短致使法官作出任意裁判或者调解期限过长而使调解期限的规定形同虚设,所以没有具体地规定如10天或20天的具体期限。调解的期限为什么是确定的?如果是具体个案,及时的含义就可以综合确定。例如,一方或双方不同意调解,或者在商定或指定的期限内不能达成调解协议,这里的"及时"就有了明确的含义。事实上,在民事诉讼中,我们经常遇到的合理期间、正当理由、一方当事人原因,乃至诚实信用、公序良俗、公共利益、正义,都是模糊与清晰的统一。

总之,真实是客观真实和法律真实的对立统一,在这个对立的统一之中,占统治地位的是客观真实,法律真实必须以客观真实为目标和方向。客观真实与法律真实的矛盾,只有通过贯彻实效主义和法律职业伦理来得到最大程度的解决。

五、辩证思考:对民事诉讼中发现真实的有关观点探讨

(一)唯心的真实

1. 不可知论的真实

不少的人认为,法官包括律师都不是当事人,不可能了解客观事实,客观真实根本不可能,我们只能做到法律真实。法官是人而不是神,人的认识能力的有限性,也无法保证对案件事实的认识,均能够达到客观真实。

这些说法值得商榷。存在第一性意识第二性这一马克思主义科学原理为查明案件事实提供了充足的理论依据,而且,案件事实发生后必然会留下这样或那样的证据材料,《民事诉讼法》规定的各项制度和措施又为查明案件的客观真实提供了坚实的法律上的保障。[52]

在人类出现之前,地球就已经存在,这是科学,是否定不了的。如果我们不承认诉讼前存在客观事实,就如同在人类出现之前地球已经存在的事实,没有办法确定,这显然与我们的科学知识相违背,甚至跟我们的司法实践相违背。因为,我们可以通过科学的证明手段和科学证据查明客观事实,如在民事

---

[52] 陈一云:《证据法》,中国人民大学出版社1991年版,第116页。

案件中使用测谎仪和亲子鉴定，在刑事案件中使用面部复原技术。[53]

案件事实是客观存在的事实，不以司法人员的意志为转移，证据也是客观存在的事实，并与案件事实存在某种客观的联系。法律职业人员只要借助证据与案件事件之间的客观联系，就有可能认识案件事实。

我们固然无法保证百分之百的案件都能够达到客观真实，但是我们要保证绝大多数的案件在现有条件之下能够最大限度地接近客观真实。如果我们确认这样的事实，法律真实在多数情况下（例如80% ~90%以上的案件），与实际发生的案件事实的基本情况相一致，与客观事实并不矛盾，仅仅坚持当事人主义都能使法律真实和客观真实相一致；在少数情况下（例如10% ~20%以内的案件）可能不一致，那么，我们追求客观真实就具有现实的可能性。人的认识能力固然有限，但也具有无限性。如果我们集中更多的司法资源，如果我们扩大并充分贯彻职权主义而不流于形式，如果我们对这个10% ~20%以内的极少数案件特别是涉及人身关系和公共利益的案件能够做到最大可能，乃至完全达到客观真实，那么，我们就可以实现"努力让人民群众在每一个司法案件中感受到公平正义"。如果做不到这一点，要想让人民群众在每一个司法案件中都感受到公平正义，那是不可能的。

总之，不可知论的真实理论客观上为不能解决实质问题的形式主义大开方便之门。

2. 不能被实践检验的真实

也有的人认为，法官面对的总是已成为过去的案件事实，法官既不可能亲自观察这一事实，也不可能通过实践去认识这一事实，诉讼中的事实最终要由法官认定。实践是检验真理的标准，但是这并不等于说，实践是检验人的一切认识正确与否的标准。一般来说，人们关于过去事件的判断性认识正确与否，就不能用实践进行检验。司法活动中对案件事实的认定就是一个判断性质的问题。实践不是检验司法证明结论或法院判决的标准。

这个意见值得商榷。如果人类的活动只有两种：一是认识，二是实践。如果过去事件的判断性认识正确与否，不能用实践进行检验；那么，只能通过认识本身来检验认识。但这与实际的司法活动相违背。要查明案件事实，法律

---

[53] 古人相貌复原技术现在日趋成熟，计算机辅助建立三维模型，在刑事案件侦破中该技术发挥了重大作用。参见未几：《面貌复原相似度有多高，高科技掀开古人面纱》，载《国家人文历史》，2014年第16期。

职业人员根据当初接触的证据材料或者当事人单方面陈述会形成一个初步认识,这是一个推论,为了检验这个推论是否正确,还需要在证据法的指导和规范下搜集调取其他的证据用以证实或证伪当初的推论是否正确。这里所谓搜集调取证据、判断证据证明力,看是否与当初的推论是否吻合就是实践。

实践的要义之一是,把客观的实践结果与主观的认识相比较,看二者是否一致。对案件事实的认定,如果主观符合客观,虽然这种对案件事实的认识不是真理本身,但这种认识属于真理性认识,也就是说,这种认识具有真理性。

不仅如此,实践的要义在于有意识的变革现实,改造世界。认定事实,适用法律是为了调整民事关系,而调整民事关系本身就具有变革现实,改造世界的性质。

证据法的作用不仅在于为认定案件事实提供指导,而且在于为适用诉讼法提供正确的规范。诉讼过程中,通过证据认定案件事实,并不是单纯的认识活动,同时还是具有法律意义的司法实践活动或者诉讼实践活动。[54]

如果除了认识和实践外,没有任何其他的人类活动;如果真理是人们对客观事物的正确认识,只有那些反映事物客观规律的正确认识才是真理;如果实践是检验真理的标准,而且是唯一标准;那么,实践也是检验真理之外的一般判断性认识是否正确的唯一标准。如果过去的事件,例如案件事实,不能由客观性实践只能用主观性的认识来检验,那么,地质学所叙述的地质的变迁,古生物学对灭绝生物的叙述,历史学对历史事实和进程以及原因的叙述,临床医学中医生通过研究病历和病人器官标本形成病人死因的研究意见,我们将没有办法用客观标准来检验这些叙述和意见也就是判断性认识是否符合客观实际发生的情况。这就陷入了过去虚无的泥淖。

总之,不能用实践检验的真实,这种理论的消极影响在于将会增加司法人员主观擅断的风险,客观上加大了民事诉讼中实用主义大行其道的风险。

3. 经验论和唯理论的真实

英美法系认为无法通过法律来约束陪审团的事实认定活动,所谓的真理,也尽是些支离破碎的经验,没有必然的正确性。与这个经验论相对的是大陆法系的唯理论,这个理论认为,理性主义并不依赖于感性认识,真理的标准是观点本身的“清楚明白”。

经验论、唯理论与辩证唯物主义到底应该相信和坚持谁的问题,在哲学上

---

[54] 樊崇义:《证据法学》,法律出版社 2003 年版,第 58 页。

早就解决。本文不再赘述。为什么要相信和坚持辩证唯物主义？陈先达教授的说法很有启发意义。想想导航和地图以及实际的地形和方位的关系就可以明白。我们不是因为有导航和地图才有实际的地形和方位，而是因为先有实际的地形和方位，才有导航和地图。科技的发展以及人民群众对科技的需求，使得导航和地图越来越精确，越来越接近实际的地形和方位。一句话，辩证唯物主义与历史唯物主义，可以让我们的思维客观化，可以让我们的思想符合实际，法治建设更有成效。

总之，经验论和唯理论为照抄照搬西方大陆法系和英美法系的诉讼证据制度提供理论根据。

（二）机械的或形而上学的真实

还有一种意见认为，法院的任务就是要发现实质真实，即实际的真实。民事诉讼中的证据学说都服从这个目的，客观真实原则就是要求法院采取他所能做到的一切办法来确定在客观现实上曾经发生过的案件实际情况，要求法院的判决确实是以从案件的真实情况中查明的当事人在真正的相互关系为基础的。

这种意见的积极意义是强调案件事实要符合客观真实，局限性在于忽略了具体案件的主观客观的现实的约束条件[55]，认识不到真实是客观真实与法律真实的对立的统一，更是忽略了诉讼法的终极目的是要实现法的价值，满足司法需求，以牺牲法的价值为代价，无限地追求客观真实不具有现实性，也没有必要性。机械的或形而上学的真实，不考虑人权的保护，不考虑诉讼的成本，不考虑时间的节点，片面地追求客观真实，将会导致我国终审不终，我国到底是不是法治国家国际上将会受到极大的质疑。这种意见还有一个缺点是，没有认识到相对真理在一定范围内、一定条件下包含着绝对真理的因素。同样，法律真实在一定条件和范围内具有客观真实的因素。认识论上，机械的或形而上学的真实已经早就为辩证唯物主义所扬弃。

民事诉讼对案件事实的认识，属于认识的一种，它既具有认识的一般属性，又具有自身特殊性。这种特殊性主要表现在认识过程上。在民事诉讼中案件事实发生后，调查收集审查证据，形成对案件事实的初步假设，如果内心还不确信是否成立，继续收集审查证据，对先前的假设，进行证实或者证伪，这

---

[55] 现实的约束条件有实体和程序两个方面：案件事实留下的证据太少，反映客观真实但取得方式非法或者形式违法被排除。

样反复多次，最后达到对案件事实的正确认识。同时，整个过程受具体的民事法律条文的指导与规范。需要认定哪些事实，要准备哪些证据，要证明到何种程度，在案件事实发生之前就有明确的法律构成和法律证明标准。民事程序法、证据法和实体法这种对案件事实的认识过程、方法和结果的指导与规范，与新闻领域中对新闻事实的认识过程有明显的区别。机械的或形而上学的真实值得商榷的地方在于没有认识到这种特殊性。

总之，机械的或形而上的真实，这种理论为不顾程序正义，不顾成本代价，还原所谓的“事实真相”极端行为提供根据。

（三）裁判者或司法人员的真实

也有的人说，多次咨询过从事民事审判的法官，裁判中认定的事实是客观事实还是法律事实，得到的回答绝大多数都是法律事实。无论是民事诉讼理论界，还是司法实务部门，现在已经几乎没有人再主张客观真实说了。因此，我们应当把法律真实作为民事诉讼的指导思想。

这个说法值得商榷。就裁判中认定的事实是客观事实还是法律事实这个问题，法官的看法、律师的看法、当事人的看法有可能是不同的。法官等公职人员由于办案期限压力，有可能在事实不清、情况不明的情形匆忙结案。[56] 为了结案率，减少自己的工作量等目的，主张法律真实，这是在情理之中的。当事人和律师最了解案件情况，他们希望裁判中的事实是客观事实。如果不是客观事实，自己的合法权利就可能得不到维护。保护合法民事权益，如果是民事诉讼的根本目的，那么，发现真实便理所当然地成为证据制度的根本目的。

还有的人说，民事案件不能满足于法律真实，这无疑是把民事案件的证明标准提高到刑事案件。

这个说法也值得商榷。民事案件不能满足于法律真实，它的含义包括两个方面。一方面，我们并不否认法律真实是民事诉讼要达到的标准。在大部分民事案件中，达到了法律真实可以视为达到了客观真实。因此，在现有条件下，如果穷尽当事人举证和法官辅助查证后只能做到法律真实，那么，这个法律真实可以说近似于客观真实。这一点与刑事案件的追求的客观事实标准有本质区别，刑事案件的标准不可能以法律真实为最低目标。另一方面，在民事案件中，法律真实只是最低标准，只是及格标准，要努力发现客观真实。在法

[56] 沈德咏：《最高人民法院民事诉讼法司法解释理解与适用》，人民法院出版社 2015 年版，第 438 页。

律真实与客观真实之间，越接近客观真实越好。因为发现真实是民事诉讼的前提与基础。如何接近客观真实？不仅有赖于奉献精神，因为，最大限度接近客观真实需要让渡办案人员时间和精力，本质上是资源的投入，利益的让渡，而资源的投入，利益的让渡需支出成本，需要情怀。而且，办理民事案件，如何接近客观真实要靠科学。思想方法要科学，办案手段要科学。

总之，裁判者或司法人员的真实这种理论可能会增加官僚主义，消极怠工主义的风险。

六、结语

无论是职权主义还是当事人主义，都是发现真实的制度安排。经济体制不同，职权主义与当事人主义的作用也随之不同。职权主义与当事人主义其实并没有优劣之分，都是发现真实的两种不同的方式，二者存在与经济体制是否相适应的问题。计划经济就不能实行当事人主义，市场经济就不能实行超职权主义，即使是职权主义也不行。

从制度演变的过程来看，无论是举证时限制度特别是证据失权制度、法院依职权调查收集证据制度，还是民事再审制度特别是调解书启动审判监督程序制度，职权主义正在不断加强，这符合我国尚未建立律师强制代理制度以及当事人和律师调查证据权力有限、手段薄弱的实际，也符合世界两大法系加强法院职权主义以便最大限度地发现真实，保障实质公平正义的潮流。在这种背景之下，过度地强调具有强烈的当事人主义色彩的法律真实显然是拖了时代后腿。

发现真实中的真实作为一个统一体，可分为法律真实和客观真实。从价值的角度来看，法律真实是为实现法的作用而存在的。法律真实是有限的，因为我们不能完全为了客观真实而不惜损害值得民事法律保护的正义、人权、发展和稳定等价值。从真理的角度来看，客观真实是法律真实的基础。我们固然不能不切实际地以客观真实作为最低标准，但我们也不能忽视客观真实是法律真实的源泉。相对于客观真实这一实质内容而言，法律真实是一种形式，形式要体现内容。相对于客观真实这一诉讼行为要达到目的所具有的绝对性而言，法律真实是一种标准和结果，诉讼结果尽量要达到目的，但因主客观原因有可能只能接近目的。相对于客观真实这一案件事实真相而言，法律真实只是对案件事实真相的近似的反映。

如何努力使法律真实达到客观真实？靠主观能动性和追求问题的实质解

决。主观符合客观的工作理念,兼听则明,偏听则暗的办案信条,多花时间,多花精力的奉献精神,走群众路线,多调查研究的工作作风,一个都不能少。一句话,要坚持能动主义和实效主义。

"努力让人民群众在每一个司法案件中感受到公平正义。"要实现这个目标,民事诉讼必须在每一个司法案件中努力达到客观真实,不能仅仅满足于法律真实。法律真实只是最低要求,在现有条件许可下,要穷尽各种手段,最大限度地接近客观事实。

History and Logic, Opposition and Unity: Analysis of Discovering Reality in Civil Litigation

Abstract: Throughout the development of civil litigation system, especially the system of civil evidence, in different historical periods, adversary system and authority principle are combined, which are unified in the discovering reality. Discovering reality in civil litigation has two characters: substantiality and inevitability, and objective fact and legal fact are the unity of opposites of dialectical relationship. Civil lawsuit can not only satisfy legal fact. To a certain procedures, a certain time and certain permission scope of cost, it should go beyond legal fact and strive to reach the objective fact. A lawsuit can be finished by Legal fact, but it is very likely that the case cannot be solved, so legal fact is only the lowest requirement. Closing to objective fact should adhere to the pragmaticism, should rely on the scientific thought method and the scientific method of handling the case.

Key Words: Patterns of Civil Trail; Incompetence of Evidence; Legal Fact; Objective Fact; Discovering Reality

(责任校对:吕宗澄)

为司法确认制度辩护

——对质疑的回应

周成锋*

摘　要:司法确认制度旨在弥补非诉调解协议效力上的不足,以充分发挥调解化解矛盾的功能。然有学者实证研究认为,司法确认无助于提高非诉调解协议的执行率,不但利用率不高,反而削弱了非诉调解协议效力,甚至认为该制度纯属多余。其实,这些观点误解了司法确认制度,该制度主要目的在于定纷止争,减少当事人诉累,节约司法资源,并不在于提高非诉调解协议的执行率。虽非诉调解协议的自动履行率较高,但仍有司法确认制度的存在空间,司法确认既可以赋予非诉调解协议法律效力,也可促成当事人达成调解。司法确认实际上增强了而非削弱了非诉调解协议的效力。司法确认申请率低、数量少的主要原因并不在于司法确认制度本身,况且这也不是认定该制度失败的依据。

关键词:调解　调解协议　司法确认　辩护

随着我国现代化建设的稳步推进,人们的利益需求不断增长、利益范围不断扩大,人与人之间利益冲突也在增加,各种矛盾纠纷凸显,进入法院的诉讼案件越来越多。尤其是2015年5月立案登记制全面推行以来,法院受理案件数量迅猛增长。据最高人民法院通报,2015年5月1日至2017年3月,全国法院登记立案数量超过3100万件,同比上升33.92%。其中民事案件同比上

* **作者简介**:周成锋,湖南省湘潭市中级人民法院工作人员。

升25.15%,河南等7个地区的民事案件增幅超过50%,陕西的增幅甚至高达86.46%。[1] 2017年法官员额制全面落地,全国法院法官减少近40%,2017年上半年全国12万名员额法官人均受理案件121.4件,人均审结案件74件。[2]法院案多人少的局势进一步严峻。另一方面,人民调解、行政调解、行业调解、商事调解等非诉调解蓬勃发展。寻求非诉调解化解矛盾、分流案件[3],得到全国人大常委会和最高人民法院重点关注,亦成为近年来司法改革的方向之一。

一、问题的提出

2009年7月,最高人民法院发布《关于建立健全诉讼与非诉讼相衔接的矛盾纠纷解决机制的若干意见》,首次规定人民法院可对非诉调解组织调解达成的协议进行司法确认。2010年8月,全国人大常委会审议通过的《人民调解法》进一步明确经司法确认的人民调解协议具有强制执行效力。2011年3月,最高人民法院通过的《关于人民调解协议司法确认程序的若干规定》(以下简称《司法确认规定》)对人民调解协议司法确认案件的管辖法院、受案范围、确认依据等作了更为详细的规定。2012年8月,全国人大常委会通过的《民事诉讼法》专节规定了司法确认程序。2016年6月,最高人民法院发布《关于人民法院进一步深化多元化纠纷解决机制改革的意见》和《关于人民法院特邀调解的规定》,再次宣示了非诉调解协议的司法确认程序,并新增委派调解达成的协议亦可申请司法确认。从上述文件的紧密性和连续性可知,全国人大常委会和最高人民法院均对司法确认寄予厚望,力图通过司法确认制度弥补非诉调解协议效力上的不足,以充分发挥非诉调解在化解纠纷上的独特优势。

然而,部分学者通过对司法确认制度的运行情况进行实证考察后,对该制度提出了反思。有学者2012年7月至2013年7月期间对湖南省多个地市的62名基层法官、103名街道和乡镇人民调解员进行访谈,认为司法确认制度既

---

① 参见罗书臻:《最高人民法院通报立案登记制改革两周年情况》,载http://www.chinacourt.org/article/detail/2017/05/id/2865490.shtml,2017年8月5日访问。

② 《最高法:全国法官人数少4成,今年上半年结案量同比升近1成》,载http://news.sina.com.cn/sf/news/fzrd/2017-08-01/doc-ifyinvyk3035848.shtml,2017年8月5日访问。

③ 虽然倡导非诉调解化解矛盾的意义不局限于给法院减负,但对于法院、法官而言,减少案件数量是切切实实的效果。

无必要也不可能提高人民调解协议的执行率。④ 有学者认为,该制度基本上处于闲置状态、备而不用,没有发挥预期的作用,不但利用率不高,加重了司法负担和执行负担⑤,反而在一定程度上削弱了人民调解协议的效力。建议将法院的司法确认权转移至司法行政机关。其主要依据在于司法确认申请率低、数量少。据其2012年对湘南某市基层法院的考察,2011年该市11家基层法院中只有4家基层法院共办理司法确认案件133件,占同期人民调解案件数(25167件)的0.5%,2012年1~6月只有3家基层法院共办理司法确认案件228件,占调解案件总数(28440件)的0.8%。有人对H省Z市9个县市区人民调解组织达成的调解协议办理司法确认的比例进行调研发现,人民调解协议司法确认申请率畸低:2013年9个县市区人民调解组织共达成调解协议5885件,进入司法确认程序的仅有9件,占0.1%;2014年达成人民调解协议5912件,进入司法确认程序的仅有5件,占0.08%。论者据此认为,司法确认制度实际处于"休眠状态""冰封状态"。⑥

笔者认为,上述观点对司法确认制度存在诸多误解,故就此展开辩护,以期达成共识,全力探索完善司法确认制度。

二、司法确认制度无意提高调解协议的执行率

有学者认为,就执行力而言,确认制度——希望借法院的执行力来提升人民调解(协议)的执行率——既无必要,也不现实。并反问道:人民调解协议一再遭到反悔后,如果提起诉讼极有可能遭遇"执行难"问题,为何司法确认后的人民调解协议到法院就独独不会遭遇"执行难"问题呢?"司法确认依旧不能提高人民调解协议的效力,不能解决人民调解协议的履行问题"。

---

④ 邓春梅:《对人民调解协议司法确认制度的一种冷思考》,载《湘江法律评论》,2014年第00期。

⑤ 参见廖永安、张宝成:《对我国人民调解协议司法确认制度的冷思考》,载《民事程序法研究》,2013年第2期。持类似观点还有:潘剑锋:《论司法确认》,载《中国法学》,2011年第3期;张晓蓓、廖小萍:《司法确认的实践困惑与情理反思》,载《董必武法学思想研究文集》(第十二辑)。

⑥ 参见侯敏娜等:《人民调解协议司法确认制度现实困境与出路》,载http://ylxfy.chinacourt.org/article/detail/2016/05/id/1850697.shtml,2017年8月5日访问。持类似的观点还有:郭正怀:《现实之困与求解之策——基于运行中的人民调解协议司法确认的实证研究》,载《湘江法律评论》,2015年第1期;肖锭:《新化县人民调解协议司法确认制度运行情况的调研报告》,湖南大学2013年硕士学位论文。

（一）司法确认旨在定纷止争

实际上，司法确认制度并不在于提高调解协议的执行率（上述论者所言的执行率实际上既包括自动履行率，也包括强制执行率），而在于定纷止争。普通的调解协议，尽管调解组织和当事人为达成调解做了大量努力，然而，只要一方当事人任意反悔，此前的努力即归于白费，辛辛苦苦达成的调解协议也成为一纸空文，当事人若要维护其合法权益，不得不另行诉讼或调解（鉴于反悔的先例，双方再行调解的可能性不大）。正是为了及时固定调解组织为达成调解所作努力的价值，固定调解协议的法律效力，我国才建立了司法确认制度。调解协议经司法确认后，具有两方面效力：一是固定协议效力，已经达成的调解协议不被轻易撕毁，双方的纷争到此终结，无需再行诉讼；二是强制执行效力，倘若一方拒不履行义务，另一方可直接向法院申请强制执行。固定协议效力与强制执行效力具有同时性：一旦调解协议获得司法确认，协议的效力就已固定，任何一方都不能轻易撕毁（双方同意不再履行的除外），同时又可作为强制执行依据；相反，调解协议经受理后未能获得司法确认，就意味着调解协议具有违法性或内容不明无法确认，此前的调解努力在法律上没有价值，此后也不能作为强制执行依据（自觉履行的除外）。

（二）司法确认可节省司法成本、提高执行效果

虽然在义务人拒不履行义务（含义务人在诉讼中以及强制执行过程中均拒不履行）情况下，不论是否办理司法确认，权利人最终都需要向法院申请强制执行，但经过司法确认的调解协议与未经司法确认的调解协议在执行中存在重大差异（如图1）：

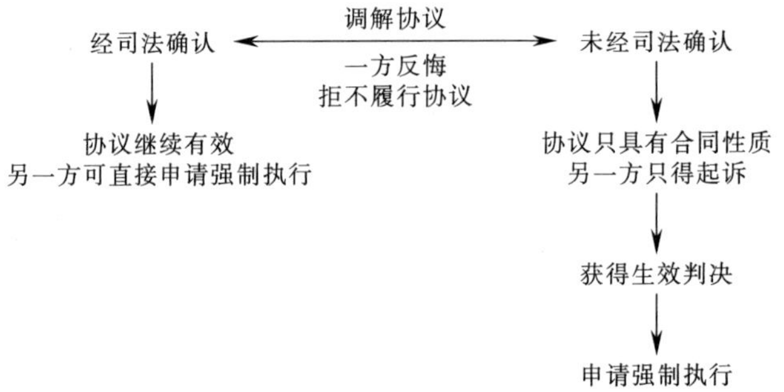

图1 经司法确认的调解协议与未经司法确认的调解协议的履行过程

一是诉讼成本。经司法确认的调解协议的权利人无需另行诉讼，而未经司法确认调解协议的权利人则需另行诉讼，因此司法确认既免除了当事人诉

讼之累,也免去了法院审理有关案件之苦,节省了司法资源。以某市为例,该市两级法院在2013年7月至2017年7月间共审结民商事案件62174件,平均审理期限为68.2天,而同期该市5家基层法院共办理司法确认案件298件,平均审理期限为3.5天⑦,前者所耗时间为后者的19.49倍。具体到医疗损害责任纠纷案件,则二者的差异更大:该市两级法院在2013年7月至2017年7月间共实际审结医疗损害责任纠纷154件⑧,平均审理期限为209.44天⑨,而该市5家基层法院同期办理42起医疗损害责任纠纷调解协议司法确认案件的平均审理期限为5.5天⑩,前者所耗时间为后者的38.08倍。倘若案件经过一审、二审,则二者的差异更大,这还不包括上诉期间、一审法院向二审法院移送案卷的时间。

二是执行效果(不同于自动履行效果)。经司法确认的调解协议可直接作为执行依据,一旦一方不履行责任,另一方就可立即向法院申请执行,执行启动时间早,执行效果相对较好。而未办理司法确认的调解协议不能作为执行依据,权利人需另行起诉并获得生效判决才方能申请执行,在此期间义务人极有可能隐藏、转移、挥霍、变卖财产或者遭受资产贬值的风险,即便权利人采取财产保全措施(一般需提供担保),其执行效果也相对较差。

不得不承认的是,倘若义务人在权利人办理司法确认后、申请执行前,就已转移、变卖财产,那么司法确认也无法避免执行难的问题。但在此种情况

---

⑦ 据统计,2007年3月至2012年7月,定西全市法院已受理诉前司法确认9643件,平均办案期限不到2天(参见李军、郑建军:《人民调解与诉讼的完美对接》,载《甘肃法制报》,2012年10月31日)。

⑧ 另有20件医疗损害责任纠纷尚未开庭也未进入实体审理就结案,故予以剔除。具体如下:调解结案17件(立案之日起15日内调解)、申请撤诉1件(立案之日起第22日申请撤诉)、按撤诉处理1件(立案之日起第17日以未交诉讼费为由按撤诉处理)、驳回起诉1件(当事人重复起诉被法院在立案之日起第27日驳回)。

⑨ 该期限仅指一个诉讼程序(如一审)所花费的平均审理期限,包含诉中司法鉴定时间。另据《广州医疗纠纷诉讼情况白皮书(2010—2014年)》显示,广州医疗纠纷一审案件受理周期远超普通民事案,案件集中的越秀、白云、天河和海珠法院,近3年医疗纠纷案审理期限平均在200天以上(《广州医疗纠纷案猛增 医患双方对簿公堂难调解》,载 http://www.chinanews.com/sh/2015/05-21/7293118.shtml,2017年8月5日访问)。

⑩ 据报道,北京市西城区人民法院2011年5月至2013年3月共受理医疗纠纷调解协议司法确认案件126件,全部得到确认,其中119起在协议签订当天即得到确认,其余7件司法确认的时间平均不超过7个工作日(参见田野:《西城医疗纠纷"三位一体"式解决》,载《人民法院报》,2013年4月1日)。

下，未经司法确认调解的协议履行效果亦是相同，因此，司法确认虽未优化但也未恶化调解协议的履行效果。

那么，义务人有无可能借办理司法确认之机转移、变卖财产呢？答案显然是否定的。一是法院受理司法确认需双方共同申请，既然义务人已同意申请司法确认，其转移、变卖财产的可能性较小。二是如果义务人确定不履行义务，其完全可以以各种理由拒绝办理司法确认，而后悠然地在权利人起诉前或诉讼中转移、变卖财产，而没有必要在司法确认期间（法定最长期限为25天）转移、变卖财产。三是一旦调解协议获得司法确认，义务人拒不执行，其很可能会被纳入失信被执行人员名单，可谓作茧自缚。

需特别强调的是，虽然司法确认制度客观上可能提高执行效果，但这并不是该制度的目的。司法确认制度也无意于提高执行效果（当然也不愿恶化执行效果），该制度的直接目的在于节约司法资源定纷止争。

三、司法确认制度并非多此一举

一名从事人民调解工作近20年的老司法所所长在接受学者访谈时称："我们地区人民调解协议的执行率一直很高，基本保持在98%以上。反倒是法院（执行力）让人不放心。确认制度要将（执行力）高的（人民调解协议）交由低的（法院）来审查，实在让人费解，这不是脱了裤子放屁——多此一举嘛。"此观点据称具有相当代表性。

（一）普通调解协议存在当事人反悔的风险

在当事人自动履行的情况下，无论是否办理司法确认，协议的履行效果都一样，从这个角度看，司法确认似乎显得多此一举。但是，司法确认的首要价值不在于提高履行效果，而在于赋予调解协议法律约束力，避免当事人再因此事发生纠纷——毕竟不能完全保证协议履行后当事人不再反悔，实践中也发生过调解协议的权利人在义务人履行责任后反悔进而起诉的情形。如某市5家医疗纠纷人民调解委员会（以下简称医调委）成功调处的1176件调解协议中，就发生了两起权利人在义务人履行责任后又起诉的案例：一起是某患者在亲属陪同下与医院达成调解协议，由医院一次性赔偿患者5.48万元，患者拿到款项后却以协议上的签名非其本人所签为由起诉至法院要求赔偿49万元。被一审法院驳回诉讼请求后，原告提起上诉，二审法院维持原判，该案一审耗费187天，二审耗费70天。另一起是某患者与医院达成调解协议并拿到40余万元赔偿款后，又向法院起诉要求撤销该调解协议并要求医院赔偿近110

万元，一审法院以调解协议适用农村赔偿标准有误、后期关节更换费用无明确数额为由撤销调解协议，判令医院赔偿患者约 55 万元（含已付款项）。判决后，双方不服，提起上诉，二审法院以相同理由判决医院赔偿患者 68 万余元（含已支付款项）。⑪ 该案一审耗费 265 天，二审耗费 95 天。因此，即便当事人自动履行协议，司法确认仍有其现实价值。

（二）司法确认可促成当事人达成调解协议

司法确认对双方达成调解也有促进作用，有的当事人正是考虑到有司法确认制度提供保障才与对方达成调解协议。“2013 年 8 月 2 日，歙县深渡镇漳岭山村村民朱某受雇于歙县深渡镇漳岭山村民委员会进行旧房拆除工作，因朱某在旧房拆除过程中不慎跌落受伤而发生赔偿纠纷，经镇政府工作人员多次调解，双方当事人均愿意达成调解协议，但又都害怕对方反悔，因此在调解协议上签字时犹豫不决。我院参加调解的深渡法庭负责人谢建徽，遂告知双方当事人，可以申请法院对调解协议效力进行司法确认，法院依法确认后，其调解协议具有和法院判决书等一样的法律效力，具有强制执行力，并告知了相关的申请程序及时限。随即朱某与漳岭山村民委员会达成调解协议，并于当日申请法院对于其双方达成的调解协议进行司法确认……法院对调解协议司法确认的行为受到了当事人、人民调解委员会及当地镇政府的一致好评。”⑫

从这则报道可以看出，虽然双方当事人均愿意调解，但又都害怕对方反悔，导致在调解协议上签字时犹豫不决，而经法官及时告知双方调解协议经法院司法确认后具有强制执行力，当事人才签署调解协议。倘若没有司法确认制度，本案当事人就极有可能拒绝签署调解协议。又如曹某与吴某之间因买卖发生的欠款纠纷，虽经调委会多次调解，但始终未能达成调解协议——吴某反悔怎么办？不按期赔偿怎么办？曹某顾虑重重。而正因为双方得知当地法院实行非诉调解协议司法确认制度，曹某与吴某才达成调解协议。⑬

---

⑪ 该案主要争议焦点是后期治疗费用。

⑫ 参见邓海金：《歙县法院发出首份调解协议司法确认裁定书》，载 http://www.newshs.com/a/20130906/00219.html，2017 年 8 月 5 日访问。笔者对受害者名字做了匿 名处理。

⑬ 参见刘谦、周龙：《“司法确认”让当事人减少诉累》，载《江阴日报》，2010 年 12 月 14 日。

(三)司法确认仍有存在空间

何况,前述老司法所所长也表示执行率保持在98%以上,这就意味着仍有部分调解协议(尽管比例不高)存在当事人不自动履行的情况,在此情况下,司法确认的作用就更加明显。前文已述,在此不赘。

四、司法确认制度并未削弱调解协议效力

有学者、调解员以及司法行政机关工作人员多次提及,司法确认制度实际上是提醒当事人,人民调解协议效力并不高,只要没有进行司法确认的调解协议都可以反悔,司法确认制度削弱了人民调解协议的效力。

笔者认为,该观点有待商榷。从效力上看,未经司法确认的调解协议只有民事合同效力,是否履行完全由当事人自主决定,倘若一方当事人反悔,另一方当事人就只能向法院起诉。而经过司法确认的调解协议具有强制执行力,一方不履行协议的,另一方可直接申请执行。因此,从法律上看,未经司法确认的调解协议的效力确实低于已获得司法确认的调解协议的效力。但不能据此认定司法确认制度贬损、削弱了(未经司法确认的)调解协议的效力。这显然是对司法确认制度的误解——不论是否存在司法确认制度,调解协议均只有民事合同效力。

据笔者对某市5家基层法院受理的司法确认案件调研得知,绝大部分当事人对司法确认的程序及效果均不了解[14](这也是导致司法确认申请率较低的原因之一),也就不存在司法确认制度降低了调解协议自动履行效果的问题。至少尚无证据证明如下事实:(未经司法确认)调解协议的责任方原本同意履行协议,但得知未司法确认的调解协议不具有强制执行力后,拒绝履行协议。即便存在上述事实,这也不应怪罪于司法确认制度——它并未规定当事人无需履行未经司法确认的调解协议,也未规定只有办理司法确认的调解协议才具有自动履行性,更未诱导当事人可以不履行、甚至禁止当事人履行未经司法确认的调解协议。当事人反悔完全在于其自身,部分当事人在签订调解协议时就未曾想要遵守协议(如前述权利人拿到赔偿款后又起诉的案例)。笔者善意地推断,调解员都希望调解协议能够履行到位,因此调解员向当事人介绍司法确认制度或引导办理司法确认时,不可能愚蠢地当着责任方的面指

---

⑭ 因此,向法院申请并提交材料的经手人基本上都是调解员,或者是调解员带着当事人一起去法院。

明未司法确认的调解协议不具有强制执行力、当事人可随意反悔这一客观事实。

五、司法确认制度:莫以数量定成败

或许有人会问,既然司法确认制度具有节省当事人诉讼成本、减轻法院工作负担、节约司法资源等优势,为何还会出现司法确认申请率低、数量少的情况?其实,这种观点陷入了一个误区:误认为司法确认制度与非诉调解之间、已司法确认的调解协议与未司法确认的调解协议之间是竞争关系,同时也误认为只有司法确认申请率高、数量多,司法确认制度才具有价值或者达到预期的效果。

(一)司法确认是对非诉调解的保障

司法确认制度与非诉调解之间是补充保障关系,即司法确认制度对非诉调解协议的效力进行法律确认,固定非诉调解协议的法律效力,而非取代非诉调解,或者挤压未办理司法确认调解协议。从法院的角度看,最理想的结果就是所有调解协议都能自动履行——这应该也是调解员最渴望的结果,毕竟法院办理司法确认案件需要司法资源——即便相对于普通诉讼案件而言显得微不足道。但是,现实中还存在当事人拒不履行调解协议的情形,为减少或者避免已达成调解协议的纠纷又转化为诉讼案件进入法院,我国逐步建立了司法确认制度。司法确认制度的目的不在于“打败”非诉调解或未确认的调解协议,也不争名夺利、不耀武扬威,更不好大喜功。虽然司法确认申请率高、数量多可说明司法确认制度的吸引力大、作用大,但司法确认申请率低、数量少除说明该制度的吸引力小之外,并不能证明该制度的作用小或者无作用。假如只有一份非诉调解协议未得到自动履行,只要当事人申请了司法确认并获得通过,那么司法确认制度就发挥了预期的作用;倘若99.9999%的非诉调解协议都能得到自动履行,只要剩余的0.0001%经过司法确认获得了法律约束力,那么司法确认制度就是成功。因此,不应以司法确认申请率高低、数量多少作为衡量司法确认制度成败的标准。

(二)司法确认具有成本低、收益高的特点

或许有人又会怀疑,若司法确认制度实施以来,法院只办理了一起确认案件,就说明司法确认制度的收益太低、收益远低于成本,那么该制度就没有存在必要。笔者认为,此种怀疑误解了司法确认的成本由来。根据《司法确认规定》,法院启动司法确认程序的前提是双方当事人共同向法院提出申请,法

院收到申请书后应在三日内决定是否受理。受理后，由一名审判人员进行审查，自受理申请之日起十五日内作出是否确认的决定。因特殊情况需要延长的，经院长批准可延长十日。双方当事人同时到法院申请司法确认的，法院可当即受理并作出是否确认的决定。实践中，司法确认案件一般由法院民事审判庭或派出法庭“兼职”审理⑮，法院并未安排专人专门办理司法确认案件。⑯“司法确认案件跟普通民事案件一样，由立案庭受理后移送至民一庭，再由庭长指定具体承办人，并没有确定哪个法官专门审理司法确认案件，实际上，每个民一庭的法官均可能分到司法确认案件。”⑰因此，在受理司法确认案件前，并无“司法确认法官”“守株待兔式”地等待案件到来，这也就避免了因没有司法确认案件或案件数量少导致法官“空转”的现象。换言之，在收到当事人申请、正式审查是否立案时，法院才开始在司法确认制度上投入司法资源，产生成本。⑱ 若某法院全年没有收到一起司法确认申请，那么该法院在司法确认制度上投入的成本为零。而一旦投入了成本，其收益往往是巨大的。以某基层法院为例，其在 2015 年至 2017 年 8 月上旬期间共受理司法确认案件 143 件，其中确认通过 141 件，不予确认 1 件⑲，当事人撤回申请 1 件⑳，司法确认

---

⑮ 也有法院将司法确认案件交由小额诉讼审判庭一并审理（参见赵春艳：《北京西城法院发布司法确认案件审理经验》，载《民主与法制时报》，2016 年 2 月 2 日）。

⑯ 笔者调研的某市 5 家基层法院均未安排专人审理司法确认案件，审理司法确认案件的法官同时也审理其他民事案件。

⑰ 访谈某基层法院民一庭法官。该院审判管理办公室的负责人也确认这一事实。

⑱ 此处的成本显然是指司法确认制度的运行成本，并不包括全国人大常委会或最高人民法院为建立司法确认制度所耗费的成本。

⑲ 其原因是承办法官认为本案存在虚假诉讼、恶意串通损害其他债权人合法权益的嫌疑。

⑳ 其原因是承办法官认为本案存在虚假诉讼嫌疑，要求双方当事人到法院接受询问，当事人予以拒绝，但表示愿意撤回申请。

通过率高达98.6%。[21] 这至少说明,该院避免了141个诉讼案件[22]——该院在同期内审理民商事案件的平均审理期限为74.5天,而办理上述司法确认案件的平均审理期限为5.5天!这还不包括当事人上诉后给二审法院增加的司法成本。

虽然还存在不予确认和当事人撤回申请的案件(尽管比例较低),在这些案件中,法院进行了审查、投入了成本,却没有获得收益,这些案件有可能转化为诉讼案件进入法院[23],但这属于必要的代价——为维护案外人的合法权益、法律法规或行政管理政策[24],法院不得不阻止涉嫌虚假诉讼或规避法律法规的调解协议获得法律约束力。这种代价的产生完全在于当事人恶意串通并且通过了非诉调解组织的审查。

根据《司法确认规定》,案外人认为经人民法院司法确认的调解协议侵害其合法权益的,可自知道或者应当知道权益被侵害之日起一年内,向作出确认决定的人民法院申请撤销。经查证,该院作出的141件司法确认案件中,尚无一起被案外人提起撤销之诉,这说明司法确认尚未产生额外的损害结果。当然,不能排除在以后的实践中会出现案外人申请撤销调解协议的案例,但这只能说明法院之前投入的成本未获得收益,法院的损失也仅仅是办理司法确认案件的成本。

因此,总体来看,司法确认制度处于"稳赚不赔"的地位:"稳赚",即一旦法院投入了司法成本,其收益远远超过成本(某法院用平均5.5天的司法确

---

[21] 经笔者访谈得知,如果当场发现当事人的申请明显不可能获得通过,如以物抵债协议存在明显的恶意串通嫌疑,立案庭法官会直接告知当事人并要求其撤回申请,这些申请就不会计入统计数据中。虽然法官审查这样的案件也耗费了一定的时间与精力,但明显是微乎其微。另据统计,某市16个基层法院从2011年至2013年期间共办理27327件司法确认案件,予以确认的比例为86.03%,不予确认的比例为3.62%,当事人撤回申请的比例为10.35%。

[22] 虽然这些纠纷不一定转化为诉讼案件,但谁也不能保证这些纠纷一定不转化为诉讼案件!何况实践中有(未司法确认)调解协议权利人在义务人完全履行责任后反悔起诉的情形。至少,司法确认给法院提供了一个保证——这些纠纷不大可能转为诉讼案件进入法院,如果当事人坚持起诉,法院就可简单地以已作出处理为由驳回。

[23] 在已经知晓法院态度的情况下,当事人也非一定会起诉。

[24] 有当事人出于规避房屋限购、机动车限号等目的而提起司法确认(参见马小龙:《人民调解协议司法确认程序中需重视的问题和对策》,载《人民法院报》,2015年3月25日)。

认时间避免了审理平均74.5天的诉讼案件);“不赔”,即当事人申请前,虽未产生收益,但也未投入成本。

六、并非多余的补充:司法确认申请率低的原因探析

行文至此,笔者的辩护意见已基本阐释完毕。但肯定有人好奇:原本既能减少当事人诉累,又能节约司法资源的司法确认制度,为什么出现司法确认申请率低、数量少的结果?其原因是什么?笔者承认,该情况确实存在。㉕ 据笔者对某市基层法院、司法局、医调委、调解员以及当事人的调研,并结合其他学者的调研结果,发现其原因是多方面的:

(一)部分调解协议本来就无需履行。多名医调委工作人员向笔者表示,他们调解成功的医疗损害责任纠纷,在近10%的案件中,医院不需要承担责任。有的调解协议也不存在财产履行的问题,如单纯的赔礼道歉。还有的调解协议,纯粹是为了固定事实。多名调解员向笔者表示:“有的当事人达成调解协议就是为了补强证据、确认事实,例如借款人没有打借条或者出借人找不到借条,出借人就与对方达成调解,确认借款事实,像这种案子,出借人根本就不是为了讨债而来的。”

(二)调解协议自动履行率确实较高,当事人认为没有必要去申请司法确认。调解员几乎一致确认经他们主持达成的调解协议自动履行率在90%以上,甚至几家医调委的工作人员表示经他们调解达成的协议的自动履行率达到100%。有学者对某市的考察亦得出相同的结论:人民调解案件自动履行的比例很高,当事人申请司法确认的案件确实较少。多名调解员向笔者表示,涉案金额小、可当即履行完毕的协议,当事人往往不会考虑去办理司法确认,只有涉案金额大且不能当即履行完毕的,当事人才会考虑申请司法确认。

(三)大部分当事人对司法确认不熟悉,误以为司法确认就是去法院诉讼。有的当事人出于各种考虑,如认为去法院丢面子、程序烦琐、周期长、执行难,不愿跟法院打交道。有的当事人对司法确认的程序、期限、需提交的材料以及司法确认的效果不清楚,认为司法确认太麻烦。有一名调解员坦诚地说:

㉕ 某市5家医调委从2012年至2017年7月期间共成功调解1176件医疗损害责任纠纷,而同期全市5家基层法院只受理了42件医疗损害责任纠纷的司法确认案件,司法确认申请率为3.57%。医疗损害责任纠纷一直是该市两级法院审理的民商事案件中最棘手的案件。

“司法确认的知名度还不如公证的知名度，很多当事人都没有听说过司法确认，但基本上都知道公证这回事——电视上彩票开奖时都有公证员在场。”由于当事人不清楚司法确认制度，或不愿跟法院打交道，申请司法确认的事情基本交给了调解员。而部分调解员抱怨司法确认立案难㉖、材料清单不明确需来回补交材料、法院审查标准严、部分协议条款违法就不予确认，加上调解员自己事情多，没有时间和精力办理确认，导致调解员办理司法确认的积极性不高。还有的调解员出于某种考虑也不愿去办理司法确认：“我主动建议当事人去办理司法确认，甚至帮当事人办理司法确认，当事人或者法院会怀疑我收了什么好处。”㉗

（四）部分当事人（主要是义务人）不愿给自己“加一道锁”。当事人达成协议往往是基于相互信任或者对调解员的信任，不愿再通过法院司法确认的方式来强化调解协议的效力，认为办理司法确认就贬损、破坏了之前的信任关系。还有的当事人（既有权利人，也有义务人）本来就不愿履行调解协议，办理司法确认反而堵住了反悔的路。调解协议司法确认文书上网和失信被执行人公示制度也降低了义务人配合司法确认的积极性。

（五）部分法官对司法确认存在误解，或者害怕出错而不愿意办理司法确认案件。某法院院长认为：“在当前案多人少的大背景下，普通案件都办理不完，哪里有精力和时间办理司法确认案件，最好不办理。”令人遗憾的是，该院长并未认识到，司法确认可以防止有关纠纷转化为诉讼案件进入法院。更多的是，法官出于对虚假诉讼的担忧也不愿办理司法确认。某基层法院副院长向笔者表示：“很多虚假纠纷协议做得很高超，例如民间借贷纠纷，有借条也有转账凭据，借款人收到银行转账后又通过现金形式还给出借人，双方都不说，你怎么审查出来？所以，为了避免虚假诉讼，我们要求立案庭谨慎受理以物抵债、民间借贷等可能存在虚假诉讼的调解协议司法确认案件。”

结论

司法确认制度旨在于定纷止争，无意于提高调解协议的执行率。虽然调

㉖ 一名调解员激动地向笔者抱怨道：“我有个案子，通过某调解员（某基层法院退休副院长）去办理司法确认，结果好几个月都没有结果。”经笔者向该法院查证，其实是立案庭法官认为材料不齐，当事人又未补齐，所以没有受理。

㉗ 至少有5名调解员向笔者谈到了这点。

解协议的自动履行率很高,但司法确认制度仍有存在的必要。司法确认赋予调解协议强制执行力并非削弱了调解协议效力。即便司法确认申请率低、数量少,也不能否认司法确认制度的价值。学界对司法确认制度的种种误解,需要及时澄清,以便于统一思想,全力探讨完善司法确认制度。

Defend for The Judicial Confirmation System: A Response to the Criticize

Abstract: The judicial confirmation system is in order to enhance the effectiveness of mediation agreement and resolve more dispute. However, there are some scholars argued that the judicial confirmation system does not help to improve the implementation of mediation agreement, not only the rate of application is low, but also the system weakened the effectiveness of mediation agreement, even the system is purely redundant. In fact, these scholars misunderstood the judicial reformation system, the main purpose of the system is to resolve dispute and save judicial resources, not to improve the implementation of mediation agreement. Even though the performance rate of the mediation agreement is high, the system still has its importance to make the mediation agreement to be legally and contributes to the parties to reach an agreement. The system actually has enhanced rather than weakened the effectiveness of mediation agreement. The system do not responsible to its low rate of application and the small number of cases, which is not the standard for the failure of the system.

Key Words: mediation; mediation agreement; the judicial confirmation system; defense

(责任校对:吕宗澄)

律师介入职务犯罪调查程序相关问题探讨*

黄小龙　章　浩**

摘　要:获得律师帮助权作为犯罪嫌疑人、被告人的基本诉讼人权,而《监察法(草案)》对于律师能否介入职务犯罪调查程序未予明示,学界对此具有较大争议。律师介入职务犯罪调查程序不仅是被调查人人权保障的需要,也有利于法制改革的协调,以及提升调查程序本身的正当性。而对于律师介入调查程序的可行性路径设计,宜从五方面予以把握:一是律师介入的前提,即是要求监察委调查程序分离;二是为避免被调查人在获得律师帮助上出现时限真空或断层,应坚持值班律师与委托律师并轨介入调查程序;三是律师介入时限点与介入深度;四是办案机关人员人为阻碍律师介入的救济;最后则是在律师介入调查程序的立法进路方面,宜选择指引性立法,使《刑事诉讼法》作为《监察法》必要的补充规范。

关键词:职务犯罪调查权　职务犯罪调查程序　律师介入

按照习总书记在十九大报告中描绘的监察体制改革蓝图,意味着监察体制改革已从个别试点摸索的阶段进入全面推广的新征程,同时也意味着监察体制改革由经验积累的时期迈入理性建构的新时代。2017 年 11 月 7 日《中华人民共和国监察法(草案)》(以下简称《草案》),向社会公开征求意见,《草案》的出台备受理论界与实务界的关注,特别是《草案》未明确监察委调查职

---

* 基金项目:衡阳市社会科学基金项目“监察委员会职务犯罪留置权监督制约机制研究”(2017D126)

** **作者简介**:黄小龙,南华大学经济与法学学院法律硕士;章浩,湘潭大学兴湘学院本科生。

务犯罪期间律师介入问题，引发学者们对于犯罪嫌疑人人权保障与权力法治的强烈担忧。同年12月22日，《草案》二次提交全国人大常委会审议，二审稿相较于一审稿虽有较大的改善，但仍未对律师介入问题予以回应。近年来在强化人权司法保障理念的指引下，司法改革不断推进，特别是值班律师制度的建立以及刑事案件律师辩护全覆盖试点改革，我国已基本实现了律师介入刑事诉讼全过程。而《草案》对于监察委职务犯罪调查期间律师介入问题未予以明确，这显然与我国强化人权司法保障的司法改革理念背道而驰。而对监察委调查权性质的准确定位，无疑有助于律师顺利介入犯罪调查程序，保障犯罪嫌疑人的基本权利，协调法规、制度之间的冲突，同时也有利于未来监察法的出台和完善。

一、监察委职务犯罪调查职权的性质定位

《草案》面世，学界再次激起千重浪。根据监察改革部署，监察委集行纪检等职权于一体，不同权能的整合以及立法《草案》对监察委权能性质未予明确，而从《草案》第十八条、第四十三条关于处置的规定来看，监察委对于违纪、违法行为可以径行作出处置决定，而涉嫌职务犯罪的，其必须移送检察院起诉。故对于监察委职务犯罪调查职权的属性研究有必要继续深入、明晰。

从学者已有研究成果来看，目前学者对于监察委调查职权的研究，存在求同去异型与求同存异型两种不同理论观点：

（一）求同去异型观点

这种理论观点立足于对监察委职权整体性进行研究。在此研究视角下，有如下一些观点：(1)认为监察机关性质接近于行政机关，其调查职权具有天然的行政权属性，属于行政权范畴；①(2)认为监察委的权能内容包涵行政调查权与职务犯罪侦查权，同时，其还能够对公职人员违纪违法行为调查结果作出实质性的处置，并且还可以采取具有刑事侦查性质的强制性措施，故主张监察委调查权力属于准司法性权力；(3)还有学者从监察委由人大选举产生角度出发，认定监察委调查职权是不同于传统“三权”的新型权力类型，是独立

---

① 相关文献参见徐汉明：《国家监察权的属性探究》，载《法学评论》，2018年第1期；张建伟：《法律正当程序视野下的新监察制度》，载《环球法律评论》，2017年第2期；马岭：《监察委员会与其他国家机关的关系》，载《法律科学》，2017年第6期。

于立法、行政、司法之外的第四种权力。②

上述观点试图从监察委职权整体性着眼，协调不同权力之间的差异，统一糅合各种不同属性权力于某一权属概念之下。这种研究思路虽有助于对监察委调查权的转隶与整合，但却忽视了职务犯罪调查与违纪、违法调查之间存在的异质性。如认为监察委调查职权属于行政权范畴，但是根据《草案》规定，监察委对于涉嫌职务犯罪的调查结果应移送检察机关起诉。这显然明确了职务犯罪调查应是与检察起诉程序衔接的，故监察委对于职务犯罪调查显然已具刑事侦查性质，因此主张其调查权属于行政性质的权力，在理论上难以自洽。而主张监察委调查权属于准司法性质的权力观点，也会面临同样的困境。根据《草案》规定，监察委根据调查结果可以分别作出处理、建议、问责、移送起诉处置决定，而除移送起诉处置决定具有司法属性外，处理具有党纪处分与行政处分性质，建议和问责也更偏于行政属性。主张监察委调查权属于第四权的观点，也同样面临监察委内部不同属性权力协调问题。

综上，求同去异型观点论者着重于追求监察委不同权力的整合，但却忽视了监察委内部不同权力之间的协调，同时也是以静止、孤立的观点来研究其职权属性，未能顾及到权力运行下法制统一协调的问题。

（二）求同存异型观点

此种观点主张监察委调查职权是综合性或混合性权力。认为“监察委是具有综合性的职能机构，其集行纪检职能于一体，故其职权具有综合性与混合性”③，监察委调查活动兼具有行政调查和刑事侦查的双重属性④，其调查活动并非简单的刑事侦查权或行政调查权所能涵盖⑤，其所进行的违法调查属

② 相关文献参见秦前红、刘怡达：《监察全面覆盖的可能与限度——兼论监察体制改革的宪法边界》，载《甘肃政法学院学报》，2017年第2期；焦洪昌、叶远涛：《监察委员会的宪法定位》，载《国家行政学院学报》，2017年第2期；李忠：《国家监察体制改革与宪法再造》，载《环球法律评论》，2017年第2期。

③ 韩大元：《论国家监察体制改革中的若干宪法问题》，载《法学评论》，2017年第3期。

④ 相关文献参见王超强：《论监察体制改革背景下监、检、法关系新构》，载《东方法学》，2017年第5期；秦前红、石泽华：《监察委员会调查活动性质研究——以山西省第一案为研究对象》，载《学术界》，2017年第6期。

⑤ 秦前红：《监察体制改革的逻辑与方法》，载《环球法律评论》，2017年第2期。

于行政性调查范畴，而犯罪调查则属于刑事侦查范畴。⑥

而相对来说，该种观点在承认监察委统一行纪检等职权的前提下，从权力运行的角度，对监察委调查权进行适度分离研究，在学界有较大的反响，可谓学界通说。从事实角度来看，监察体制改革整合行政监察、检察院两反等职能，加之与纪委合署办公，这就决定了监察委调查权的综合属性；而从规范角度观之，《草案》规定监察委四种处置形式包括处理、建议、问责、移送起诉，这也暗含了监察委调查权的综合属性，如处理具体表现为警告、记过、记大过、降级、撤职、开除等形式，其本质就是党纪处分或行政处分，可推断出相应调查属于违纪或违法调查；建议和问责则更偏向于行政属性，与其对应的便是行政违法调查；而移送起诉之前的调查则属刑事侦查性质。而正如陈越峰教授所言，“监察机关职务犯罪调查措施的性质是刑事侦查行为，应无疑义；对职务违法行为采取非刑事侦查措施，系行使行政性权力，也不难形成共识。”

综上所述，监察委调查权具有综合属性已基本成为学界之共识，而监察委职务犯罪调查权具有刑事侦查权的性质，也为大多学者所承认。如刘艳红教授虽认为监察委职务犯罪调查权不能与刑事侦查权简单等同，但其却具有刑事侦查权的实质；⑦徐汉明教授主张监察委职务犯罪调查权是一种复合性权力，但监察机关可以行使检察机关行使的某些刑事强制措施和刑事侦查权；汪海燕教授基于权力渊源、权力行使目的以及权力行使的具体方式等视角论证，亦主张监察委职务犯罪调查权其本质就是侦查权。⑧ 而从权力转隶前后职务犯罪案件的办案流程对比来看，职务犯罪案件由“立案→侦查→起诉→审判”转变为“立案→调查→起诉→审判”，整个诉讼程序环节并未缩减，只不过是办案主体的变更及侦查程序名称的变更而已。根据《刑事诉讼法》之规定，“犯罪嫌疑人自被侦查机关第一次讯问或采取强制措施之日起，有权委托辩护人”，监察委职务犯罪调查程序与刑事侦查程序具有同质性，而《草案》却未明确涉嫌职务犯罪被调查人在调查期间获得律师帮助的权利，难免落入了监察体制改革“只转权力而不转权利”的片面思维，这显然有悖于强化人权司法

---

⑥ 相关文献参见陈越峰：《监察措施的合法性研究》，载《环球法律评论》，2017年第2期；秦文峰：《国家监察体制改革背景下律师帮助权研究》，载《吉林大学社会科学学报》，2017年第6期。

⑦ 刘艳红：《监察委员会调查权运作的双重困境及其法治路径》，载《法学论坛》，2017年第6期。

⑧ 汪海燕：《监察制度与〈刑事诉讼法〉的衔接》，载《政法论坛》，2017年第6期。

保障的司法改革目标。

二、律师介入监察委职务犯罪调查程序的必要性

监察体制改革,旨在建构高效、权威的反腐机制,这既是当前反腐实践的需要,也是我国反腐法治化的彰显。然而效率与公正二者在司法实践中通常体现为此消彼长的关系。高效率反腐必然应以公平正义作为基础保障,“绝不能为了反腐而不择手段、不问是非、不计代价,从而背离法治原则和人权保障的底线要求”⑨。故为保障监察委职务犯罪调查职权高效、合法运作,同时保证其职权运行符合人权保障和程序法治原则,律师介入职务犯罪调查程序就成为必要。

(一)律师介入职务犯罪调查程序有利于保障被调查人基本人权

人权保障是当代国家宪法实施的重要内容,而“刑事法制则直接影响实践中宪法人权保障原则的实施状况”。⑩ 我国宪法和刑诉法都明文规定了国家尊重和保障人权。而刑事诉讼人权即是正当程序权,而其中较为重要的一项即是获得律师帮助权利。⑪ 纵览历史进程,正如田口守一教授所言,“刑事诉讼的历史就是被告人辩护权扩大的历史”。⑫ 被告人辩护权的历史发展大致历经了三个重要阶段,“被告人有权获得辩护→被告人有权获得律师的辩护→被告人有权获得律师有效的辩护”。⑬

获得律师帮助权作为犯罪嫌疑人、被告人的基本诉讼人权,《草案》未明确职务犯罪调查阶段律师介入,无疑是间接地否定了被调查人在具有侦查实质的调查阶段所享有的获得律师帮助的权利。而在监察委整个犯罪调查活动过程中调查权力的运行具有极强的封闭性,同时双方具有较强的对抗性,先天具有膨胀、侵蚀本性的公权力对被调查对象权利的不当侵害无法预料,孤立、孱弱的被调查对象的基本权利保障岌岌可危。而律师介入调查程序则对于提

---

⑨ 陈越峰:《监察措施的合法性研究》,载《环球法律评论》,2017 年第 2 期。

⑩ 皮勇、王刚:《我国宪法人权保障立法的发展与刑罚制度的进步》,载《法学杂志》,2013 年第 3 期。

⑪ 参见易延友:《刑事诉讼人权保障的基本立场》,载《政法论坛》2015 年第 4 期。

⑫ [日]田口守一:《刑事诉讼法》,法律出版社 2000 年版,第 89 页。转引自汤景桢:《论刑事辩护的普遍性和有效性》,载《云南大学学报》,2013 年第 1 期。

⑬ 参见陈瑞华:《刑事诉讼中的有效辩护问题》,载《苏州大学学报:哲学社会科学版》,2014 年第 5 期。

升被调查人的自我防御能力,防止调查权力的不当侵害,从而保障被调查人的基本权利具有极端的重要性。⑭

(二)律师介入职务犯罪调查程序有利于司法改革法治统一

根据《全国人民代表大会常务委员会关于授权最高人民法院、最高人民检察院在部分地区开展刑事案件认罪认罚从宽制度试点工作的决定》(简称《决定》),以及两高三部《关于在部分地区开展刑事案件认罪认罚从宽制度试点工作的办法》(简称《办法》)之规定可知,认罪认罚制度的设置目的便是为了"合理配置司法资源,提高办案效率",而《办法》并未对认罪认罚制度适用的刑事案件性质做限制性规定,也即是说,在试点地区对于监察委办理的职务犯罪案件也是可以适用认罪认罚从宽制度的,而根据两高三部《关于开展法律援助值班律师工作的意见》(简称《意见》)规定,在犯罪嫌疑人、被告人认罪认罚的案件中,是必须有律师参与的,并且《意见》还明确了律师职责是为自愿认罪认罚的犯罪嫌疑人、被告人"提供法律咨询、程序选择、申请变更强制措施等法律帮助"。

《草案》未明确律师介入监察委职务犯罪调查程序,将会面临悖论性困境:一方面是监察委职务犯罪调查程序中若不允许律师介入,或者说对于监察委办理的案件不适用认罪认罚制度,这无疑限缩了认罪认罚制度设置的立法目的;另一方面则是对于监察委办理的职务犯罪案件若适用认罪认罚制度,而没有律师的参与、在场,如何保障被调查人作出认罪认罚程序性选择的自愿性与真实性。总而言之,对于监察委职务犯罪调查案件,若不允许律师的介入,将会造成认罪认罚制度改革与监察体制改革之间的不协调。

(三)律师介入职务犯罪调查程序有助于增强调查程序的正当性

"正义不仅要实现,而且应以看得见的方式实现。"现代刑事法治不但强调裁判结果的公正实现,还强调过程的公正性。同理,监察委职务犯罪调查不应片面追求结果正义,还应重视调查程序的正当性。而律师的介入,则有助于提升调查程序的正当性。

首先,律师介入有助于平衡双方较大的力量差异悬殊,增强调查结果的客观性与公正性。由于监察委职务犯罪调查程序具有侦查程序的性质,而侦查程序是侦查机关积极、主动收集犯罪证据、查获犯罪嫌疑人为目标的活动。因

⑭ 律师介入侦查阶段的重要性详细论证。参见张中:《论侦查阶段的有效辩护》,载《当代法学》,2017年第6期。

而,监察委在司法实践中也就难免落入惯性思维,以治罪为目的,调查程序即沦为监察委单方面的行政治罪程序。而“一切有权力的人都会使用权力到极限”,调查程序中双方强烈对抗性以及力量的较大悬殊差异,致使调查结果的正义性遭受质疑。而律师的介入有助于提升被调查人的防御力量,平衡双方的力量悬殊差异,增强调查结果的客观性与公正性。

其次,律师的介入有助于监察委调查职权的规范运作,增强调查过程的正当性。阳光是最好的防腐剂,程序公开、透明已是现代法治国家权力运行的基本要求。律师作为社会力量介入封闭的调查程序,有助于监督监察委调查职权的规范行使。同时,律师作为被调查人的辅助力量,在一定程度上能够对强大的调查权力起到制约作用,促使调查职权在法治化轨道上正常运转。

三、律师介入监察委职务犯罪调查程序的路径设计

律师介入监察委职务犯罪调查程序,不仅有助于保障被调查人的基本权利,同时也有利于使调查程序获得正当性认同,符合法治原则。而对于律师介入调查程序之可行性路径,本文认为可以从以下方面予以尝试。

(一)律师介入前提:监察委调查程序分离

以往纪委调查、行政违法调查、职务犯罪侦查权力分属不同性质的权力机构,不同权力之间的不协调,导致实践中权力运行效率低下。在此大背景下,权力在于谋求合。故监察委的成立回应实践需要,整合行纪检调查职权于一体。而权力在合的前提下还应贯彻适度分离原则,即监察委内部调查职权运行应遵循调查程序分离原则。因为“在不同主体或者同一主体享有、行使多种不同权力时遵循程序分离原则,属于法律程序运行的基本要求。”⑮

而在监察委调查程序分离标准问题上,学者提出了不同的意见。如有学者提出以被调查对象为依据,按照违法犯罪程度不同分为一般调查和特殊调查,一般调查即是针对违反党纪法规行为的调查,而特殊调查是指针对职务犯罪的刑事侦查。⑯ 也有学者主张以刑事立案时点为标准,将监察委调查活动划分为调查和侦查两个层次,立案前的调查活动类似于检察院自侦案件的初

---

⑮ 冯俊伟:《国家监察体制改革中的程序分离与衔接》,载《法律科学》,2017 年第 6 期。

⑯ 秦前红、石泽华:《目的、原则与规则:监察委员会调查活动法律规制体系初构》,载《求是学刊》,2017 年第 5 期。

查权，而立案后的侦查则是比调查更深入的一个层次。⑰ 还有学者从证据证明标准角度提出，如果初步证据显示被调查者仅涉嫌违纪、行政违法，则调查时则采用纪检证据标准或程序、行政违法判断证据标准或程序即可；而若初步证据显示可能涉嫌职务犯罪的，则调查时应采用刑事犯罪的证据标准或程序。

而总体来说，上述学者的思路是具有启发性的，但又面临无论采用哪一单独的观点，都具有一定的片面性。因为按照程序分离的思路，首先肯定是对涉案证据的审查，在这一点上，刘艳红教授的观点无疑是值得借鉴的，即对证据的初步审查时一律采用最高标准——刑事立案证据标准，再不满足最高标准时才考虑违纪、违法标准。对于证据审查之后才是立案问题，对于满足刑事立案标准的就刑事立案；满足违纪、行政违法的分别就相应的立案。⑱ 只有立案后才可能涉及具体采用何种调查程序问题。因此，对于监察委调查程序适用区分问题应综合上述思路进行考虑：即首先证据初查→分类立案→程序选择。

当然，还有学者提出形式分离与实质分离的观点，所谓形式分离是指从立法层面分别予以制定不同的法律规定，实质分离则是指实践层面各调查程序不得程序混用。而《草案》的制定出台，无疑否定了所谓形式分离的观点。但实质分离的观点与本文主张较为暗合。如下图，图(1)是本文对监察委办案程序适用的大致设想，即首先案件进入监察委，由监察委立案部门对案件进行初查并进行相应的立案登记，再由其传送到相应的办案部门；其次，在各办案部门办案过程中，若需要案件移转，应上报到类似检委会、审委会的监察委内部决策的中枢机构⑲，由其负责决定案件是否移转其他程序，当立案部门遇到疑难、复杂等案件难以判明是违纪、违法还是犯罪时宜应上报，并由其审查决定案件适用程序；再次，案件最终调查结果亦应上报中枢机构，并根据调查结果作出相应的处置，涉嫌犯罪的，移送检察起诉，检察院对移送的调查结果进行起诉审查，认为需要补充调查的，可以退回补充调查，亦可自行侦查。

律师介入只是针对职务犯罪调查程序，故调查程序分离为律师介入犯罪调查程序提供了前提条件。

---

⑰ 参见石宇辰、周浩：《律师参与监察委职务犯罪案件调查不可或缺》，载《中国商报》，2017 年 4 月 27 日。

⑱ 这要求监察委内部必须建立完善的立案登记制度。

⑲ 中枢机构的设置与监察委调查职权的综合性息息相关，也与监察体制改革强化反腐效率的目的一脉相承。该机构的设置能够及时协调职能部门之间的程序转化，并作出最终决定，提高办案效率。

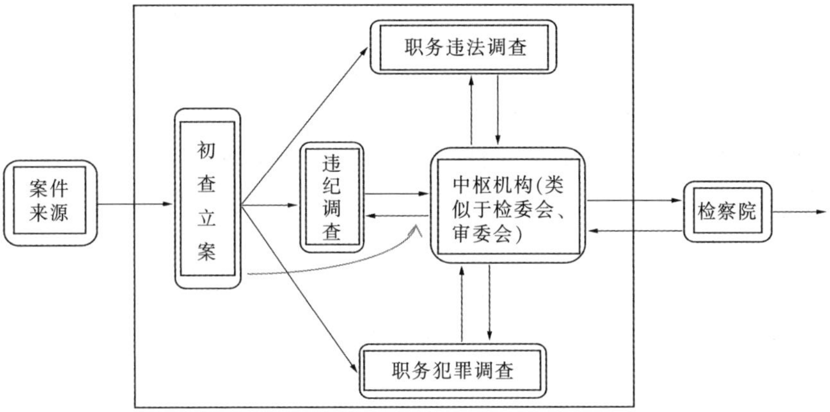

图1　监察委办案程序适用流程图⑳

(二)律师介入方式:援助律师与委托律师并轨介入

首先,法律援助机构应在监察委派驻值班律师,保障被调查人及时获得必要的法律帮助。根据2017年8月两高三部《意见》,其中就明确指出,“为推进审判中心改革,强化人权司法保障,切实维护犯罪嫌疑人、被告人诉讼权利,促进司法公正,法律援助机构在看守所、法院派驻值班律师,使没有辩护人的犯罪嫌疑人、被告人能够及时获得必要的法律帮助。”显然,监察委职务犯罪调查,也理应遵守人权司法保障的理念,充分保障被调查人的诉讼权益,尤其是获得律师帮助的权利。《草案》第四十一条规定,“监察委对被调查人采取留置措施后,除有碍调查的,应当在二十四小时以内通知被留置人所在单位或家属。”相较《刑事诉讼法》规定拘留措施“除无法通知或者涉嫌危害国家安全犯罪、恐怖活动犯罪通知可能有碍侦查的外,应当在二十四小时内通知被拘留人的家属”,《草案》规定留置措施通知家属的除外范围更为广泛,实践中极可能会导致大多被留置人员长期处于与外界隔离的孤立状态。而留置的时间长达三个月,特殊情况下可以再次延长三个月,为了保证被留置人员在此期间能够及时获得律师的法律帮助,值班律师的设立就成为必要。为此,未来的监察法应吸收值班律师制度,在监察委或留置场所派驻值班律师,充分发挥律师在监察委职务犯罪调查程序中的积极维权与纠错功能。㉑

⑳　在监察委内部机构设置问题上,还有学者提出了其他一些意见,具体参见冯俊伟:《国家监察体制改革中的程序分离与衔接》,载《法律科学》,2017年第6期。

㉑　类似主张参见陈光中:《制定〈监察法〉应贯彻人权保障原则》,财新网,2017年8月17日,http://china.caixin.com/2017-08-17/101131939.html,2018年1月7日访问。

其次,为保障委托律师顺利介入调查程序,监察委留置权与留置场所管辖权分离。监察委职务犯罪调查对象具有一定的特殊性,即都是公职人员。而根据《刑事诉讼法》第三十七条第三款之规定,“对于实施国家安全犯罪、恐怖活动犯罪,特别重大贿赂犯罪案件,侦查阶段辩护律师会见须经侦查机关许可。”故对于监察委调查的职务犯罪案件,律师会见是否需要获得监察委的同意,亦应以此为鉴,即对于特别重大的职务犯罪案件,律师会见须获得许可,而除此之外,律师会见原则上持三证即可。但即使是许可情形,最迟在调查终结前应允许律师介入调查程序,并与被调查人会见、沟通。而随着监察委办案常态化、法治化的需要,故留置场所宜专业化。[22] 为了保障律师顺利介入监察委职务犯罪调查程序,根据权力分工、协作原则,对于监察委留置场所的管辖权适宜由第三方行使[23],即监察委的留置权与留置场所管辖权分离。这样能够避免监察委留置权与留置场所管辖权一体化而对律师介入调查程序的不正当阻碍,即避免监察委将律师许可介入职务犯罪调查程序的情形扩大化,进而限缩律师介入调查程序的空间。

(三)律师介入调查程序的时限点及介入的深度

首先,对于律师介入职务犯罪调查程序的时限点问题,根据《刑事诉讼法》的规定,“犯罪嫌疑人、被告人自第一次被讯问或被采取强制措施之日起,有权委托辩护律师。”有学者就认为在职务犯罪调查程序中,律师帮助介入的时间不能简单与监察体制改革之前律师介入时间等同,主张律师从监察委调查程序一开始就介入,以保证被调查人的权益保护没有时空盲点。虽然该种主张有利于被调查人的权益保护,然而,由于监察委调查职权具有综合性,律师介入违纪调查、行政违法调查没有法律依据,故该主张值得商榷。本文赞同该观点主张律师介入应尽早的看法,但鉴于监察委各种具体调查措施适用也并非截然分离。因此,在不能完全根据适用的调查措施而区分调查程序性质的情境下。对于律师介入时限点问题,也应遵循程序适用分离的思路。即监察委对案件证据初查,确定涉嫌职务犯罪并予以刑事立案后,监察委针对被调查人员采取调查措施时起,即应明确告知其享有委托律师的权利,此时起委托

---

[22] 郭华:《监察委员会留置措施的立法思考与建议》,载《法治研究》,2017 年第 6 期。

[23] 如有学者主张将留置场所设于看守所。参见汪海燕:《监察制度与〈刑事诉讼法〉的衔接》,载《政法论坛》,2017 年第 6 期。

律师即可持证介入。当然,实践中被调查人被采取人身限制措施后,委托律师往往不能够及时介入,此时就不得不依赖于值班律师保障被调查人的权利。

其次,对于律师介入职务犯罪调查程序的深度,也即是律师在调查程序中享有哪些权利。根据《刑事诉讼法》第三十六条规定,"辩护律师在侦查期间可以为犯罪嫌疑人提供法律帮助,代理申诉、控告,申请变更强制措施以及了解涉嫌罪名和案件信息等权限"。学者对于辩护律师在侦查阶段享有的执业权利也在积极争取,如兰跃军教授主张律师在侦查阶段应享有六项权利:提供法律咨询、阅卷权、讯问在场权、调查取证权、代理申诉控告以及提出意见权利㉔,针对当前值班律师制度,许多学者还提出值班律师辩护人化的观点。本文认为,监察体制改革应遵循权力与权利同步转移的思路,职务犯罪调查程序中辩护律师的权利至少应与普通侦查程序律师的权利保持一致,值班律师也至少应享有《关于开展法律援助值班律师工作的意见》中所明确的权利。由于《草案》规定监察委适用限制人身自由强制性措施的单一性㉕,监察委办理职务犯罪案件留置措施无疑将会是惯用措施,而适用留置措施被调查人就会长时期被剥夺人身自由。因此应强调律师的调查取证权利,一旦律师收集到三类开示证据㉖,有利于监察委及时变更调查措施或释放被调查人,切实保障被调查人的人身自由权利。

(四)律师介入调查程序人为阻碍之救济

律师介入犯罪调查程序有两种方式,一是律师外部主动介入,二是被调查人申请介入。由于两种方式被拒对象所处环境差异,二者救济的可能渠道也有差异。故对两种介入方式的救济应有所不同。

首先,律师外围介入阻碍之救济。实践中,办案机关人为阻碍、拖延律师会见犯罪嫌疑人、被告人的情形屡见不鲜。而根据《刑事诉讼法》规定,"律师会见当事人,办案机关应及时安排,最迟不得超过四十八小时。"对于违规阻碍律师介入案件的情形,两高三部及中华全国律师协会于2017年5月共同出台《关于建立健全维护律师执业权利快速联动处置机制的通知》(简称《通

㉔ 参见兰跃军:《侦查程序被害人律师帮助问题》,载《时代法学》,2015年第5期。

㉕ 根据《监察法(草案)》规定,长时期剥夺、限制人身自由的调查措施,只有留置措施长达三个月之久,特殊情形下还可以再延长三个月。

㉖ 《刑事诉讼法》第四十条规定:辩护人收集的有关犯罪嫌疑人不在犯罪现场、未达到刑事责任年龄、属于依法不负刑事责任的精神病人的证据,应当及时告知公安机关、人民检察院。

知》)予以明确规定,“律师在执业过程中遇到办案工作人员阻碍其依法律师执业权利的,可以向律协申请维护执业权利;对于明显违反法律规定的,可以向办案机关及其上一级机关投诉,或者向同级及其上一级检察机关申诉、控告”。本文认为该《通知》规定完全可以适用于监察机关人为阻碍律师介入调查程序的情况,未来监察法的制定应吸收、借鉴《通知》的有益经验。

其次,被调查人要求律师介入阻碍之救济。由于被调查人身陷囹圄,其要求律师帮助,就必然由办案机关中转。如《意见》第一条就规定,办案单位应告知犯罪嫌疑人、被告人有获得值班律师帮助的权利,其或其家属提出申请的,办案单位应通知值班律师为其提供法律帮助。同样,被调查人申请委托辩护律师的,也仍需要办案单位进行转告。而对于被调查人申请律师帮助而办案单位未予安排或转达的,《意见》没有明确法律责任,这无疑对该条文的执行力大打折扣。由于被调查人因被限制人身自由等原因,相对来说,其可获得的救济途径更少,也更为困难。因此,为了保障被调查人律师帮助权,规范职务犯罪调查行为,未来监察法对此宜规定程序制裁机制,即对于被调查人申请律师帮助,而办案机关未予安排的,且被调查人或其辩护人对此调查行为存有异议的,宜宣布该调查行为无效。而为了落实程序制裁机制,同时保障调查程序的效率,还应配套规定被调查人申请律师帮助在案登记制度,即对于被调查人是否申请律师帮助,应实行案卷记录机制。以便事后被调查人对调查过程中是否申请并获得律师帮助存疑时,办案单位能够举证证明被调查人在调查过程中是否申请了律师帮助。

(五)律师介入调查程序的立法进路

《草案》对于律师是否能够介入监察委职务犯罪调查程序未予明示,关于律师介入调查程序如何立法选择。刘艳红教授立足于监察委调查权宏观立法角度,提出了两种立法思路:一是在《国家监察法》中设定指引性条款,即“本法对调查权运作的事项未作规定的,参照《刑事诉讼法》关于公安机关侦查的有关规定”,将《刑事诉讼法》作为律师介入调查程序的截阻规范。二是直接在《国家监察法》中对监察委调查程序作出细致性规定,从而使监察委调查权运行完全适用《国家监察法》。刘教授还认为虽然监察委职务犯罪调查权与刑事侦查权具有高度相似性,但基于反腐效率的要求及调查权与侦查权区分的需要,主张第二种思路,认为监察委职务犯罪调查权不适宜直接适用《刑事诉讼法》的规定。刘教授倾向于第二种思路,但本文认为将监察委调查程序完全与刑事侦查程序对立,这种方案值得商榷。

首先，从《草案》已有内容来看，《草案》立法规定也并未将两个法律系统完全隔离开来。从《草案》关于职务犯罪调查的规定来看，《草案》大都全盘继受了《刑事诉讼法》的相关规定，二者具有实质上的联系。如《草案》第二十九条关于技术调查措施的适用，与刑诉法一百四十八条关于技术侦查措施的适用并无实质差别；再如《草案》第四十五条规定，“检察院对于对监察机关移送的案件审查后认为需要补充核实的，退回监察机关补充调查，必要时可以自行补充侦查”。职务犯罪调查与刑事侦查并没有实质区别，《草案》对职务犯罪案件适用调查而不是侦查，本文认为二者只具有主体识别区分意义，即监察委办理的案件即是调查，检察院办理职务案件则是侦查。过度扩大二者的差别，没有任何意义，而且还会造成既有诉讼程序的混乱，不利于法治建设的推进。

其次，《草案》重新确立一套与《刑事诉讼法》相独立的法律系统，浪费司法资源。监察体制的改革目的之一就是追求司法效率，节约司法资源。《草案》关于职务犯罪调查程序规定，完全迁移《刑事诉讼法》中的检察院自侦案件的程序规定，会浪费大量司法资源，不符合经济立法原则，从大处来说，也有违监察体制改革的目的。此外，《草案》承认检察院还享有一定的侦查权，也就意味着未来《刑事诉讼法》的修订也仍会保留检察院办理自侦案件程序的规定，届时将会造成两部法律内容大范围的重复，不利于法制系统化。

综上所述，本文并不赞同刘教授将监察法与《刑事诉讼法》两套系统完全对立的立法思路，本文更倾向于第一种立法思路，即在监察法中规定指引性条款，这样即能够避免重复性立法，造成法制的混乱，同时也符合立法经济原则。而正如陈越峰学者所言，“律师的参与和代理基于当事人的陈述、申辩权，后者是程序正当的基本内容，故职务犯罪侦查案件的律师介入，就没有理由不适用《刑事诉讼法》的规定。”

结　语

在体制改革的进程中，权利保障决不能走回头路，监察体制改革不能落入“只转权力而不转权利”的片面思维。对于犯罪嫌疑人、被告人获得律师帮助权已由奢侈品转变为必需品的当下，切实维护其获得律师帮助的权利，既是人权保障的必然要求，也是权力运行法治化的内在需要。律师作为社会力量介入公权与私权的角逐过程中，既承担了公权法治化的见证者和推动者，同时还肩负了私权的维护者。因此，无论是基于推动公权的法治化还是私权的维护与保障，律师介入监察委职务犯罪调查程序都将是法治建设的应然结果。

The Discussion about Lawyers' Intervention for the Procedure of Duty Crime Investigation

Abstract: It's sbasic right for suspects and defendants who can acquire lawyers' help. Whereas, the "draft of supervision law" has no specified rules for the investigation procedure, which raised controversy. Only if lawyers intervene in the investigation procedure, the human rights for dependents are better to protect, the legal reform will be more efficient. There are five ways be designed for the procedure of lawyers intervene in the investigation. The first step, the supervisory committee should have a separated procedure. The second step, Watch bar and mandatory lawyers take part in the procedure together, insuring respondents can get lawyers' help sufficiently. The third step, the lawyers should be the limit of their involvement. The fourth step, the remedy for officials intervention. For the last, having a legislation – perfect, the "criminal procedure law" become the supplement of "supervision law".

Key Words: the right for duty – crime investigation; the procedure for duty – crime investigation; the intervention of lawyers

（责任校对：宋家骏）

死刑限制探源

——兼论死刑适用之首要条件“罪行极其严重”

全宏亮[*]

摘　要:死刑历来就是惩罚犯罪人的最严厉的武器,但是它自与国家一同诞生之日起就备受争议。至今为止,在废止死刑与否的问题上,学界的主流观点之间仍有较大的分歧,但综合各方面情势来看,死刑在我国目前尚不具备立即废除的条件,因此必须在逐渐限制死刑适用的前提之下,考察死刑适用的这一命题。其中,首先必须对死刑适用之首要条件“罪行极其严重”的定义加以明确,即犯罪行为的性质分别达到了客观危害性、主观非难性、人身危险性的最高程度。

关键词:死刑限制　“罪行极其严重”　客观危害性　主观非难性　人身危险性

死刑,作为国家使用的刑法所规制的最严厉的刑种,这一永久性剥夺行为人的生命,消灭其肉体的“恐怖武器”,自有史以来一直备受统治阶级的青睐和推崇。在我国古代奴隶制社会和封建制社会,刑罚中的死刑更是被统治者作为除异己、固政权的手段之一,加之政治上的王权宣传以及神权的迷雾笼罩,上至一国之主,下至普通民众,无人对死刑的效用、存在、价值等抱有质疑。由于死刑的内容在于彻底的、永久性的剥夺人的生命,使之在其上承载的一切价值得以消灭,因此死刑被认为是对人类的最严厉的刑罚。但是,自欧洲文艺复兴运动发生开始,西方资产阶级启蒙思想的广泛传播带给了人们关于人的价值的“再发现”,包括社会契约论和天赋人权观念在内,诸多理论学说影响

---

* **作者简介**:全宏亮,湘潭大学法学院本科生。

了一代又一代的民众,他们之中出现的学者像贝卡利亚、卢梭、洛克和康德、黑格尔从死刑的价值构造理论基础出发,分别利用社会契约论、自由意志论等论证了死刑存在的正义与否,以及国家是否有制定、实施死刑的权力。不同的观点碰撞出思想的火花,其中意大利刑法学者贝卡利亚于1764年的传世之作《论犯罪与刑罚》的问世标志着了一场关于死刑存废与否的大论战的发端。本文的行文逻辑就是从这场死刑存废之争出发,从两方论者各自的理论困境出发,并引出在我国限制死刑的实体进路,以及如何严格解释死刑适用的首要条件"罪行极其严重"。

一、死刑存废之争述评

(一)现阶段国内死刑存废争论主要的焦点

世界上废止与限制死刑的经验表明,在一国废止死刑绝不是能够简单执行的事情,它不仅仅受制于该国的政治、经济的发展状况,还与该国国民的文化观念、文化传统息息相关。在一个国家想要谈论死刑的存废,不可能脱离该国的具体国情,必须从实际的统计学数据和国民的感情出发,这样才不会使得理论陷于空洞的困境。现阶段国内关于死刑存废的争论,观点即便多种多样,但是基本上离不开的死刑是否正义、死刑是否人道、死刑是否必要以及死刑是否需要考虑民意三个方面。

本文将从学者讨论较多的"报应主义"和"功利主义"角度分析各自的理论困境。

(二)死刑废除论者的理论困境

在学术界中,大多数的报应主义者对于死刑都是持肯定的态度,虽然也有少数学者从报应论的角度论证死刑废除的可能性和必要性,但是基本上都没有人取得成功。① 有学者并不否定报应论本身,认为"刑罚的主要正当性根据就是报应"②却又同时认为,报应的必要手段和必然要求并不是死刑,因为报应说的是罪刑相适应,有什么样的罪行就有什么样的刑罚来惩罚,即讲究重罪重刑、轻罪轻刑。在这种观点的架构中,只要最终的刑罚和罪行均衡,即是完成了报应的实现。这种论证逻辑虽然具有形式上的合理性,但是仔细分析不

---

① 杰罗姆·柯恩、赵秉志:《死刑司法控制论及其替代措施》,法律出版社2008年版,第1页。

② 何显兵:《我国死刑废除论的理论困境》,载《学习论坛》,2009年第5期。

难发现,它自身内生的缺陷也相当致命:首先,包括黑格尔、康德等在内的报应主义大师都坚持对于预谋杀人这类极其严重的犯罪必须用死刑加以规制。他们认为生命无法比较因而无法用除死刑以外的其他刑罚替代之,这也是报应主义的内在逻辑;其次,这种观点把视野投向了司法环节的报应主义,但却忽视了立法阶段的报应主义的要求。此外,还有学者对报应论本身进行否定,认为刑罚的制定应当坚持教育刑、目的刑主义这超越了现有条件因而不具有可行性。

同样地,功利主义者自身的理论构建也有其困境所在。应当说的是,功利论者所持的死刑废除理论,是学界现在发展最为成熟的观点。③ 但是,由前所述,刑罚的首要根据是报应论,单纯地从功利论出发来讨论应当废除死刑,其立足点有重大疑问。“报应”概念来源于原始社会的报复行为,是原始社会“法”的产物。从现代文化人类学的角度出发,报应的思想深深植根于人的防卫本能,防卫侵犯性是动物和人类头脑中‘生而具有’的配备,作用在于保护自己,抵抗生存利益所遭受的威胁。埃里希·弗洛姆将侵犯分为生物学上良性的,有益于生命的侵犯以及生物学上恶性的,不合乎生存适应的侵犯。前者又被称为防卫侵犯,从根源上来说是在于保护人类自身的生存权益以及对人的价值的肯定,是当人遭受他人侵犯时感到自身权益与价值受损,进而产生的恐惧与愤怒,而这种恐惧与愤怒就是防卫侵犯的基本心理动因④。可见,人类的这种防卫性侵犯行为有着坚实的心理学和生物学基础。但是,由于恐惧与愤怒属于人类情感中的非理性因素,容易引起假想的侵犯等从而超过防卫的限度,造成对社会秩序的破坏,因此有必要对因防卫侵犯引发的冲动等不理性的因素加以限制,“报应”的概念由此滥觞。“报应”即是在诸多规则、程序的限制下,允许冲动在一定程度上得到宣泄,但是又通过正义、秩序、人权等诸多价值来消解不适当的报复冲动的方法。⑤

报应论者往往被人界定为“正义”价值的代表,而不是像一般预防论者那般重视秩序的构建,一般预防论者追求的是最大限度地减少犯罪的发生,这是

③ 郑海珍:《边沁功利主义死刑观》,载《安庆师范学院学报(社会科学版)》,2010 年第 4 期。

④ [美]埃里希·弗洛姆:《人类的破坏性剖析》,李穆等译,世界图书出版公司 2014 年版,第 78 页。

⑤ 何显兵:《死刑的适用及其价值取向》,中国人民公安大学出版社 2008 年版,第 59 ~62 页。

对秩序价值的维护。现在国内不少学者都认为，报应主义的基石和一般预防论不相容，甚至在一般预防论者内部意见也认为，报应论把惩罚犯罪当作惩罚的所有，即是为了“惩罚”而“惩罚”，其实是忽略了报应论经过长时间的发展，已经形成了一套较为稳定的，既能符合人类报复和惩罚的“冲动”本能，又能很好地维护社会秩序的规则。一般预防论者的“理性”建构已然破产。他们对自身理性的狂热迷信，本身就没有预见到人类理性的已知和未知的边界。⑥而报应论符合“秩序”价值的方式在于：报应论本身强调正义、公正等价值，即是“与某人以其应得之物”，这就使得社会上的每个成员都能得到公正平等的对待，有了较为稳定的预期。⑦

同样地，即使是从功利论的角度出发，也不能得出死刑应当废除的必然结论。

在国内外以菲利为代表的实证研究者对于死刑是否具有威慑力进行了大量的犯罪统计学研究，他们的研究过程往往是将死刑是否适用与一段时间内的犯罪率挂钩，想要论证死刑的适用并没有降低犯罪率，但其实这种实证研究得出的具体结论往往与选择相关因素密切联系，存在着很多的偶然性。⑧ 此外也还有一部分学者认为，不被一般预防论者的“理性”所容纳的激情犯罪者，死刑对于他们来说并非具有很强的威慑力。即使激情犯罪者不会畏惧死亡的恐惧而犯罪，也不能说明包括死刑在内的整个刑罚体系不具有威慑力，因为只存在极少数的罪犯而不是绝大多数的罪犯，在逻辑上就证明了刑罚的威慑力的存在。实证主义论者往往假定研究对象即整个社会上诱发犯罪的因素没有发生变化，只是由于死刑的存在刑罚的严厉性在上升，因而得出死刑不具有威慑力。由前所述可知，这种逻辑本身就是直不起腰的，哪个社会的犯罪诱因是静止不变的呢?

(三)死刑保留论者的理论困境

国内的大多数死刑保留论者，在用“报应主义”论证死刑的必要性的时候，多数都是简单地谈论死刑存在的必要性，而没有深入细致地划分报应主义

---

⑥ [英]弗里德里希·冯·哈耶克：《法律、立法与自由》(第一卷)，邓正来等译，中国大百科全书出版社2000年版，第72页。

⑦ [英]弗里德里希·冯·哈耶克：《自由秩序原理》(上)，邓正来译，上海生活·读书·新知三联书店1997年版，第83页。

⑧ [意]恩里克·菲利：《犯罪社会学》，郭建安译，中国人民公安大学出版社2004年版，第27页。

的"等量"与"等价"报应,这就导致在面对死刑废除论者的诘难时底气不足。以眼还眼、以牙还牙、以血还血就是等量报应观念,在同态复仇盛行的时代,等量报应成为了维护社会秩序的工具。这种等量报应观念也体现在戏剧作品《威尼斯商人》中,戏剧里的犹太人夏洛克设下陷阱,想要伺机报复宽厚仁慈的安东尼奥,欲从其胸口处割下一磅肉作为违约的补偿。虽然也有学者研究解读夏洛克的行为无可厚非地是现代"契约意识"的体现,但是纵观全剧,整个威尼斯城邦的法律并不能真正意义上的成为城邦成员保障自身权利的工具,而是化为了夏洛克和鲍西亚实现"血亲复仇"的手段。⑨ 而等价报复观念则是在历史进入到文明时代时才出现并逐渐替代了等量报应观念的。国内死刑保留论者在讨论死刑存废时,往往侃侃而谈、十分抽象,犯下了和死刑废除论者相同的错误,即是没有立根于当下的国情从实际出发进行研究,要不就是完全不从哲学、伦理学的角度去讨论,自证逻辑形而下,而这些都是不成功的论证。

而死刑保留论者中的"功利主义"者,通常也是一些实证主义研究者,倾向于从国内政治经济发展形势、利益分配格局等宏观角度,并使用统计学方法来论证死刑保留的必要性。需要指出的是,通过功利主义的进路我们不能得出死刑是否应该废除的准确结论,因为选择这条路径既可以得出需要保留死刑的结论,也可以得出需要废除死刑的结论,原因在于:废除死刑之后,可能导致罪犯失去了对于剥夺生命的恐惧;如果保留死刑的话,很可能犯罪人在实施根据刑法规定应当判处死刑的犯罪行为之后,选择继续作案、疯狂杀人,因为他们会想"杀一人回本,杀两人赚了",反而导致恶性犯罪大大增加。

由上述可知,两方论者均未能很好地解决自身的理论问题,都有着这样或那样的理论缺陷。事实上,在我国关于死刑的讨论虽然从未停止,但是都不甚充分,原因就在于这些理论没有结合具体的国情、语境和社会实际情况来分析。研究死刑的存废,必须坚持唯物史观的指导,这不是一个过去或者是将来的命题,而是现在的实实在在存在的,需要植根于中国内生的文化土壤,而不是照搬外国学者的学术成果。

死刑不是凭空诞生的,也不是只存在于少数刑法学家的理性王国中,为空中楼阁般遥不可及的。坚持唯物史观的导向,死刑与一定的社会土壤密切相关。经济生产方式的转变,以死刑和肉刑为主的封建制刑罚已不再适应新的

---

⑨ 冯伟:《威尼斯商人中的法律与权力哲学》,载《国外文学》,2013 年第 1 期。

社会生产需要。近代以来,大量的手工业者和农民破产被抛向街头,与此同时,经济发展又需要新的劳动力。在死刑存废的论战影响下,人们开始思考用一种全新的刑罚来替代死刑,近代自由刑便应运而生。可以明确地说,现代死刑与自由刑此消彼长的历史,就是一部自由刑逐渐替代死刑的发展史。

二、以严格限制为死刑废除的进路

经过几百年的酝酿和发酵,“废除死刑”的议题早已在世界上各国的刑法理论界占有一席之地。但是由于历史与现实的种种原因,中国对于死刑问题长期缺乏应有的关注,确切点讲正是在最近十几二十年的时间里,死刑问题在中国方兴未艾。

但是在这样的现状下,在“死刑废除”已经成为不可阻挡的趋势的时候,笔者认为,我国仍不能马上停止适用死刑来威慑和惩罚犯罪人。理由在于:首先,经济发展基础不足以支撑我国立即废除死刑。我国尚处在发展中国家阶段,在发展的过程中难免会遇到社会财富分配不均、贫富差距等诸多问题,这些问题的出现极易造成严重的暴力事件。在这样一个特定的历史时期,在人的价值还没有得到足够重视的时候,为了实现经济建设的首要目标,必须首先实现刑罚的报应目的。其次,包括民意风俗和内生文化积淀的社会基础尚未发展到成熟阶段能应对死刑废除之后的种种新情况。我国自古以来便崇尚死刑的作用,甚至直到现在仍有学者对于死刑的作用“迷信”不已,更别说一般民众。在政治领域承认死刑的作用的前提下,废止死刑尚不具有现实的急迫性。再次,我国现有的治安形势不允许废止死刑的适用。在国家大力推进和谐社会建设的宏伟目标下,仍有部分地方的严重暴力犯罪依然猖獗,对人民群众的生命财产安全和社会秩序的稳定构成严重威胁。如果现在就废止死刑,会使得一些犯罪分子更加肆无忌惮,有恃无恐,社会治安可能进一步恶化。[10]

在保留死刑的大前提之下,通过严格限制死刑的适用,最终达到实际上罢黜“死刑”,才是我国应对死刑问题的最佳进路。当前,我国关于死刑设置的立法条文仍然过多,2015 年 11 月 1 日刑法修正案(九)实施后,刑法中保留死刑的罪名由原来的 55 个罪名减少到 46 个。继刑法修正案(八)减少 13 个死刑罪名、保留 55 个死刑罪名之后,历经三次审议、于 8 月 29 日获全国人大常

---

⑩ 王稼祥:《当代死刑适用标准研究》,法律出版社 2015 年版,第 2 页。

委会会议表决通过的刑法修正案(九)再减少9个死刑罪名,即由原来的68个死刑罪名减少到46个。其中,刑法修正案(九)取消了走私武器、弹药罪、走私核材料罪、走私假币罪、伪造货币罪、集资诈骗罪、组织卖淫罪、强迫卖淫罪、阻碍执行军事职务罪、战时造谣惑众罪九个死刑罪名。

我国两部刑法修正案所取消的死刑罪名大都是实务中适用较少的或者纯粹的经济类犯罪。虽然说,从立法层面上对限制死刑进行操作能够起到即时有效的效果,但是相较于其他控制手段来说,立法的程序较为复杂,对死刑使用立法控制仍存在着许多不便。实务也同时证明了,从立法上限制和减少死刑是一种最为理想的缩减甚至废止死刑的途径。虽然在立法上控制死刑能够起到立竿见影的效果,但是由于立法程序较为复杂,通过立法来规制死刑有诸多不便之处。由前所述,立法者在立法过程中,不仅要考虑形势的发展,还要根据民众强烈的报应观念以及民意的承受能力来确定自己的立法理念。在民众对死刑尚有较高的期望、司法者对于死刑有较多依赖的情况下,无法在立法方面采取更为激进的举措。相比之下,死刑的司法控制可以在一些方面发挥到比立法控制更好的作用。

在中国加入的有关国际公约中,有许多条约都对死刑适用的条件和程度都提出了严格的限制,这也对我国限制死刑的使用提出了更高的要求。严格限制死刑不仅是实现刑罚人道性的必由之路,也是坚持刑罚预防功能有限性的必然结果,它可以实现刑罚的综合目的,防止死刑的误判。

从犯罪学视角来看,犯罪是一种复杂的社会现象,是人类学因素、自然因素以及社会因素的综合产物,犯罪只能被控制,而不能被消灭。犯罪学理论对于"犯罪"的界定,当然包含了纯粹刑法学意义上的犯罪,即狭义上的犯罪。它是对刑法规范的违反。但当以整体性的视角考察犯罪时,显然就不应单纯局限于刑法意义上的犯罪。犯罪是一种社会法律现象,犯罪既属于法律范畴,又属于社会学范畴。[11] 既然犯罪有其产生的客观原因,从某种意义上来讲也即有其存在的意义,从其自身的特殊性出发研究遏制犯罪产生的各种因素,思考惩罚和防范犯罪的对策,才能达到预期的司法成效。

三、"罪行极其严重"的判断与界定

当前,在国内有关死刑存废的讨论方兴未艾。而严格限制死刑适用,逐渐

---

⑪ 张旭、单勇:《犯罪学研究范式论纲》,载《法学评论》,2005年第4期。

减少死刑的实际适用已成为共识。在此基础上,充分考察死刑适用的条件,尤其是首要条件"罪行极其严重"是非常有必要的。在司法控制的实体进路上,"罪行极其严重"作为适用死刑的首要条件,必须得到准确的判断和理解,这既事关死刑适用范围的大小,也联系着适用死刑的正确与否。毫无疑问的是,对于"罪行极其严重"的内涵与延伸的争论在理论和实务界都从来没有定论。经过理论界多年的探究,虽然得出了较为丰富的学术成果,但实际上并没有出现较为统一的通说。各说各话,流派林立的现状不免会使得关于死刑存废的讨论更加复杂,而关于死刑适用之首要实质条件的"罪行极其严重"的含义也扑朔迷离。

1997 年《刑法》的颁布,成为我国学术界关于死刑适用首要条件之"罪行极其严重"解读的开始。至今为止,这方面的工作也从未停歇,由此产生了不同种类的观点。根据学者所理解的"罪行极其严重"的含义中所含基本内容的多少,笔者认为,可以将学界有关观点整理如下(见表 1):

表 1　罪行极其严重不同观点

客观标准说	第一种为客观标准说。该说认为"罪行极其严重"是指行为人所实施的危害社会的行为对国家和人民的利益造成特别严重的危害,或是行为人的犯罪情节特别恶劣。犯罪行为对社会所造成的侵害程度是认定"罪行极其严重"的基础,在认定严重程度时应当从行为人所犯罪行的性质和犯罪行为所造成的严重后果两个方面进行考量,当行为人所实施的犯罪行为与刑法中规定有死刑的条款相一致,且造成了极其严重的后果时,方能适用死刑。
"罪大恶极"说	第二种为"罪大恶极"说。该说认为"罪行极其严重"同时含有"罪大"与"恶极"两方面的层次。"罪大"指的是犯罪的客观危害性,体现了社会对犯罪行为的一种客观意义上的评价;"恶极"是指行为人在犯罪过程中所表现出来的主观恶性和人身危险性极其严重,是对行为人进行的一种主观心理态度上的评价。
主客观相统一说	第三种为主客观相统一说。该说认为"罪行极其严重"不仅要求行为人的行为对法益造成了极其严重的侵害后果,社会危害性程度特别严重,还要求行为主观上具有积极追求这种结果实现的态度。判断是否属于"罪行极其严重",应当从犯罪行为所造成的客观危害是否极其严重和犯罪分子的主观恶性是否极其严重两个方面进行判断。因而,从该说的观点出发,"罪行极其严重"指向的是犯罪性质和危害结果必须同时满足"特别严重",情节特别恶劣或特别严重。

续表

罪行为主、主观恶性为辅说	第四种为罪行为主、主观恶性为辅说。该观点认为“罪行极其严重的”界定,虽然需要从主观方面和客观方面来进行综合考量,但二者在其中的地位和作用不同,在对“罪行极其严重”进行判断时,应当坚持以罪行为主、主观恶性为辅的原则,在这一评判过程中,最终天平的砝码是应当倾向于罪行这一客观方面的。
“三要素”结合说	第五种为“三要素”结合说。该说认为“罪行极其严重”应当从三个方面进行理解:首先,“罪行极其严重”从主观方面表明行为人是蓄意实施犯罪行为,且通常具有某种不为社会所接受的卑鄙的动机或目的。其次,“罪行极其严重”从客观方面造成了极其严重的侵害结果,这种结果应当是造成了他人死亡或者与造成他人死亡具有等价值的后果。最后,必须根据通过对行为人罪前、罪中、罪后一系列因素的考量,表明行为人具有极大的人身危险性。

其中,对于“客观标准说”,无疑的是该说忽略了行为人的主观恶性方面,而主观方面无论是在刑法条文的规定还是司法实务定罪中都是不可或缺的一部分,因而在考察犯罪人的主观态度时具有局限性。“‘罪大恶极’说”“主客观相统一说”“客观为主、主观恶性为辅说”三种观点都属于“二元论”,它们的不同之处就在于对于罪行严重程度的不同理解,虽然都具有一定的合理成分,但是因为将影响罪行严重程度的因素的范围被不恰当的界定,因此还是有其内在的缺陷。本文赞同三要素“结合说”,基于限制死刑适用的立场,必须将尽可能多的考量因素纳入其中。储槐植教授的“客观危害性作为适用死刑的一般标准,而主观恶性、人身危险性作为个别化标准”的观点也说明了,为了实现对死刑适用的限制,有必要在司法认定上从紧掌握标准,我们有理由认为储槐植教授也是“罪行极其严重”的“‘三要素’结合说”的支持论者。有学者还认为,在适用死刑问题上考虑人身危险性是不妥当的,理由在于可能突破“罪行”的含义,破坏了刑法条文的逻辑。事实上,将人身危险性纳入“罪行极其严重”的解释视野中,并不违背刑法条文的整体逻辑,因为人身危险性本身就是一个实务性的界定标准,在判断人身危险性的大小时也有一套较为明确的指标。只有将客观危害性、主观非难性、人身危险性综合起来考察,方法论上才没有谬误。

此外,上述几种学说的具体内容,不同学者有着不同的理解,因此“罪行极其严重”的表述尚有些笼统,明确性也不足。为了准确判断犯罪人的行为是否达到“罪行极其严重”的程度,须对其进行含义的明确。在前述的严格限制死刑适用的进路下,必须采用限制解释的解释方法来解读"罪行极其严重"的含义,即"罪行"是指犯罪行为,"极其严重"的当然含义应当同时包括客观危害性、主观非难性以及人身危险性。

死刑的适用是刑罚裁量程序的一种,其应有之意即是对于已然发生的罪行进行定罪之后的量刑。据此,我国刑法对死刑适用的"统领性"条文所规定的"死刑只适用于罪行极其严重的犯罪分子"中的"罪行"就是指已经发生的罪行。所以,"已然之罪"也应当是指同时具有客观危害性、主观非难性和人身危险性的行为。

根据犯罪构成理论中的"双阶层"理论,犯罪行为必须同时具有主观非难性和客观危害性。其中,客观危害性是指行为被评价为犯罪所必须具备的客观上危害社会的属性,也即法益侵犯性。犯罪行为必须具备侵犯他人法益的性质才可以称其为犯罪行为。行为的客观危害性只是成立犯罪的基础,只有在可将该行为归责于行为人时,使得行为人能因此遭受法律上的否定评价时,该行为才成立犯罪,此即主观非难性。换言之,主观非难性是指行为人应实施犯罪行为而由此产生的与法相对的可被法规范所谴责的意志。只有在能够实施适法行为的场合,行为人实施了客观上具有危害性的行为,才能表明行为人对法规范的对立意志,才具有主观非难性。而人身危险性是指行为人再次实施侵害他人、社会和国家利益的行为的属性,它本身是一个"可能性"的性质,但是可以通过设置一系列规范标准进行判断和界定。换句话说,可以通过行为人的个人情况和行为表现来判断行为人人身危险性的大小。⑫

通过上述分析我们可以得出,"罪行"的内在属性就是:客观危害性、主观非难性和人身危险性。因此所谓"罪行极其严重"的含义便可以合理参照得出,即罪行的客观危害性、主观非难性以及人身危险性,也即指犯罪性质和人身危险性均达到了最高程度。

(一)客观危害性达到最高程度

什么样的程度要求才能使罪行达到"极其严重"程度呢?这需要"罪行极其严重"所要求的第一层含义:客观危害性和主观非难性均达到最高程度。客观危害性达到最高程度主要表现在,首先,该犯罪行为必须具备达到了致使他人死亡或者相当结果的发生的犯罪性质;其次,该犯罪行为必须造成被害人死亡的实害结果或者与造成被害人死亡严重程度相当的其他结果。由于生命

⑫ 张健:《死刑适用之实质条件研究》,西南政法大学2013年博士学位论文。

无价而具有的不可分性，只要发生了侵犯生命的犯罪行为，并且导致了被害人死亡的结果，行为的客观危害性程度便没有本质不同。换句话来说，只要产生了致使被害人死亡的危害结果，就可以忽略犯罪手段、对象、犯罪的时间、地点等因素对判断行为客观危害性是否达到最高程度的影响。

犯罪性质体现在被犯罪行为所侵犯的法益。法益指的就是，根据宪法的基本原则，由法所保护的、客观上可能受到侵害的人的利益。⑬ 简言之，就是受法律所保护的权益。保护法益是刑法的目的，刑法分则条文规定了法益的内容不仅包括人的生命、身体、自由、财产、名誉等，还包括建立在个人利益之上又能还原为个人利益的社会利益和国家利益，如公共安全、国家安全等。一般来说，犯罪的客体是犯罪行为直接侵害的对象，但是并不是所有的犯罪中都有具体指向的实体可以充当犯罪对象，因此提出"法益"这一概念实属必要。伯恩鲍姆在其《论有关犯罪概念的权利侵害的必要性中》提出，"在法上归属于我们的'财'应当由法规加以保护"的思想，发明了"法益"的概念，其旨在反驳质疑费尔巴哈将犯罪视为侵犯"主观权利"的观点，试图取代费尔巴哈的"权利"。费尔巴哈认为，犯罪行为不仅仅是对"法律"的违反，还是对受害人的权利的侵犯。伯恩鲍姆则指出，该观点虽然可以解释诸如杀人等传统犯罪，却无法从权利的视角对一些并未侵犯任何个体权利的行为作出合理的解释，比如"反伦理和反宗教"罪。自此，"法益"概念在刑法学姐流传至今，从黑格尔学派到宾丁学派，从耶林的目的法学派到李斯特的法益理论……⑭犯罪性质是由被犯罪行为所侵犯的法益来体现，一般而言由于生命的价值不可估量，所以不同的生命之间无法进行具体比较，但在价值位阶上可以认为，生命法益 > 财产法益 > 其他法益。

为何笔者要选择从犯罪性质的角度来考察罪行的客观危害性呢？因为对生命的侵犯只是犯罪行为的客观危害性达到最高程度的必要条件，但是，因此而得出所有"侵犯生命的犯罪均具有最高程度的客观危害性"的结论并不正确，因为差异性也存在于故意的杀人行为中，而这些差异性也会导致行为的客观危害性不同。

犯罪结果是衡量行为客观危害性大小的重要因素。犯罪结果是体现犯罪严重性的最为直观的因素，又称危害结果、危害后果，一般而言犯罪结果指的

---

⑬ 张明楷：《刑法分则的解释原理》，中国人民大学出版社 2004 年版，第 5 页。

⑭ 张明楷：《法益初论》，中国政法大学出版社 2000 年版，第 1 页。

就是狭义的危害结果，即刑法意义上的行为后果。犯罪结果的意义在于，它是在一切犯罪中都起着区分罪与非罪、区分犯罪停止形态以及影响量刑轻重的因素之一。犯罪结果是反映了客观危害性的事实现象，而根据我国刑法的罪责刑相适应的基本原则，刑罚应当与行为人所犯罪行和应承担的刑事责任的大小相适应，而适用死刑则必须满足罪行的客观危害性达到最高程度，即必须达到被害人死亡或者与被害人死亡的结果相当程度的犯罪结果。

（二）主观非难性达到最高程度

犯罪手段、犯罪对象、犯罪的时间、地点主要影响主观非难性的程度，主要作为量刑层面的因素被考虑。行为人实施了侵犯生命的犯罪行为并且致使被害人死亡，只是表明了行为的客观危害性达到了最高程度，这并不意味着我们不需要对犯罪人的主观非难性进行判断。但需要说明的是："主观非难性"指的是行为人应实施犯罪行为而由此产生的与法相对的可被法规范所谴责的意志属性，所以必须对所有影响主观态度的因素加以考量，这也是应有之义。犯罪手段、对象、犯罪的时间、地点甚至犯罪的目的、动机等，均是犯罪构成中的主观构成要件的内容。

行为人的责任能力是静态的评价系统，与之相对应的故意和过失两者作为过错形式，则是在行为中的责任能力的动态体现，是主观非难性的主要根据，毕竟没有主观上的过错就不能从主观层面对行为人进行否定评价。"故意"的责任形式按照不同的分类标准可分为直接故意、间接故意、择一故意、未必故意等，其中最主要的形式就是直接故意和间接故意。直接故意指的是明知自己的行为必然或可能发生危害结果的情况下，依然积极追求并最终导致该危害结果的发生的心理态度，体现了行为人对刑法的敌对情绪；间接故意指的是行为人在明知自己的行为可能发生危害结果的情况下，放任并最终导致该危害结果的发生，这体现了行为人对刑法的轻蔑情绪；过失形式分为过于自信的过失和疏忽大意的过失，但无论是疏忽大意的过失还是过于自信的过失，行为人均对危害结果的发生持排斥的态度。行为人在自身能够履行必要的注意义务却没有的情况下，导致危害结果的发生，体现了行为人对刑法的漠视态度。这些态度就分别反映出了行为人在实施犯罪行为时自身的可非难性。可以直接指出的是，就主观非难性的程度大小而言，直接故意 > 间接故意 > 过于自信 > 疏忽大意。

既然"犯罪故意"是所有设置了死刑的刑法分则条文所规定的主观责任形式，似乎就没有必要再对"犯罪故意"作为应有的构成要件配置加以论述了。其实不然,原因在于:第一点,在基本犯罪构成的死亡加重情节(结果加重犯)存在的场合下,行为人对于该死亡结果的主观心态,有可能既是直接故意、间接故意,也可能是过失心态,而行为人的不同主观心态所体现出的主观非难性程度当然是不同的;第二点,在基本行为已然造成被害人死亡的场合下,行为人对于死亡结果的心理态度既可能是直接故意,也可能是间接故意。显然,直接故意和间接故意对于行为人主观非难性程度的影响也是不同的。直接故意与间接故意都属于“犯罪故意”的范畴,从认识因素上看,二者都明确认识到自己的行为会发生危害社会的结果;从意志因素上看,二者都不排斥危害结果的发生,但是在认识危害结果发生的程度和对危害结果发生的心理态度上两者有明显的区别。

犯罪动机是指刺激行为人实施犯罪行为以达到犯罪目的的内心起因或者内心冲动。⑮ 行为人实施不同的犯罪行为是在不同的犯罪目的的指引下进行的,而不同的犯罪目的确定也分别是遵循着不同的犯罪动机的。不同的犯罪动机对主观非难性程度的大小有显著的影响,如果行为人出于义愤杀人、“劫富济贫”过程中失手杀人和为了非法占有他人财物杀人的相比,后者所体现出来的主观非难性程度明显要大于前者。

综合以上,行为人的主观非难性程度达到最高的标志就是,具有直接故意的责任形式,且犯罪目的、犯罪动机极其卑劣,手段特别残忍。

(三)人身危险性达到最高程度

对于人身危险性的含义,我国刑法理论界目前有以下几种观点:(1)狭义说。该说认为人身危险性是通过对行为人主观恶性和反社会的倾向加以评估,以确定行为人的再犯可能性。(2)广义与狭义区分说。该说认为人身危险性是指犯罪行为的人将来再次实施犯罪行为的可能性。具体而言又可以分为广义的和狭义的人身危险性两种。广义的人身危险性包括初犯可能性和再犯可能性两层含义,行为人曾经犯罪、受过处罚将不再成为前提。狭义的人身危险性仅指的是受过刑罚处罚的人再次实施危害社会行为的可能性,即再犯可能性。(3)新广义说。该说认为人身危险性指的是初犯和再犯可能性,其中初犯可能性不仅仅指向的是行为人本人,而是指由于其犯罪行为的传染导致其他人的犯罪。

---

⑮ 高铭暄、马克昌:《刑法学》,北京大学出版社、高等教育出版社2016年版,第123页。

应当认为,广义与狭义区分说是最贴合人身危险性的本来内涵的学说。狭义说虽然认为人身危险性指向的是初犯可能性,但是将人身危险性的主体仅限在有刑事责任能力的主体以内,忽略掉了无刑事责任能力的人和限制刑事责任能力的人;新广义说将他人的初犯可能性也纳入行为人的人身危险性中,已然偏离了人身危险性的本来内涵。

对“罪行极其严重”的衡量,不仅要考量犯罪性质是否极其严重,还要考虑危害后果以及行为人的人身危险性是否极其严重,这也是我国刑法基本原则的罪责刑相适应原则的要求,是贯彻刑罚个别化精神的要求。

在适用死刑的过程中,我国法律实务界往往会轻视对行为人人身危险性的考察,而只注重刑法的规定和犯罪的实质结果。但人身危险性作为行为人再犯可能性的判断,其依据的是行为人以往的人生经历、犯罪前科、在犯罪过程中所表现出来的主观恶性的大小等,在一定程度上体现了对犯罪分子进行改造的难易程度。有学者认为,如果在死刑适用的考量上纳入行为人的人身危险性无疑会使得本就标准不明的死刑适用变得更加难以捉摸。笔者认为,虽然人身危险性在如何界定和解释上具有一定的模糊性,但是也不是完全无法把握。对于行为人人身危险性的判断标准上,可以从以下两个大方面进行考察:

第一,行为人的个人情况。行为人作为人类个体的基本情况包括生物学因素和心理学因素。生物学因素包括:行为人的年龄、性别,年龄影响着行为人的生理和心理发育成熟程度,一般来说未成年人的心理和生理发育不成熟,反社会性较小,可塑性较强,因此人身危险性较小;成年人的思想发育完全,生理特征成熟,作案时大都经过深思熟虑,对于犯罪的反社会性质较为了解,甚至有些惯犯、累犯,难以改造,因而人身危险性较大;老年人由于年迈体弱,行为能力差,因而再犯罪可能性较弱,其人身危险性较小。相比之下,性别对于行为人的人身危险性影响没有年龄因素直接,行为人的性别差异大多是通过影响行为人的心理和体力的差异造成的。心理学因素包括:行为人的目的、动机等心理需要、行为人的兴趣所在、行为人的性格气质、行为人的思想观念等。这些和行为人个人有关的社会环境一起,属于行为人的个人情况。

第二,行为人的行为表现。行为人的个人情况在刑法上只能通过其行为表现才能得到评价,因为行为人的个人情况都是“中性”的,在行为人实施其犯罪行为之前无所谓好与坏。行为人的行为表现包括其罪前、罪中、罪后的表现。所谓行为人犯罪前的行为表现指的是其是偶犯还是惯犯累犯、是初犯还是再犯，是否存在其他违法违纪行为、犯罪的记录等。行为人是惯犯、累犯，在罪前具有违法违纪、犯罪现象，可以据此认为行为人的人身危险性较大。相反地，若行为人在罪前遵纪守法、没有其他犯罪记录，且是初犯、偶犯，则可以认为行为人的人身危险性较小。所谓行为人罪中的行为表现指的是行为人在实施犯罪行为的过程中表现出来的犯罪行为的严重社会危害性和行为人的反社会性。一般来说，行为人罪中的行为表现可以通过犯罪性质、犯罪的动机目的、犯罪的手段、犯罪的对象等方面体现出来。例如，行为人出于义愤的动机而杀人就比预谋杀人的行为人身危险性小，行为人对老弱病残和妇婴等犯罪表现出较大的人身危险性。行为人在犯罪后的行为表现，一般指的是行为人在犯罪行为完成后是否有自首、立功、坦白、积极赔偿受害人及其家属、积极退赃等情况。如果行为人在犯罪后有上述表现，又真诚悔罪，则表明行为人的人身危险性较小，相反，如果行为人犯罪之后为逃避惩罚畏罪潜逃、毁灭证据等，则可以认为其人身危险性较大。⑯

以上各方面的表征因素提供了判断评价人身危险性大小的基本依据，但尽管如此行为人的人身危险性的定量和定性仍然是一个复杂而又难以把握的问题，不仅因为行为人的人身危险性是由影响因素共同反映和表现的，这些因素本身就是不确定的，还因为"人身危险性"本身也是一种可能性概念，在考察和分析的过程中就必然涉及主观性的评价问题，这也给达确定一个较为科学和完备的评价行为人人身危险性大小的模式增加了难度。因此，判断人身危险性是否达到"最高程度"的标志比较模糊，但可以确定的是上述各方面的表征因素可以反映出行为人"较大的"人身危险性的边界在何处，即行为人的成年状况、对犯罪的认知情况、行为人的犯罪情况等。在实务中要认定行为人的"人身危险性"达到最高程度，按照本文上述的分析，应当是具备成年的年龄状况、正常成年人的认知状况且是累犯、惯犯，或者犯罪前具有大量违法乱纪记录、性质严重，犯罪后无悔改表现的……综合考察了所有可以纳入"人身危险性"指标内的因素，才可以得出行为人的人身危险性达到了最高程度的结论。

言论于此，可以得出如下结论，判断行为人的罪行严重性达到最高程度的表现为：在客观危害性方面，行为人的犯罪行为达到了致使被害人死亡或者相当的危害结果；在主观非难性方面，责任形式为直接故意，犯罪动机、犯罪目的

---

⑯ 王奎：《论人身危险性的评价因素》，载《政治与法律》，2007年第3期。

及其卑劣，犯罪手段特别残忍；至于人身危险性方面，需综合考察所有的因素，一般来说可以“设定”一个理想化的犯罪人，即具备成年的年龄状况、正常成年人的认知状况且是累犯、惯犯，犯罪前具有大量违法乱纪记录、性质严重，犯罪后无悔改表现的。法官在量刑时只有同时考虑被告人的行为的客观危害性和主观非难性以及罪前、罪中、罪后等体现犯罪分子人身危险性的情节才是综合考量、严格控制死刑适用的进路。⑰

Inquiry The Source of The Limitation of Death Penalty

——The Primary Condition of The Application of The Death Penalty “The Extremely Serious Crime”

Abstract: the death penalty has always been the harshest weapon to punish the perpetrators, but it has been disputed from the date of its birth with the country. So far, on the issue of whether or not to abolish the death penalty, there are still large differences between the mainstream views of academia, but the situation is that we have no conditions to abolish the death penalty in our country currently and therefore we must review the proposition of the death penalty under the premise of gradually limiting the application of death penalty. And firstly, we have to define the definition of the most important condition of the death penalty “extremely serious crime”, that is, the nature of the crime has reached the highest degree of objective harm, subjective criticism and personal danger.

Key Words: The Limit of Death Penalty; “Extremely Serious Crime”; Objective Harmfulness; Subjective Impossibility; Personal Danger

（责任校对：凌艳怡）

⑰ 夏勇：《死缓适用条件之反思——以“李昌奎”案为例》，载《法商研究》，2013 年第 1 期。

法学茶座

Teahouse of Law

法官是如何审案的？

——一个基层法官视野中的司法理念与裁判方法

李小伟*

一

同一对象，不同群体会提供迥异的观察视角。“法官是什么样的？”这一问题，观察者身份不同，对其主观认知势必不同。在法学教授以及传承了其学术思想的法学院学生来看，理想中的法官，应是类似于提出“法律的生命在于经验而非逻辑”的霍姆斯、“像艺术家娴熟驾驭庭审”的卡多佐，又或类似于刚刚离世的“保守主义、文本主义以及原旨主义”的美国最高法院斯卡利亚大法官那样的精英化人物。从中国官媒来看，简便诉讼程式、就地审判的马锡伍，工作方式灵活、以情服人的陈燕萍，或辨法析理、胜败皆服的宋鱼水等善于走群众路线的亲民型法官，才是其推崇的先进法官。而对当下普通民众来说——他们人数众多，但法律素养相对不高，包拯、狄仁杰这些戏文里所描述的脸谱化清官或许才是其心目中的完美法官。但法官，在当下到底是什么样的形象？他们在实践中是怎么判案的？本文就以一个基层法官的视角自我素描一下。

首先，介绍下笔者所处的背景。这里是北京——国际化大都市，也是政治、文化乃至法律研究重镇的郊区；其经济水平在辖区处于中游偏下，以农业为主；辖区内有平原，但主要是山区；辖区规模适中，正是我国现代小城镇的代表。笔者所处的基层法院，距离东郊民巷——我国最高司法机关——也就一百多公里的物理距离。但其间间隔的司法审级有四级。这是一个相对典型又不如朝阳、浦东等法院闻名的地方——正如现代中国法治化进程中司法机关的一个缩影。

---

* **作者简介**：李小伟，曾当过律师、法官，现在某机关从事法律实务及研究工作。

笔者本科、硕士均毕业于我国法学界所谓的“五院四系”,科班出身。本科毕业通过司法考试,当过两年多的执业律师;后经过公务员考试进入法院,从事书记员这一职业两年多,又通过预备法官考试以及为期一年多的业务培训,被任命为助理审判员,开始承办案件。现已独立办案四年多,每年审理200~300件民事案件,并有幸通过遴选成为员额法官。身份和所处场域的普通型,在一定程度上也意味着观察视角上的普遍性。

二

每每提及当前我国的法院裁决,学界和社会或有不屑。其所比对的,多是英美诸国引为经典的案例。国外法官的裁决可敬,中国法院的裁判可笑,这是许多公众对当下法院的简单评价。

有法院自身的弊病。以刑事案件来看,“佘祥林案”“呼格吉勒图案”等二三十年前因“严打”等运动式执法而被“从重从快”“公检法三司会审”且被判极刑的案件被重审、改判。公众透过媒体所截取的案件信息感叹当年司法过程的简陋与荒诞。裁决结果的尴尬与反转,令法官群体无可辩言。就民事而言,社会所讥讽的,无非是法院这一应宣引社会风尚的场所却在一定程度上沦为社会道德下滑的推手。当下,许多普通人认为是“彭宇案”的“荒唐”推理导致了当下社会中“摔倒无人扶”的道德境况。① 再比如“流浪猫案”,许多学者认为裁判结果背离常理常情。“即使不从艰深的学理角度予以探讨,就从社会的一般智识经验判断,这样的判决是否能够经得起公共道义和善良风俗的检验,结论也是十分清楚的。”②而行政案件,在中国这以“官本位”为传统的国度,行政机关主官在审判时的屡屡缺席、相对人的屡屡败诉以及裁决后相应机关的屡屡不为,让公众“看到”法院远远没有起到监督、制约行政权的作用。

---

① 这是公众通过媒体公开报道所阐释的态度。但从法官群体内部掌握的信息来看,该案的结果是相对客观的。但由于信息的不对等性或者出于职业道德(调解案件不能公开)等因素,法院的裁决与公众的理解相去甚远。根据报道,南京市司法机关在反思彭宇案时坦承,审理期间出现了偏离真相的报道和舆情,但办案单位并没有足够重视并进行正确引导,对判决之后可能出现的舆情也没有充分预判。当此案形成舆论热点后,又缺乏积极有效的应对,最终让舆论走偏,形成判决结果与公众认知的巨大反差。——也正是出于对信息的考量,现在全国法院开始推广生效裁判文书公开制度,其本身就是有将法院裁决付至公众广评之下的考量。

② 杨立新:《饲养动物损害责任一般条款的理解与适用》,载《法学》,2013年第7期。

在这个意义上,朴素的观点油然而生——当下法院远没有满足现代社会下公众的救济需求。

但同样不可回避的事实是:民众鞭笞法院的同时,绝大多数人遇到纠纷,第一反应仍是选择法院,而非人民调解或者仲裁寻求帮助。如旨在为劳动者提供快捷、便利救济的劳动仲裁,制度设计之初,其是诉讼的前置程序。但现实中,该程序的启动多是通过法院软的说服(释明权的行使)或硬的强制(裁定驳回其在法院的诉讼)而倒逼启动。类似于“有困难报警”“我去法院告你去”,即使在相对偏远的乡野、山村也已成为人人都懂的维权口号。其背后,有民众维权的高涨、国家机器的宣传与激励以及法官群体素质的提高等的合力。

传统观念中,“无讼”是公众对司法的一般心态。司法谦抑是国人生活的哲学常态。除非迫不得已,没有谁愿意对簿公堂、打官司。自然经济萌生的熟人社会促使彼此熟络有知、长卑有序,因无大规模的商业交往,纠纷多滋生在宗族与家庭内部(即现在所谓家事领域),故该纠纷往往通过德高望重的长老型人物即可调处。或本着“家丑不可外扬”的观念,许多家事纠纷得以掩蔽不显。正是基于这样的心态,20 世纪初的几年,法院尚属于相对冷清的衙门。

纠纷的增多与社会转型有关。近二十年来,社会格局的变革、市场经济的蓬兴催生出巨大的利益变动。由此引发的利益纠纷越来越多,矛盾类型也多种多样。纠纷产生,未必一定进入法院,因为司法从来都是一种有效用但非最适宜的救济路径。司法成本的巨大不可担、程序的烦琐不可显、知识的深邃不可知以及时间的漫长不可控,即使在英美等发达国家也会让诸多当事人望而却步。ADR 在发达国家的兴起,正是对这一状况的反映。但我国数十年来标语式的普法宣传,其结果之一就是极大激发了普通公众的“打官司”意识。

除激发普通公众的司法消费欲望,来自公共方面的因素还包括许多司法机制在实际运行中的异化。比如诉讼费用的大大降低以及援助制度的常态推广。上述制度的制定初衷,主要是国家稳固政权、引导社会矛盾理性化解的考量。它鼓励当事人选择法院作为纠纷裁决的首要途径,让其享受到现代法治所带来的制度红利,从另一层面也消减相关人对其他国家机关的冲击与诘问。不可否认,这些初心是美好的。但实践中,这些政策却容易被“误用”。一个明显的体现就是使得现在基层法院所受理案件的绝大多数的纠纷(除去标的巨大的建设工程类施工合同以及商业合同行为)几乎成为没有任何成本,却可能会带来可观收益的“经营”活动。

首先,受理费大大降低方面。2007 年新《诉讼费用交纳办法》出台后,法院诉讼费大大降低。③ 现在一般花费25元钱就可以起诉一起1万元标的以内的财产纠纷，花费35元就可以起诉一起类似要求邻居拆除房屋等相邻关系纠纷，花费75元就可以主张一次离婚。姑且不考虑结果如何，诸如通过起诉“要求邻居拆房恶心一下他”（某当事人原话）的心态，或者起诉离婚“吓唬吓唬他，让他重视我”的考量，都是当事人启动诉讼的真实想法。前不久，媒体还报道过某观众“因赵薇在《还珠格格》中瞪眼吓到了自己而索赔精神损失”。④ 当事人可以如此任性地维权，但法官必须一本正经地应对。

之所以说诉讼无成本，还因为国家对诉讼费实施减免退制度。诸如对追索赡养费、抚养费等案件可免收诉讼费，对人身伤害等案件的被害人在低收费的基础上也可减、免、退费。这本是国家扶助弱势群体，让其接近正义的必要手段，也是我国社会主义司法体系优越性的表征之一。但其在运行中却容易被“聪明人滥用”。谈几个笔者近年审理的案件。某司机驾驶一货车在送货过程中因该车辆刹车不灵发生故障，其立即驶向紧急避险车道。但因车速过快未能实现紧急停车而死亡，其继承人遂以紧急避险车道不符合相应规范起诉公路局等单位要求赔偿损失数十万元。同时，上述继承人提交家庭困难证明，请求法院免收数千元的受理费。后笔者调查才发现，其家庭中有新建的二层小楼，起诉主体均具有合法收入。再如，某村民在河边钓鱼时不慎落水溺亡，其家属以水务局未尽到安全保障义务诉赔上百万，交纳数千元诉讼费后认为胜诉无望，便以生活困难等各种方式请求法院退还其诉讼费。工作中，许多法官都会发现，许多纠纷的启动者往往是打官司的老户或者某些代理人主动帮忙起诉，他们固然存在维权的考虑，但也存在通过司法获益的投机。此类案件如果查明无责驳回其请求，则其付出的成本可以忽略不计。但如碰到喜欢调解的法官，则有可能让本无义务承担责任的当事人因调解而承担了一定责任，这就会让某些群体尝到甜头。由此而来的连锁反应可能是：该获益的当事人或代理人以后遇到类案就打官司寻求利益；而风闻此类裁决的观望者也会在遇到同类案件时抱着试试看的心态起诉。许多法官将这种情形概括为“试

---

③ 诉讼费用，有狭义、广义之别。狭义的诉讼费主要是案件受理费、保全申请费、执行费等。广义的诉讼费，则还包括鉴定费、勘察费、评估费、公告费、翻译费以及鉴定、翻译等专业人员需要出庭时的交通费、住宿费、生活费和误工补贴费等。本文所指的诉讼费，即狭义的诉讼费，其主要关系到当事人和法院之间如何分担公共成本的问题。诉讼费并非法院审案的全部成本，也非当事人司法进程中的全部成本.

④ 徐隽：《立案不再难，审判压力大》，载《人民日报》，2015年6月10日。

探性诉讼”，这种“试探”心态无可厚非；但不加以通盘考虑，也可能对法院的整体工作带来被动。

另一个容易被滥用的制度是司法援助。实践中，如果当事人懂得援助途径或者主动张口问法官，都会寻求到免费的救助之道。比如，律师需要承担法律援助案件，自不待言。除此，每个区域司法局下属的司法所也存在大量的司法工作者。他们也可以免费代理案件。需要指出的是，这些提供法律援助的专业人士虽不对当事人收费，但可以根据国家政策及其所援助的案件量去相关机构领取补贴。据了解，在笔者所在的区域，即使是一起小民事案件，其补助费用都有1000余元。因此，上述机构及其工作人员对提供法律援助这项措施在内心是不排斥的，因为援助案件同样可以获得必要经济利益，同时对某些机构来说还可能为政绩加分，所以现实中甚至出现许多机构和个人主动要求提供援助的情形。

还有法院内部。一方面，出于职业交流的便利，法官乐于同律师包括上述司法工作者进行工作接触。相比于法律知识极度缺乏——笔者曾碰到过许多人称法官为“法师”“律师”“书记”——的当事人，与该群体的交流相对简单。但这种情形意味着国家实际承包了此类案件的人力、物力成本。当事人只需一纸诉状就可在家坐等法院裁决。法院内部考核的指标化也使法律流程对程序问题简易变行。如对简易程序转化为普通程序进行了多重限制，其目的是尽可能的将纠纷在简易程序也就是三个月内解决完毕——这也避免了变更程序后追加诉讼费的可能。即使有些案件三个月时间已经到达但未审结，现行《民事诉讼法》也鼓励法官满足一定条件得继续适用该程序审理，这一条件就是当事人（尤其是原告）同意。而据笔者的办案实践，当事人对诸如案件审理时间等事项的关注，远不如其对金钱的考量。

法官群体素质的提高。法官为人诟病的一个主要体现是法官中夹杂大量未接受正规法学教育或未通过司法考试而执掌司法权柄的人。包括广为学界所知的复转军人、转岗教师等。他们多为现在法院的中、老年法官。当然也有许多法官和领导会从党政甚至渊源更远的岗位交流过来。学界通常看法是这些人的背景与司法裁决作为一种专业化判断的职业特征不符，从而影响了司法权威的生成。

但我的观察是：如果放在二十年前，一线法官缺乏必要法律专业知识，确实是个问题。但现在，这一情形已大为改观。我不知道西部地区的基层法官情况，但我所在和所知的——东部地区和中部相对发达地区的法院，复转军人进法院的情况越来越少。现在即使部分军人根据复员政策转入法院,也不会将其直接安排在一线部门,而是会根据其工作经历和性格特点安排在后勤保障部门。比如办公室、诉服宗信、涉诉信访等非裁决岗位。通过交流转岗等途径过来的人员——多是领导,甚至主要领导——同样如此。因为根据法律规定乃至工作实践,法院等单位的"首席法官"的主要职责并非办案,而是主要承担党政管理、行政协调等权项,其实际承办的案件数量占比极低。所以其对法院日常办案的专业化队伍冲击并不明显。在新一轮司法改革境况下,即使是院领导,其对非亲自承办案件的影响力越来越少。相伴而来的是,法学高等教育的扩张、公务员考试的加强以及司法考试的推广,现任一线办案法官群体中正规法学科班出身的人群越来越多。某直辖市法院法官对该市法官的现状进行的一项调研显示:"该市法官中具有大学本科以上学历占97.85%,其中硕士学历占34.37%,并且90.17%的法官都是法学专业的毕业生"。⑤ 从我在法院七年所经历的四个庭室来看,百分之九十以上的办案法官为本科、研究生以上学历,完全契合上述调研的结论。现在的法官群体,官方对其的一般评价是"法律知识扎实、法学功底深厚,但了解社情民意和做群众工作的能力有待提高"。这与对传统复转军人进法院后的"政治立场坚定,爱憎分明,法律理论功底相对不足"的评价,相对客观和更加专业。这也在很大程度上说明,我国当下法官的专业素质足以实现自治。

三

但我——还有许多法官产生的一个疑问是:司法公信并未因法官专业学识的提高而相应提高。相反司法领域已成为社会公众最质疑的一个环节。

有法院内部行政化的原因。抛弃个别法官的腐败,行政化的主要困境在于难将司法官与党政官甄别开来,从而法官容易因党政官员的负面信息而被波及。⑥ 如四川省高级人民法院多年前的一项调查显示,接近三分之一

⑤ 胡昌明:《你应该知道的中国法官》,载 http://www.vccoo.com/v/41a3bd?source=rss,2015年5月25日访问。

⑥ 当下,笔者的观察是,因腐败而落马的官员多为行政官员。司法腐败在一定程度上存在,但绝大多数是具有一定权力的领导干部。如有关媒体对于1995—2013年经由官方和媒体的公开报道披露出来的200个贪腐法官进行的分析,发现贪腐法官中是法院领导干部的有160人,占80%。其中,各级法院原院长、副院长分别是41人、43人,共占样本总数的42%。见郑小楼:《中国法官腐败报告》,载《财经》,2013年5月26日。

(33.64%)的公众认为“法官同其他机关工作人员差不多,印象一般”。[7] 但更为深刻的原因可能是,精英化的法官模式在中国本土具有很大的实践障碍。对同一事实,法官的评判与公众的评价之间,容易分歧甚至截然对立。[8] 案件有简易、常见和疑难、复杂之分,其中简易案件又占其中的绝大多数。此类案件事实并不复杂,法律关系也相对简单,法官完全可以凭借格式化的法律规则轻松裁决——这种裁决在城市更加普遍,因为现代法律中拟制的法律关系多是基于市民社会的场景而创。但正是这些常见案件容易引发质疑。如果这些案件发生于乡土社会,则这些裁决更会因当事人的执拗而倍添非议。许多当事人甚至会带着手写的法条给法官讲法、跟法官对峙——没有歧视或轻视之意,但这种做法就像许多病人在医生问诊之前不是就病情先接受医生的询问,而是自己先告诉医生怀疑自己得了什么病,建议医生查血、化验等做法一样——这说明普通司法受众对法律精英化等理念没有任何尊重,他们许多人对法律知识和诉讼技能的理解相对片面,容易断章取义,许多当事人甚至对“故意或过失”“共同财产”“继承”等基本概念都不清楚,但他们坚持自己所理解的法律才是唯一正确的——一旦法官的法律适用与其理解的法律条文不一,其不会认为是自身理解出了问题,而容易认为法官枉法裁判。

有时,当事人的想法,在我们看来很奇怪。学者们一直提倡司法要有效率,迟到的正义非正义。但正如前文所说,多数当事人对案件结果和金钱成本的衡量远远超过诉讼程序和时间成本。笔者亲历过好几个当事人,案件事实清楚,证据相对确凿。开过一次庭、通知宣判时,却遭受质问:“你为什么这么快就要出结果”?并建议我再开几次庭,听他娓娓道来。正是了解到当事人有如此心态,笔者好几次虽不忍心却刻意让其跑几趟法院接受询问,以换取“信任”——让他“知道”法院对他的事是认真负责的。或者时间允许时,多次亲自下乡调查,把当事人要求取证的事项一一满足,以寻求其信任,并试图通过这些活动获取裁决的合理性、避免信访。此类情形,在驳回当事人的起诉或请求时出现得更多。通过这些活动所获取的信息对裁决的影响趋近为零。但多数民事法官和笔者一样经常这么做,否则依法而为的裁判可能会被理解为

---

[7] 转引自北京市第二中级人民法院课题组:《提高司法公信力的路径和实现方式研究》,载《北京审判》,2006年第2期。

[8] 我国普法宣传的效果或者现行的司法政策值得反思——绝大多数公众并未因普法的普遍化或司法的亲民化而对司法有所敬仰或敬畏。

不负责。引发信访问题时，官方对此类本无瑕疵的裁决可能会被评价为"判决没问题，但机械办案"。于是乎，这一方式也在法院内部广泛放大——即使最高法院，也在其所宣传的典型中宣告并在一定程度上提醒法官——优秀法官要接地气。与检察院现推崇的专业化、精英化的宣传策略相比，法院官方的宣传点仍是法官要基层化、平民化，要走到与群众最近的地方去。根据《法院组织法》，人民法庭已是司法最前沿。法庭内的设置已相对简单化。许多开庭都安排在圆桌式的调解室，即使正规的法庭，其设置也相对较小，当事人站起来就可彼此碰到对方的手。但官方认为还不够，法官还要通过巡回审判、马背法庭、板凳法庭等方式将审判活动设在百姓家中、设在床前、设在地头。其目的固然是便民，让当事人看得见正义。但应当明白的是，法院的权威不仅源于裁判，还源于独特的仪式和程式。1929 年，美国最高法院首席大法官 William Taft 在提倡修建最高法院大楼时，就要求设计师一定要体现最高法院的尊贵和名望。而最终建成的美国最高法院大楼，无一细节不契合这一理念："两尊巨型大理石坐像坐落两侧。圆形门廊由 16 根科林斯式巨型大理石圆柱拱立起来。圆柱之上的门楣上镌刻着'法律面前司法平等'的格言。大门上部是一组组浮雕雕塑"。[⑨] 而当下我国法院，刻意追求去仪式化、去程式化，将法官等同于居委会大妈，正是不容忽视的、消解司法公信力的重要原因。

四

基层意味着乡土。乡土意味着法官不仅要面对法律，还要面对传统；意味着工作中常面对法律与传统的冲突。

乡土滋生的传统或习俗，主张法律多元化的学者称之为民间法，并认为这些自发秩序正在补正或补强着制定法效力。本部分回答的是，当法官直接面对传统习俗与法律冲突时，何去何从？

根据笔者的观察，习俗对法官的影响是，它在很大程度上影响着当事人乃至周遭群体对法官裁决合理性与否的评价。不可否认，成文法背景下，习俗（非习惯法）对成文法最大的影响是消减与抵触。当下许多案件的裁判结果，虽和习俗截然相反，但已得到当事人的理解。文化再欠缺的当事人也知道结婚应以登记而非按习俗办理结婚典礼即可；女儿与儿子享有同样的继承权和赡养义务。此类裁决基本不会遭受非议。但在另些场景下，习俗大大挑战着

---

⑨ William H. Rehnquist, The Supreme Court (revised and updated), p. 6.

基于成文法所为裁判的权威或正当性。原告与被告为前后院邻居，两家中间有一条三米多宽的公共通道。原告家正房后山墙正对被告家大门。现原告因自己房后地基浅容易遭受雨水浸泡而决定在房后开挖一条二十厘米的水沟排水。但施工遭到被告制止，被告理由是水沟正对着自家大门，习俗有说“面对阴沟容易背运”，坚决不同意原告挖沟。一件小事，矛盾很大。从法律角度来说，被告的理由可以不理，直接裁判。如辖区内另一法院所为的裁决，理由写得很充分。“民俗习惯是在特定区域、特定社会团体中经过长期的历史发展而沉淀下来的规范，对人们的日常行为亦有着指引作用。随着社会的发展，有些民俗习惯已经不符合社会发展的要求，甚至具有了很大的消极意义。民俗习惯是否具有法律渊源的地位，应当由法律作出规定，且可以依照或参照使用的民俗习惯不能违背公序良俗的善良风俗。原告未提供证据证明，其要求被告封堵窗户和下水道所依据的民俗习惯实质上已经具有了‘习惯法’的作用，在当地应具有类似法律的约束力。原告亦未提供证据证明，被告的窗户和下水道对原告的生活造成了实际的妨害，故其请求不予支持”。[10] 现在的问题是，这类裁决生效后能否得到其信服，甚至顺利执行？

再一个例子，也是笔者审理的。原告刘甲是被告刘乙的儿子，刘乙之兄刘丙终身未婚，也未收养过子女。后刘甲听其父之命与刘丙归伙做饭，并在刘丙死后为其请人抬重。但双方没有根据法律办理正常的过继手续。现刘丙去世，遗留房产五间。刘甲与刘乙父子反目，就该财产问题发生纠纷。刘甲称按照当地风俗，自己在刘丙生前照顾他并在其死后安葬他，理应获得上述房产。刘乙则陈述：刘丙终身未婚、未有子女，其与刘甲也未办理过过继手续，自己作为其兄弟系法律规定的唯一继承人，故上述财产应由自己继承。审理中，笔者走访了许多村民（老人），村民意见倾向于刘甲，并称祖祖辈辈都是这么做的——这也是许多农村鳏寡孤独者得以生活的基础。但从现行法律来讲，刘乙的观点可能

---

[10] 原告孙某诉称：原告与被告系同村邻居。原告在后院，被告在前院，两院间有一条伙道相隔。2011 年 6 月，被告家翻建房屋。2011 年 8 月 4 日因被告家新建房的后窗正对原告家大门，所留污水管口也正对原告家大门，原告上前制止，双方发生争执。当地派出所调解，被告将后窗堵上，将所留污水管也堵上。原告诉至法院，要求被告将正对原告家大门的后窗和下水污水管口进行封堵。被告高某辩称：被告窗户没有对着原告大门，污水管也没有影响原告家。不同意原告的诉讼请求。法院依据查明的事实是，原告要求被告将正对原告家大门的后窗和下水道口封堵的原因是基于农村邻里建房，窗户和下水道不能对着门的民俗习惯。

更靠谱。因为,现在成文法所接受的习俗是公序良俗。类似这种死后抬幡、抬轻重的行为,虽然多数村民认为是尽孝的一种,但其与现代文明丧葬制度相违背,故而对法官来说不能采信。该案合议时,合议庭法官对此曾有不少争议。

有学者曾就习俗的适用面向 140 名法官进行调研。调查发现"即使运用民俗习惯处理案件比较合理,但如果该民俗习惯与法律相冲突,111 名法官还是愿意选择依据法律来进行裁判,占 79.3%"[11]。在他们看来,相比于尊重习俗,准确适用法律更应是法官的首要义务。否则法官遭受的责问会更多。如多年前"泸州二奶案"中,法官认为"遗赠人黄永彬的遗赠行为违反了公序良俗,损害了社会公德,破坏了公共秩序,应属无效行为。这迎合了人们对案件的道德预期,维护了蒋伦芳作为合法妻子的尊严和利益。然而,从法律逻辑角度看,该案摒弃继承法这一特别法而适用公序良俗这一一般法律原则,引发了公众对裁判结果的合理性怀疑"。[12]

但此类案子,依法裁决也容易产生抵触。所以,法官往往多做调解工作,争取达成一种"情、理、法"结合、相对模糊而又被各方接受的法律产品。很多时候,法官的好心并非全能如愿,最终能否成功的关键是其是否取得当事人的信任,并且考量的是法官的生活经验而非单纯法律知识。上述第一个案件,最终我以原告修暗渠的方式予以解决。而第二个案子,则通过外围发掘并化解其家庭内部矛盾,以刘乙将上述房产赠与其孙刘丁的形式予以解决。

司法实践中所面对的习俗,何谓公序良俗、何谓封建迷信,其标准也比较模糊,只能依赖于法官的自由裁量。比如上述两个案子中所涉及的习俗,称其为封建迷信或可接受,但下面这个案子所面对的习俗,贸然认定为封建迷信,或就容易产生争议。某工人甲在为乙建房过程中不慎从梁上摔下致死。其家人起诉房主乙要求人身损害赔偿。乙在法庭上则认为工人在自己新房建设中死亡也给自己带来不吉利,心里"硌应"得慌,反诉对方要求精神损害赔偿。调查中,许多村民的反应是这家人很憋屈,值得同情。此类情形,不单在农村值得关注,在北京市区关于商品房的纠纷中,也存在"凶宅"一说。这类因房屋内曾出现过自杀、凶杀等情形而导致房屋贬值或出租、买卖不畅的情形,法

---

[11] 徐清宇、周永军:《民俗习惯在司法中的运行条件及障碍消除》,载《中国法学》,2008 年第 2 期。

[12] 黄慧:《困惑与探索:司法裁判法律效果与社会效果的实现——以裁判文书说理为视角》,载《北京审判》,2016 年第 2 期。

官对此类“凶宅”的认定和裁决,在一定程度上尊重了当事人的朴素情感。如同一辖区另一基层法院审理的原告张某诉被告崔某房屋买卖合同纠纷一案,原告张某诉称,其以280万元价格购买了位于该某城区一套二居室供其子结婚使用。签约前,原告曾当面询问崔某涉案房屋内是否发生过自杀、他杀等非正常死亡事件,房屋是不是凶宅,崔某均明确回答“没有,不是凶宅”,并就该事项签字确认。房屋过户后,原告在装修涉案房屋过程中,小区邻居说该房内男主人赵某曾烧死在房屋内。故原告起诉要求撤销上述合同并赔偿装修等损失。法院经审理认为“民俗文化经过历史的长期积淀并延续,形成了普通大众对自然和社会的认识评判,进而影响公民的行为判断。虽然房屋内发生非正常死亡事件客观上未影响到房屋的实际使用价值,但是该情形因影响到购房者的心理感受包括忌讳、恐惧、焦虑等而造成房屋交易价值降低,与当事人在缔约时真实意思表示不符,违背了买受人对于房屋实际价值的期待,构成房屋的重大瑕疵,是影响买卖合同订立及履行的重大事项。本案中,被告未披露房屋内发生非正常死亡事件,违反诚实信用原则,构成欺诈。故对于原告要求撤销合同及补充协议的诉讼请求,予以支持”。

当然,习俗在很多场景下也会与成文法精神相契合。此种情形下,法官是否可直接引用该民俗来裁判呢?从笔者裁判的案件以及所查询的其他法官的类案看,答案也是否定的。究其原因,虽然我国法律规定“无法律,从习惯”,但是基层法官需要面对“裁判创新”所可能带来的风险。所以,谨慎的法官一般不会轻易突破成文法的规定,贸然创设出不确定性。法官通常的做法是,将习俗所潜在的价值通过自己的经验,悄悄镶嵌在成文法中加以表述;或者干脆以法律明文规定的“公序良俗原则”笼统概括。

五

还有一个领域是乡土法官需要面对的——村民自治。这也是法律谦抑的表现方式,与我国古代“皇权不下县”的理念一脉相承。托克·维尔谈到相当于我国“村”的美国乡镇时也提到:“乡镇是自由人民的力量所在。……在没有乡镇组织的前提下,国家虽然可以建立起自由的政府,但它却没有自由的精神。”⑬村民自治,照我国官方的表述是村民“民主选举、民主决策、民主管理、

⑬ 托克·维尔:《论美国的民主》,高牧缩译,南海出版公司2007年版,第57~58页。

民主监督”的一种方式。[14] 它通过村民全体参加的村民大会、村民代表参加的村民代表大会和村民选举出来的村民委员会行使权力。它体现着基层的民主,是一种被官方极为推崇的基层民主模式。但实践中,村民与村委会、村民代表大会、村民大会在许多利益分配上的冲突十分明显。少数村民经常会遭受通过民主形式体现出来的集体意识的“暴政”。当村民遭受这种自治所带来的不利益时,其寻求司法救济理所当然,但现实中司法存在无力感。

不少人可能认为对此是小题大做。但应关注的是,当下农村集体中所可分配的资源之多、利益之大,不亚于城镇。在集体土地、水流、山川、河流等自然资源的使用或开发权、宅基地分配以及拆迁安置补偿中,村干部的权力不可谓不大。据报道,当下村官贪腐已成为职务犯罪的一大领域。“2013 年起全国各地公开村官违纪违法案件 171 起,其中涉案金额超过千万的案件有 12 起,总金额达 22 亿元”。[15] 在笔者工作中,许多因村委会侵犯村民权益而引发自治和法治冲突的案子。

如村民待遇问题。当下,随着并村、搬迁等准行政化措施,不少农村中的新户和老户之间,随着利益和资源分配,矛盾得以涌现。李某老家在外省,后与北京某村女结婚后户口迁到该村。但该村分地、年终分红、分物等情形,均根据村民代表大会制定的村规民约否定其村民待遇。李某起诉要求村民会议的决议无效,赋予其村民待遇。问题是我国现行法律并未将上述事项明确在法律救济范围之内。2005 年,最高法院出台《关于审理涉及农村土地承包纠纷案件适用法律问题的解释》时,曾强调:“农村集体经济组织成员资格问题事关广大农民的基本民事权利,属于《立法法》第四十二条第(一)项规定的情形,其法律解释权在全国人大常委会,不宜通过司法解释对此重大事项进行规定。最高法院已经根据《立法法》第四十三条规定,就农村集体经济组织成员资格问题建议全国人大常委会作出立法解释或者相关规定。”可 10 年过去了,对此问题仍没有下文。正是本着这一思路,许多地方法院也内部出台相关规范约束法官对此类纠纷的裁决,以避免违宪。[16] 北京第二中级人民法院近

---

[14] 《中华人民共和国村民委员会组织法》第二条。

[15] 刘成友:《治理村官腐败须双管齐下》,载《人民日报》,2015 年 07 月 14 日。

[16] 如北京高院曾出台《关于涉农纠纷受理问题的指导意见》:集体财产收益分配的决议、方案,经村民委员会提请村民会议讨论决定,没有分配决议、方案而起诉要求分配集体财产收益的,不予受理;认为分配决议、方案没有给予平等的村民待遇,起诉要求享受平等待遇的,不予受理。其他省份也有类似的意见。

期的一项调研发现,2012 年至 2014 年,该院共接收一审裁定不予受理的民事上诉案件 187 件,其中一审被告为农村基层组织(包括村民委员会或者经济合作社等)的共 108 件,占比为 58%。此类案件多是村民不满村民委员会对集体财产的处分从而要求撤销村民大会决议、撤销发包合同、租赁协议等。法院一审裁定不予受理的理由均为起诉人所起诉事项属于村民自治权的内容,不属于法院受案范围,而且此类裁定的上诉率近 100%。可见,对此类案件,法院和法官的无奈在于制度设计,而非个案。但在当事人看来,可能反映出来的是法院和政府互相包庇甚至互相踢皮球。⑰

农村"出嫁女"⑱也是权益容易遭受侵害的群体。当下,即使在首都这样的郊区,许多农村也常以"村规民约""村民代表会议决议"等形式对出嫁女应享有的权益以集体名义予以剥夺,使其在土地承包、宅基地使用、集体收益分红、土地征用补偿等方面饱受歧视(这也可认为是另一种村民待遇问题)。还有的村民委员会以环境整治为名强行拆除部分村民建在宅基地范围之外的房屋或围墙而引发相关诉讼。上述案件,村委会往往以村民自治抗辩上述行为,是否涉及侵权乃至刑事责任,是值得探讨的。

笔者的倾向是,现代法治理念要求司法保持对一切组织和行为的纠错、审查功能,村民自治也不例外。当下,《村民委员会组织法》及其在各省、直辖市和自治区制定的实施办法,对自治行为的救济,只规定了行政手段而封锁了司法审查——其监督主体只是乡、民族乡、镇的人民政府而非法院,对此应予纠正。因为摒弃司法审查意味着受害村民无法通过民事诉讼或行政诉讼获取救济——如上所述,一般此类纠纷不属于民事案件的受案范围。同时,基于行政案件的约束范围是行政机关和行政机关工作人员的具体行政行为。但村民委员会是群众自治性组织,不是一级政府,从而也不是行政诉讼的主体。县、乡、镇政府对村民委员会的指令等,属行政指导行为而非具体行政行为,更是不可诉。在这个意义上,此类纠纷必须通过立法赋予法院对村规民约的审查权予以解决。唯有如此,才能使法院得以通过司法个案方式维护村民权益,实现村民自治的依法规范。

---

⑰ 孙静波:《实行立案登记制后,村民自治案件何去何从?》,载《人民政协报》,2015 年 4 月 21 日。

⑱ 实践中,农村出嫁女主要有两种:一是农村已婚嫁出的妇女,外嫁后户籍仍在本村,在夫家未取得承包地,也未能享受夫家所在地的集体经济收益的妇女;二是结婚后妇女本人仍留在原村生产生活,户口也没有迁出,丈夫户口迁入本村的妇女。

六

越来越多的学者倡导法院应遵循先例。自20世纪80年代中期以来,最高法院也陆续在其公报上发布典型案例指导司法。21世纪以来,最高法院更是分批挑选经典案例贯之以“指导性案例”供各级法院审判时“参照适用”。法官实践中到底用不用案例?如何运用案例呢?

肯定地说,法官用案例。绝大多数法官在办案过程中,检索案例获取智力支持是一种下意识的行为。这种检索,不仅是检索外网公布的已生效裁判文书,更会检索法院内网上登录的裁判文书。对法官来说,内网文书更为可信——因为外网所公布的文书已经特殊技术处理(如为保护当事人隐私而隐匿其姓名及特定特征等),且公布的仅仅是可以公布的——主要是生效判决书,还包括小部分涉及管辖权异议、驳回起诉等特定裁定书。而内网,不仅案件类型比之更为丰富,比如内网有大量的调解书、不予上网的裁定书等;文书也保持着“原汁原味”,从而更利于了解案件详情和理解法官的裁判思路。也就是说,绝大多数法官在遇到疑难负责问题时,第一考虑往往不是找法条,而是查类案。将已生效的案例(主要是说理部分)作为法官裁判的参考意见,是自然而然的选择,虽然这种过程不会直接表达在正式裁判当中。从学理上看,这种案例的运用蕴涵着某种成文法思维所形成的“路径依赖”。在这一过程中,法官并非“遵循先例”,而更多地“借鉴”案例。

更需要指出的一点是:实践中,法官检索的案例也并非完全是最高法院、高级法院等所公布的指导或参考性案例,而是更加关注于具有实际指导意义的案例。这些判决可能更多来自同级别法院的法官基于相同或相似案由和事实而作的类案裁判。“借鉴案例”的做法,不仅对青年法官——一般认为是审判经验不足的群体。他们认为,参考案例,相比向老法官、领导请教乃至向上级法院请示等做法,更为方便、可靠,更有利于提高审判效率和效果。而四五十岁的老法官检索案例的次数也很多。其背后,或许也隐藏着他们对法律知识更新换代所带来的“经验不足”的影响。

虽无论是最高法院还是法官个人,都在实践中对判例不排斥。但受限于成文法的大背景,官方不提倡、法官也不会贸然将判例作为正式的法律渊源加以援引——因为如适用不慎,法官可能面临被二审发回、改判的法律风险甚至违宪的政治风险。因此谨慎的态度是对案例采取“检索借鉴”的“柔性适用”的态度。一项来自法院系统的调研表明,“试点法院共结案30 500件,但参照适用指导性案例的仅占结案总数的0.58%，占判决案件总数(6334件)的2.73%”⑲，正体现了这种“纸内不说纸外说”的现象。其背后是“法官减少司法裁判的社会压力、回避可能来自专家或舆论等专业人士对裁判文书的质疑、减轻社会责难的理性选择”。⑳因为该调研同时也提示“案例使用对法官的思想认识、司法技能、裁判质量等产生了积极影响”㉑，这与笔者的观察是一致的。如在笔者所在区域内的许多基层法院，许多一审法官为了强调自己裁决并非随意而为，虽未在裁判中明确提及判例，但往往会在案卷副卷中附上已生效的类案判决作为裁判思路的索引——这种做法也正为不少二审法院所欣赏。这“折射与反照的正是现阶段我国法官裁判时所隐蔽的微妙心态、无奈处境以及莫名其妙的胆怯”。㉒

(责任校对：林源、朱正远)

⑲ 四川省高级人民法院、四川大学联合课题组：《中国特色案例指导制度的发展与完善》，载《中国法学》，2013年第3期。

⑳ 夏锦文、徐英荣：《裁判文书法理依据蓄积深藏之缘由：以民事疑难案件的裁判为分析对象》，载《法学》，2012年第10期。

㉑ 四川省高级人民法院、四川大学联合课题组：《中国特色案例指导制度的发展与完善》，载《中国法学》，2013年第3期。

㉒ 孙振军：《权力攻势下的法律溃退》，载《中国经济时报》，2004年2月3日。

新时代枫桥经验的创新发展

——构建在线矛盾纠纷多元化解平台

陈辽敏*

20世纪60年代初,浙江省诸暨市枫桥镇干部群众创造了“发动和依靠群众,坚持矛盾不上交,就地解决。实现捕人少,治安好”的“枫桥经验”。随着科技的进步与社会文明的发展,互联网、大数据与人工智能广泛运用,纠纷的类型、解纷的方式等产生了巨大的变革。以跨国、跨地域的电子商务纠纷为代表的在线纠纷愈发频繁,而电子商务在线非诉纠纷解决(以下简称ODR)因低成本、高效率、便捷性、灵活性等优势逐渐被人们所接受,作为构建共建共治共享的社会治理格局新型有效的解纷方式,为“枫桥经验”的创新发展打上了鲜明生动的时代印记。

2016年4月,中央综治委批准浙江省进行“矛盾纠纷多元化解一体化网络平台”创新项目试点。随着试点工作顺利推进,并取得了初步成效,平台的搭建基本完成,初步命名为“在线矛盾纠纷多元化解平台”(以下简称多元平台),同时还取得了一定的理论成果和制度成果。2016年10月,在中国互联网协会主办的第二届中国互联网法治大会上,平台荣获了“优秀‘互联网+法律’创新项目”称号。

一、构建多元平台的实践与探索

多元平台于2017年3月15日正式上线,坚持“先试先行、边用边改”的原则在西湖区先行试点。通过深入宣传发动,整合解纷资源,开展业务培训,广泛推广应用,加强跟踪检查,在全区较好地形成了共建共享平台的良好氛围。

---

* **作者简介**:陈辽敏(1972—),女,杭州市西湖区人民法院党组成员、副院长。

（一）多元平台的特点

第一，创新性。多元平台突破了“有问题找政府、有矛盾找法院”的传统思维，贯彻了“社会问题由社会解决”“专业问题由专业人士解决”“线下问题线上解决”的新理念，产生了有效分流、合法管控的社会效果。多元平台发挥了纠纷解决的分层递进的漏斗效应，从在线咨询开始到在线诉讼全流程在线，层层解决用户法律问题，矛盾纠纷通过在线漏斗不断被过滤和分流，少量疑难复杂案件由法院以裁判的方式提供司法保障，为前端纠纷解决程序提供规范和指导。下一步还可以不断扩展服务功能，如在线公证、协商谈判等各种模块，发挥纠纷解决的多元化特色。多元平台建立了矛盾纠纷多元化解资源生态体系，从内到外分为三个层次：基础功能层、平台业务层、生态资源层。基础功能层是平台的基础管理核心，平台业务层是平台的主要业务功能，生态资源层是平台的外部生态资源，它为平台各类业务功能提供外部可被调用的专业资源，包括人力、知识、数据、服务等各种资源类型。

第二，一站式。平台已具备在线咨询、在线评估、在线调解、在线仲裁、在线诉讼五大服务功能，彼此衔接，互相联通。用户登录平台，用一个账号，即可根据自身需求和纠纷特征，选择多种纠纷化解方式。由于各个模块功能是互相衔接、彼此打通的，用户在各个模块留下的数据都会被储存、反馈和汇总。

第三，智能化。平台通过互联网技术、人工智能技术和大数据技术，对解纷资源进行智能调配、对解纷过程进行智能管控、对解纷成果进行智能分析，实现解纷全过程的自动化、智能化、知识化。多元平台实现了基础架构与服务平台资源的融合，采用了混合云的技术模式，对各类基础 IT 平台资源进行了深度融合，构建解纷云平台，实现了平台的技术保障。多元平台实现了数据的融合，把登记的矛盾纠纷数据，在业务上导流到各类专业服务单位和服务平台，然后服务平台将矛盾处理过程中的数据再同步回多元平台，通过整合 ODR 的平台数据，构建数据中心和数据仓库，提供平台的统一数据检索、数据分析和数据挖掘服务，数据融合为未来的社会矛盾预警、解纷知识库构建都将起到至关重要的作用。

第四，开放式。目前，平台除了整合西湖区现有解纷资源之外，还通过与阿里巴巴、新浪、法信、易判、安存等合作，汇聚了 4066 名调解员，1344 名咨询师，3 家仲裁机构和 18 家法院，为用户提供更丰富的服务资源。并且虽然多元平台的每个模块仅对接了一个服务平台，但作为一个开放式平台，在统一平台的接入标准和管理规则的前提下，多元平台可以给其他服务平台提供端口，各个模块可以不断对接其他优质的服务平台，为服务平台提供纠纷导入流量，带动、孵化各类服务资源平台的发展，使多家服务平台公司形成良性竞争、优胜劣汰，形成一个有序竞争的纠纷化解生态圈，提升平台的服务质量，更好地为人民群众提供纠纷解决服务，使我们国家的在线纠纷解决更具有核心竞争。

第五，权威性。平台由政府搭建、监管，对各类解纷资源进行认证、规范，对各类数据进行加密存储、分类统计、综合运用，具有较强的权威性。除了互联网前端的解纷服务外，平台根据社会治理体系的要求，将加强后台数据的模型化处理能力，重点对纠纷矛盾预警模型、纠纷矛盾解决类模型和解纷资源优化类这三大类的业务模型进行重点攻克，为社会综合治理多元解纷，提供权威数据支持，增强解纷资源的优化配比，提升综合解纷能力。

（二）多元平台的设计思路

多元平台本着习近平总书记在第三次互联网大会提出的“要集思广益、增进共识、加强合作，让互联网更好地造福人类”的理念，平台的设计以科技蓝为主色调，以天蓝和海蓝色的结合，传递着开放、包容、权威、理性的寓意。

平台标识的视觉形象以中文“众”字为出发点，“众”代表着众人参与平台的含义，也有平台面向大众开放的意义。整个标识中，弧线与曲面结合，穿插着前、中、后的层次感，曲面代表着化解与平和，容易让人产生亲和力。在“众”的图形中，设计可以分为三个人的形态，中间的两人组合成字母 M，是“矛盾”中“矛”的首个拼音字母，也是争议的双方当事人，而后方的人便是中立地提供咨询、调解、评估、仲裁、审判等服务的第三方。前方跳起的弧线有“互联网在线”和“环球全世界”的感觉，同时代表着在线平台作为第四方为当事人提供技术支撑，营造公平环境。

平台首页采用时下国际流行的一页式网站设计，用户在一屏中上下滑动，即可浏览整个网站的基本概况，更加方便、全面。首页的宣传语同时配有英文翻译，代表了平台国际化的视野，将来多元平台也会考虑开发外文版网站，用户可以进行双语切换，为跨境电商的纠纷解决提供服务。同时，多元平台也融入了中国风的元素，它承载着中华民族“无讼”思想的传统文化——孔子曰：“听讼，吾犹人也，必也使无讼乎。”如果用治病来比喻化解纠纷，那么正如神医扁鹊所说的，防治疾病的能力或许更为高明，这也体现了平台的理念是以预防和控制纠纷为主要目标的理念。整个主页的设计既有国际视野，也有中国和合文化的传承。

（三）多元平台的功能

一是在线咨询。在线咨询包括“随便问问”和“人工咨询”两种：用户点击“随便问问”，输入自己的问题，即可以获得智能问答机器人推荐的相关法律、法条释义、相关案例和纠纷解决流程；用户也可以申请人工咨询，与咨询师在线对话。

二是在线评估。在线评估是“在线早期中立评估”的简称。用户在线申请评估、提交纠纷描述后，平台会在24小时内提供一份包含纠纷法律风险、诉讼费用、法律建议等内容的书面报告。平台运用大数据分析技术，会自动识别纠纷描述中的法律要素，从而智能分析各类纠纷法律要素对应的裁判规则，自动生成纠纷的裁判规则分析报告，提示当事人解决相关法律纠纷的法律风险、化解成本与对策建议。

三是在线调解。在线调解模块对接了“在线法院”调解平台，用户可以通过手机APP在线选择调解员、上传证据材料、参与电话、视频等形式的调解，查看并确认自动生成的调解协议，还可以在线申请法院进行司法确认。

四是在线仲裁。对于达成仲裁协议或约定仲裁的纠纷，可申请在线仲裁服务。平台现已对接中国广州仲裁委员会、绍兴仲裁委员会和杭州仲裁委员会3家仲裁机构。用户可以在线择仲裁员，实现在线受案、在线缴费、在线庭审、在线举证、在线合议、在线裁决、在线送达，全流程在线化。

五是在线诉讼。在线诉讼模块对接了浙江法院电子商务网上法庭，用户可以向杭州市中级人民法院、杭州市西湖区人民法院等13家法院在线提起诉讼、参与智慧庭审。

二、多元平台的前景展望

随着互联网的高速发展，基础设施的不断完善，信息技术的不断迭代更新，大数据、云计算等为多元平台建设提供强大的技术支持。域外ODR经过20年的发展，势头迅猛，国内在线平台建设的理论研究逐步深入，都为多元平台建设提供坚实的理论基础。

多元平台建设，不仅仅是将线下的纠纷解决模式搬到线上，而是需要通过大数据、云计算等信息化手段促进线上、线下矛盾纠纷的解决；是要推广电子邮件、即时聊天工具、语音技术、视频设备、系统软件等网络信息技术在多元化纠纷解决中的广泛运用；是要通过多元平台，去推动在线咨询、在线协商、在线评估、在线调解、在线仲裁、在线诉讼的各种服务平台的建设和完善；是要通过矛盾纠纷解决系统设计，实现纠纷解决人员的跨地域，满足信息时代下人民群众对纠纷解决的多元、及时、便捷的新要求；是要打破纠纷解决部门各自为政的“信息孤岛”和数据壁垒，实现数据的共建共享，建立覆盖全国、全省，联通全过程的矛盾纠纷信息平台，从纠纷受理、分流、化解、反馈、处理等全过程，实现沟通交流、材料传输、证据保存、卷宗整理、数据分析、信用评级、风险研判、纠纷预警等资源的共建共享，实现纠纷解决全过程的信息全覆盖；是要各种积极的实践和探索，进入理性建构、确定规则，最终实现多元平台的建设和完善；是要建立一套符合司法规律和全球化发展趋势的网络平台。

遇见未来的律师

——站在在线多元化纠纷解决发展的潮头

戴勇坚*

互联网打破了传统律师对于法律知识、律师经验与技能的垄断,传统律师在互联网面前将大幅贬值,甚至失去其本有的生存空间。随着律师工作方式信息化的不断加深,纸质时代的物理限制被打破。虚拟律师事务所的问世①,将对传统的律师事务所产生巨大冲击。目前法律电商正冉冉升起②,"口袋律师""律生活"等互联网在线法律服务平台正在像"滴滴打车"一样渐渐被公众接受。与此同时,法院将创新在线纠纷解决方式列为重点建设对象。律师参与在线多元化纠纷解决机制,是促进解纷资源与解纷主体多元化的重要保证。而在线多元化纠纷解决平台也将赋予律师新的角色与价值,也给律师带来新的挑战。

一、角色与价值:在线多元化纠纷解决中律师的定位

(一)律师的新角色

1. 新型法律服务产品的提供者。理查德·萨斯坎(Richard Susskind)大胆预测了法律模型的转变:律师提供的法律服务将从咨询业务转向提供信息业务、从一对一服务转到一对多服务、从被动式服务转为主动式服务。具体到在线多元化纠纷解决平台上来说,律师及其事务所可以开设在线多元化纠纷

---

* **作者简介**:戴勇坚,上海建纬(长沙)律师事务所主任、高级(一级)律师、湘潭大学法学院兼职教授、硕士生导师。

① 吕德快:《虚拟律师事务所若干问题初探》,载《法治研究》,2009 年第 7 期。

② 目前国内互联网化的法律服务主要体现为数十家法律电商,诸如中国法律网、中国大律师网、中国律师网、法律界、中律网、法务在线、中国法律顾问网、法邦网、好律师、法律管家、法宝网、绿狗、中律纵横、律云、北大法宝、法易网、大华律盟、大状网、福师网等。

解决平台公司，搭建在线多元化纠纷解决平台，提供以信息技术为基础的新型法律服务产品。

2. 新型法律业务市场的开拓者。在线多元化纠纷解决是一片新的领域，网上网下都存在十分明显的刚性需求，这是一座网络时代法律服务的“金矿”，正等待着被人挖掘。

3. 多元化纠纷解决机制与社会治理的参与者。律师参与在线多元化纠纷解决机制能为我国新形势下的社会治理增添动力。律师作为化解纠纷的社会力量，运用现代科学技术，通过互联网为社会大众提供法律服务，是社会治理社会化的重要保障。

（二）律师的新价值定位

在“互联网+”的影响下，律师参与在线多元化纠纷解决机制，将会带来新的机遇和价值。首先，能使律师拓展法律服务市场，提高收入。其次，能拓展律师法律服务的广度、深度。最后，是律师在互联网时代下开拓远程法律服务的重要途径。

目前，我国律师与律所对互联网的应用趋于单调，大多数法律服务局限在运用网络进行信息查询、检索导流和律所的宣传与推广，为中小企业提供非诉化业务的网络律师平台还未形成规模。[3] 律师事务所的虚拟化、律师之间的远程法律服务并未在我国得到有效开展。在线纠纷解决平台将使这远程法律服务得到普及，平台的纠纷来源以及解纷资源不再局限于某一地区，互联网技术使律师解决异地纠纷甚至跨国纠纷常态化。

二、提供新型法律服务：律师参与在线纠纷解决的具体形式

在线纠纷解决的特点在于：律师提供的法律服务与在线多元化纠纷解决平台相融相生。目前，成熟的在线纠纷解决方式有：在线协商、在线调解、在线仲裁。[4] 近年来，由于我国在线法院的出现，律师可以通过创立、入驻在线多元化纠纷解决平台，或在在线诉讼中将诉讼服务进行分包，借鉴我国电子商务中的商业模式，打造新型法律服务产品。

（一）在线协商

新型法律服务产品意味着法律服务产品化。律师入驻在线多元化纠纷解

---

③ 谢军、钱一一：《“互联网+”形式下律师业务的路径优化》，载《知与行》，2015年第4期。

④ 郑世保：《ODR研究》，西南政法大学2010年博士学位论文，第27页。

决平台后,平台将依据律师的专业特长进行案件分配。按照平台规定,律师可以通过在线协商系统,提供自己的法律服务,并取得酬劳。在解纷过程中,律师或律师事务所还可以针对某些纠纷,设计出纠纷解决的具体程序或流程,更加便捷地提供法律服务。

(二)在线调解

我国法院对在线调解的控制程度较高,是典型的司法模式。[⑤] 随着我国社会的全面转型,对矛盾纠纷化解的要求也日益专业化、科技化、信息化。[⑥] 目前我国法院案多人少的压力使法官兼职调解员的做法难以实现,社会解纷资源的参与将使商业调解市场的形成成为可能。可以通过宏观调控引导和鼓励民间力量参与,形成司法模式与市场模式并重的状态,搭建多方主体参与的在线调解平台。律师既是在线调解平台的搭建者,也可以凭借自身的专业知识成为专职调解员。

(三)在线仲裁

我国的仲裁有着较为严格的法律程序,将线下仲裁搬到线上存在许多难题。[⑦] 中国大陆运营最成功的在线仲裁是中国国际经济贸易仲裁委员会网上争议解决中心,其成立于2000年,据北京市第一中级人民法院杨伯勇庭长介绍:其受理的域名纠纷中,经过该机构裁决的案件比例高达60%,法院审理结果和裁决结果基本一致。对于具有普遍性质的在线仲裁来说,我国可能会遇到一个难以克服的法律障碍:我国《仲裁法》没有规定临时仲裁。[⑧] 因此,许多从事ODR业务的网络服务商作出的仲裁协议没有法律效力,不能得到承认和执行。在对《仲裁法》进行修订时,应规定临时仲裁制度。律师参与在线仲裁,一则可以针对线上仲裁提供专业化服务。二则可以创建在线仲裁平台,向社会提供在线仲裁服务。

(四)在线诉讼

依照我国法律规定,审判权由法院独有,我国在线诉讼的创立者只能是法

---

⑤ 范愉:《当代世界多元化纠纷解决机制的发展与启示》,载《中国应用法学》,2017年第3期。

⑥ 廖永安、吕宗澄:《我国"互联网 + 调解"发展困境及其路径选择》,载《安徽大学学报》,2017年第3期。

⑦ 比如电子证据问题,管辖问题,在线仲裁裁决的承认与执行问题等。

⑧ 肖永平、谢永胜:《ODR:解决电子商务争议的新模式》,载《中国法学》,2003年第6期。

院本身。互联网时代,当事人与律师之间的信息将更加透明,当事人可以通过互联网选择不同的律师和律所,以实现利益最优化。对于律师及律师事务所来说,将在线诉讼中的各个环节和程序进行分包,能降低当事人的成本,提升竞争力。

三、现实困境:律师参与在线多元化纠纷解决所面临的问题

从整体趋势来看,在线多元化解机制在解决网络民事纠纷时所体现的优势正逐渐明显化,但也遭遇到了一些瓶颈。一方面我国的社会环境以及互联网技术影响了律师与在线多元化纠纷解决机制的融合。另一方面,新型法律服务产品作为新兴产物,不可避免地会遭遇传统律师的抵制。

(一)在线多元化纠纷解决平台的问题

1. 区域发展不协调

近年来,各地法院积极探索在线调解机制,但是,这些已有平台的设计思路、要素模块、救济渠道各自为政,并不统一。[9] 在线多元化纠纷解决平台的未来发展方向是建立全国统一的在线多元化解平台,实现网上纠纷异地化解。目前,仍有不少法院对纠纷多元化解“在线化”的必要性和紧迫性认识不够,法院的硬件设备已经完成了信息化改造,但多元纠纷化解工作却止步于线下。也有不少“老少边穷”地区法院由于经济制约,没有多余的资金投入信息化建设。因此,如何整合全国共有资源,实现各地区在线多元化解机制的协调与统一,是我们首要面对的问题。

2. 政府主导与平台市场化的冲突

我国的在线纠纷解决机制的发展离不开政府介入也离不开市场的调控。政府不可以也不可能完全通过行政命令或行政引导,使律师等非官方解纷资源入驻在线多元化解平台,无偿或低价为当事人提供法律服务。现阶段,政府的支持必不可少。但平台建设完成后的商业化问题值得我们思考:政府是否应当逐步淡出对在线多元化解平台的运营?让律师接管或创立自己的在线纠纷解决平台后,政府该如何对平台进行监管?如何把握政府宏观调控与平台市场化之间的平衡?

---

⑨ 李少平:《示范带动 创新发展 不断提升多元化纠纷解决机制改革法治化水平》http://www.court.gov.cn/xunhui5/xiangqing-43032.html,2017年7月8日访问。

3. 构建律师科学评价体系的难题

律师入驻在线多元化纠纷解决平台之后，应构建一个科学的评价体系帮助当事人选择合格的律师，避免电子商务平台中出现依靠刷数据卖次货的情况。律师的法律服务是复杂的，只有全盘考量律师接案、案件进程、结案、胜败等结论化信息以及律师在平台上留下的所有碎片化信息，（如律师发表过的文章、代理过的案件、客户的评价、同行的评价、法官等其他法律服务参与方的评价）才能作出对律师最中肯的评价。律师业务的复杂化决定了平台必须建立一个更加复杂、参数更多的评价模型，对律师进行科学、客观的评价。

4. 程序滥用的风险

在线多元化纠纷解决机制程序设计的严格与否，裁决的执行是否有无强制力，将对当事人是否使用机制、是否退出机制、是否执行机制等的随意性产生直接影响。如果机制设计的过于严格，那么必然会牺牲纠纷解决的效率和便宜。而一旦机制程序设计为软性的程序，那么当事人就可能滥用程序。

（二）社会环境问题

1. 立法滞后与时代进步的矛盾

当下，有关在线多元化解决机制的规定只是零星地出现在最高人民法院出台的《人民法院改革纲要》和《多元解纷改革意见》中，这两个文件是司法文件，不能作为判案依据。在地方性法规层面，只有山东、厦门两个地区对"在线调解"作出了原则性规定。《安徽在线调解规则》是唯一对法院在线调解作出的专门规定，而它只是省级法院的内部工作规定，不具备规范效力。总体而言，我国目前的在线多元化纠纷解决机制规则很不完善，规范效力层级低。

2. 群众素质问题

截至2017年12月，我国网民规模达7.72亿，普及率达到55.8%，网民数量庞大。⑩ 但我们必须认识到，我国目前接受高等教育的人数依然较少。相当一部分民众不熟悉网上环境，甚至对虚拟的网络环境抱有恐惧之心，还有部分民众无法利用文字准确地表明自己的需求或情绪。这对推广在线多元化纠纷解决机制而言是很大的阻力。

（三）互联网技术问题

互联网的不安全性与纠纷解决的便捷性如影随形。如果律师没有互联网

---

⑩ 第41次《中国互联网络发展状况统计报告》，载 http://www.cac.gov.cn/2018-01/31/c_1122346138.htm，2018年1月31日访问。

安全意识,对保存在服务器或主机上所储存的电子资讯缺乏足够的重视,就会泄露当事人隐私。保障当事人的信息安全是建设在线多元化纠纷解决平台的重要问题,律师对当事人信息安全的保护应有必要的提醒义务。

此外,当前技术多少存在一些“技术漏洞”,容易被少数人“别有用心地钻空子”。因此,律师在化解纠纷时,应当防范当事人利用信息技术进行身份造假、电子证据造假、言词证据造假等获取不正当利益的行为。

(四)律师与在线多元化纠纷解决机制的相融合问题

“互联网+”时代,许多律师及律所看到了互联网的机遇,纷纷开通了提供法律服务的个人网站、APP和微信,但效果却并不让人满意。⑪ 其原因是多方面的:1. 中国的互联网用户习惯了免费午餐,难以转化成真实的购买力。2. 律师或律所法律服务的竞争与市场拓展最常用的手段就是价格战,牺牲利润来获取客户。⑫ 3. 法律电商行业刚刚起步,还未形成规模化、规范化的市场。另外,在线多元化纠纷解决平台的诞生对传统的律师产生了威胁,受到了一定抵制。总之,律师融入在线多元化纠纷解决机制还有很长的一段路要走。

四、律师参与在线多元化解机制的完善措施

(一)律师应树立“互联网+”思维

将来律师的工作绝不仅限于从事诉讼业务,其收入来源也不应局限在代理与诉讼有关的事务上。律师及律师事务所应当对我国目前的纠纷解决形式有正确的认识,为各地在线多元化纠纷解决机制的建设出谋划策。另外,律师应主动拥抱互联网,在现有框架下,探索成立相应的多元化纠纷解决公司。⑬

(二)高校、律协应改革人才培养(培训)模式

法学院在开展常规法律专业课程的同时,应当与时俱进,开设专门课程对学生进行多元化纠纷解决。⑭ 律协作为律师行业的自律组织,应通过教育、检查、监督、培训等多种方式,提高律师对在线纠纷解决的思想认识水平,提升律

---

⑪ 李华:《下一步颠覆律师行业?》,载《广州日报》,2015年10月20日。

⑫ 安新华:《“互联网+法律”打造律师新未来》,载《法制日报》,2015年6月11日。

⑬ 2013年12月27日,湖南创通商务谈判咨询服务有限公司成立,该公司是全国首家以商务资询、谈判和调解为主要业务的公司。

⑭ 目前,湘潭大学在这方面进行了积极探索。例如,湘潭大学与最高人民法院司法改革办公室联合创建了多元化纠纷解决基地,成立了调解与谈判专业委员会,在本科生中开设调解实验班等。

师参与在线多元化纠纷解决的业务能力。

（三）政府应有效进行宏观调控

我国在线多元化纠纷解决机制的发展离不开政府的支持，政府创办试验性、示范性的在线多元化纠纷解决网站之后，应不断宣传、鼓励广大网民利用在线多元化解平台。另外，政府应把握好宏观调控与平台市场化之间的平衡，允许市场的进入，让市场"这只看不见的手"来调动律师等解纷资源的积极性。

（四）法院应及时总结线上平台运行规则和各地试点经验

法院在试点过程中，应总结各方意见、建议，出台在线纠纷解决平台内部的运营规则，规范平台运行。对于在线多元化纠纷解决立法问题，当前较为稳妥的办法是：各地法院在试点过程中，先积累地方性经验，制定相应的规则或内部规定，如果条件允许，由最高人民法院制定全国统一的在线纠纷解决指导规则或意见。等到时机成熟，由各地法院或最高人民法院向立法部门提出立法建议，上升为地方性法规乃至全国性法律。

（五）人大应总结和借鉴国内外经验

律师参与在线纠纷解决机制的法律效力需要全国人大或有立法权的地方人大以法律或地方性法规的形式予以确立。欧盟出台的《消费者 ODR 条例》（2013 年）为充分释放 ODR 机制的潜能提供了法律保障，极大地促进了欧盟电子商务的发展，进而带动了欧洲经济的发展。对我国而言，也应当通过法律、法规的出台为律师参与在线纠纷解决机制扫清障碍。

协同创新

——在线纠纷解决平台的必由之路

胡雅丽[*]

习近平总书记在党的十九大报告中指出：我国社会主要矛盾已经转化为人民日益增长的美好生活需要和不平衡不充分的发展之间的矛盾。而根据中国互联网络信息中心（CNNIC）在京发布第41次《中国互联网络发展状况统计报告》显示：截至2017年12月，我国网民规模达7.72亿，手机网民规模达7.53亿，在线政务服务用户规模达到4.85亿，占总体网民的62.9%。深入分析这些数据可知，随着互联网的飞速发展，电子商务的深入推广，我国社会上存在大量的互联网新型民商事纠纷急需通过在线纠纷解决平台来处理，而我国的"在线化"正处在探索发展与完善中，如何贯彻协同创新理念，提供更优质的在线解纷服务，是目前我国司法实践所面临的新任务。

一、协同创新理念与在线纠纷解决平台的发展

协同创新是指以知识增值为核心，政府、企业、知识生产机构（大学、研究机构）、中介机构和用户为了实现重大科技创新而开展的大跨度整合的创新组织模式。① 也即多元主体间协同互动，共享知识，优化资源，互惠创新，进行多方位交流、多样化协助的高水平新型合作模式，它试图突破主体间的壁垒，实现创新主体间人才、信息、技术、资本的深度合作和资源整合。

党的十八届五中全会提出创新、协调、绿色、开放、共享的发展理念，并强调创新是引领发展的第一动力。处在当今日新月异高速发展的知识经济背景下，随着市场经济的深入推进，协同创新模式将会取代个体创新模式，各创新

---

* **作者简介**：胡雅丽（1975—），女，南华大学经济管理与法学学院硕士研究生。

① 陈劲、阳银娟：《协同创新的理论基础与内涵》，载《科学学研究》，2012第30期。

主体在研发创新过程中互相渗透、相互促进、互相影响,将有利于促进技术创新资源的互联互通与共享。此前,我国关于创新协同的研究大多以"产学研""政产学研"为主要研究对象,创新2.0的发展,推动了我国科技创新主体由"产学研"向"政产学研",再向"政用产学研"协同发展的转变,正式将用户纳入了协同创新队伍。而"互联网+调解"正是创新2.0下的互联网发展在司法实践中的新形态、新业态。

目前,我国在线纠纷解决平台尚处在探索阶段,面临着许多问题,而协同创新的理念将为我国司法实践提供新思路。首先,协同创新有利于凝聚社会各方力量,共建平台,整合资源,推动平台的跨越式发展;其次,有利于推动纠纷的快速解决,缓解法院"案多人少"的矛盾,提高政府公信力;再次,有利于创新人才培养模式,衔接社会发展需要,打造互利共赢的合作模式。

二、我国在线纠纷解决平台的发展现状

(一)全面试点,内容多元

为了适应信息化时代的发展需要,我国各级法院积极探索,勇于创新,开拓了"互联网+"在纠纷解决领域的运用,并已取得初步成效。以浙江法院实践为例,浙江省高院首创网上电子商务法庭,并在杭州中院以及三家基层法院进行试点,主要审理网上购物、网络支付、网上著作权等新型民商事纠纷②。自2017年8月18日起,杭州地区的此类案件,民众均可登陆杭州互联网法院诉讼平台,进行网上注册和实名登记,并根据平台指引和诉讼规程提交相关信息,等待法院立案或进行诉前调解,实现一站式处理。互联网法院提供了案件查询、调解平台、证据平台、执行平台、智慧庭审等服务,并在网站上公布庭审实况,公开裁判文书,整个过程公开透明,营造了更方便、更快捷、低成本、高效率、更人性化的司法服务。此外,浙江法院还开通了以优秀法官个人名字命名的法官网上工作室,如陈辽敏法官网上工作室,其主要职能有案件查询、网上预约、在线咨询、留言咨询、工作动态、诉讼指南六大版块,工作队伍主要由法官、特邀调解员、心理咨询师组成,其中特邀调解员中包括律师、人民教师、妇联工作者、仲裁员等各行业的杰出代表,并以调解分享、以案说法、读书会等形式向民众宣传和普及法律知识。此外,值得关注的是,2018年9月28日上

② 陈国猛:《大力推进在线纠纷解决机制建设》,载《人民法院报》,2016年12月28日。

午，广州互联网法院正式挂牌成立，这是继杭州互联网法院、北京互联网法院成立后的第三家互联网法院。

（二）由一家独大到多元主体共建

为积极响应最高人民法院打造“网络法院”“阳光法院”“智慧法院”，建设人民法院信息化3.0版的目标，政府与企业积极探求合作，利用大数据、云计算、人工智能等高科技，加大互联网技术与司法工作的高度融合。成都中级人民法院与新浪网共同打造推出“和合智解”E调解平台，该平台从人民调解、行政调解、行业调解、民间调解的队伍中挑选经验丰富的调解员，并选聘具有法学、心理学背景的专家学者、律师、心理咨询师等作为特约调解员充实调解队伍；2017年，云南西山法院、福建省宁德市中级人民法院，相继与新浪网法院频道举行互联网智慧法院战略合作签约仪式，互联网智慧法院平台作为新浪法院频道构建的网络平台，主要包括“法院头条”“热门庭审”“第三方评价”“调解资源”“诉前委派调解”“在线立案”“诉中委托调解”“在线审判”“在线司法确认”“支付令”“庭审直播”等多个应用。此类政企合作的举措都将推动互联网信息技术和纠纷解决机制跨界融合，进一步深化“互联网+调解”领域的合作深度，推动多主体协同合作，创新多元化在线纠纷解决机制。

三、我国在线纠纷解决平台存在的问题

（一）地区发展不平衡，资源共享程度低

各地区经济发展不平衡，且各地法院对在线纠纷解决平台重视程度不一致，部分法院仍停留在传统的“线下”思维模式上，未认识到纠纷在线化解决的必要性和重要性，没有理解“互联网+”背后的创新协调绿色开放共享与共建共治的发展理念，不能适应新形势新变化，难以提供相对应的在线纠纷化解思路和方案。此外，由于各平台缺少统一的解纷标准，缺乏统一的管理，形成了单打独斗、各自为战的局面，导致重复建设，信息无法互通互联，难以共享共用资源。

（二）人财物投入不足

首先，在线纠纷解决平台对法院的互联网硬件设施、软件设施，以及互联网调解平台提出了更高的要求，法院需要足够的财政支持去配置一整套高新技术，而我国目前欠缺平台建设资金，且平台建成后仍需维护和运营成本，这些问题具有紧迫性和现实性；其次，法院向来存在“案多人少”的尴尬情况，在线调解员数量少，且专业化程度不高，缺乏同时具有互联网思维和法律相关知

识与实践经验的人才，难以满足平台需求。

（三）相关法律规范制度不健全

我国关于在线纠纷解决的规定大多以规范性文件、行政文件、司法文件的形式发布，并未形成完整的规范体系。现行的《中华人民共和国民事诉讼法》所规定的诉讼规则是针对传统的纠纷解决模式的，比如在传统纠纷解决的管辖中，通常适用“原告就被告”的管辖原则，但在线纠纷解决平台突破了地域的限制，打破了法律规定的地域管辖的规则，和法律对于如何制定“互联网＋”形势下的在线纠纷管辖规则，从而更好的实现公平正义，缺乏明确具体的规定。

（四）社会公众信任度不高，平台吸引力不足。

在线纠纷解决平台的作用主要依靠互联网来实现，首先，互联网本身就存在安全性和保密性问题，会给当事人带来个人隐私泄露的担忧。其次，在线纠纷解决平台程序设计的不完善，法律规范的不健全及法律效力不足，均影响民众对平台的信任度。再次，在线纠纷解决平台的使用，需要当事人自行进行注册登录，提交有关证据和材料，要求其具备一定的计算机操作能力，因此，也从年龄、知识水平等层面上给当事人选择平台时增加了门槛。

四、协同创新理念下，我国在线纠纷平台的优化路径

党的十九大报告指出，要“加强社会治理制度建设，完善党委领导、政府负责、社会协同、公众参与、法治保障的社会治理体制，提高社会治理社会化、法治化、智能化、专业化水平”。因此，在推动我国在线纠纷解决平台发展与完善的进程中，应贯彻落实协同创新理念，优化我国“政用产学研”的协同创新参与，促进各创新主体以共建共享理念，协同创新资源平台；以跨界协同思维，推动机制体制协同创新；以互利共赢目标，协同创新人才培养。

（一）政府

1. 党委政府应统揽全局，统筹兼顾，自觉推进全国统一在线纠纷解决平台的建设，对“互联网＋”在司法实践中的重点领域进行规划，积极寻求与科研机构、互联网公司的合作，合力研发最新在线纠纷解决平台，构建协同治理的信息共享平台。

2. 在在线纠纷解决平台的建设的过程中，人民法院要自觉成为我国在线纠纷解决机制的引领者、建设者，成为“互联网＋调解”的宣传者和推动者。法院应协同行政调解、仲裁调解、民间调解、行业调解等多方资源，调动人民调

解员、律师、专家学者、社区服务者、心理学专家、退休司法工作人员等社会力量参与的积极性和主动性，通过一定程序，聘任具备交叉学科背景的人才作为特邀调解员，共建政府力量、专业力量、群众力量，着力构建“网络法院”，实行案件分流，多主体共同治理社会矛盾，共同化解社会纠纷；

3. 政府应鼓励市场竞争，支持企业提供在线纠纷化解服务，培育民间“互联网 + 调解”组织机构，通过购买公共服务的方式，将部分在线纠纷委托给企业、社会组织和团体，以减轻司法机关的压力；再次，政府应加大对“政产学研用”各创新主体的方向引导与财政支持，完善各级法院高科技硬件设备的配置，构建便捷畅通的平台服务；

4. 政府应出台明确的法律政策来保障各主体的合法权益，阐释知识产权的归属等重要问题，健全相关法律制度，弥补法律空白，让在线解纷有法可依，提高政府公信力，增加公民认可度和信任度。此外，政府可通过设立全国统一的调解员资格考试，制定调解员规章制度和等级评定制度，成立职业化、专业化的调解员队伍。

（二）企业

企业是市场经济的重要主体，也是社会创新的重要力量。在科技信息迅速发展的时代，互联网企业如果想要在激烈的竞争中取得成功，就需要不断提供新产品，促进产品更新换代。然而，单个企业在创新过程中，难免会面临资金短缺、技术匮乏、创意不足等问题。因而，企业必须联合政府、用户、高校、科研机构等创新主体，弥补其自身在资金、信息技术等方面的缺陷。同时，互联网企业应该注重收集市场用户对现有在线纠纷解决平台的反馈信息，探究用户需求，提供更为方便快捷、更加人性化的在线服务。此外，除互联网之外的其他企业，如大众传媒类企业，也应该积极加入推进我国在线纠纷解决的进程中，主动与政府、高校、科研机构等主体之间进行沟通与协商，通过媒体向社会大众宣传在线纠纷解决平台，报道在线调解、在线仲裁、在线审判等在线纠纷解决的成功案例，普及法律知识，公布调解规则，公开调解结果，推广平台知名度，增加平台吸引力，提高公众对在线纠纷解决的信任度。

（三）高校

高校是为社会发展培养和输送各类优秀人才的主要机构，在“政用产学研”协同创新模式中发挥着举足轻重的作用。各高校应适应社会经济发展需要，面向现代化，面向未来。在对法律专业学生的培养过程中，开设有关调解的特色学科，提供与调解相关的模拟操作与实践，培养全面型调解人才。与此同时,高校人员也应积极对社会前沿问题进行深入研究,在进行科研工作时,要全面重视市场发展需求,使其科研创新成果能够更好的为我国在线纠纷解决平台的发展服务。其次,各高校可根据师资实力情况,设立调解员专业,开设在线调解研究方向,吸收跨学科、交叉学科背景的学生攻读法律硕士,为政府、企业输送专业型、应用型调解人才,实现“政用产学研”相衔接的互利共赢型合作。此外,各高校还应将在线调解的先进理念融入学校课堂教育中,因为青少年学生接纳新事物、适应新科技的能力强,将“互联网+调解”通过课程教育、模拟实践的方式传输给青少年,使之产生潜移默化的影响,并积极向其他群体传递这种理念。

(四)科研机构

科研机构在在“政用产学研”协同创新发展的过程中扮演者重要角色,引领技术的创新与发展。在推动我国在线纠纷解决的进程中,科研机构应加强与政府、企业、高校等创新科技人才的技术知识与经验交流,了解我国的在线纠纷解决平台在司法实践、市场运营中,主要面临的问题与存在的缺陷,促进各创新主体间的相互了解,相互交流,实现信息资源共享,互联互通,推动合作,形成协同创新发展战略。此外,政府与企业也可以通过赞助科研机构,获取其有关在线纠纷解决平台的研发的成果与技术支持,并将成果运用于司法实践,面向消费者,实现互利共赢的合作目标。

(五)用户

用户是科技创新成果的检验者,市场代表了需求,而用户则代表着市场。因此,政府、企业、高校、科研机构均应重视用户对在线纠纷解决平台的需求,及时搜集用户体验反馈,并针对存在的问题提供针对性、具体性、可行性的方案。此外,由于在线纠纷解决平台的使用,要求用户具备一定的计算机、互联网操作知识,因此,用户自身应加强对计算机操作、互联网使用的学习,以便更好的享受在线纠纷平台提供的服务。此外,政府、企业高校、科研机构均可组建具备法律知识背景和计算机操作知识的志愿者服务队伍,走入社区,走进基层,向广大潜在用户宣传、推广在线纠纷解决平台,提供平台使用指导与帮助,解答群众疑问,收集群众对平台的建议与反馈,增加平台吸引力。

《湘江青年法学》行文体例与注释规范

一、来稿请附中英文标题和摘要(300 字之内)、关键词(5 个以内)及作者个人简介(包括姓名、单位、职务或职称、地址、联系电话、电子邮箱)。

二、来稿一律采用脚注,编号连排(法律史文章之古文献可采加括号之文内注),样式为①②③等。

三、非直接引用原文者,注释前加“参见”;非引自原始出处的,注释前加“转引自”。

四、数个资料引自同一出处的,注释采用“前引③,某某书,第 × 页。”或者“前引④,某某文。”两个注释相邻的,可采“上引某某书(文)”。

五、注释举例

(一)著作:

①《马克思恩格斯选集》第 3 卷,人民出版社 1972 年版,第 6 页。

② 胡锦光、韩大元:《中国宪法》,法律出版社 2004 年版,第 8 页

(二)论文:①王利明:《中国民法典的体系》,载《现代法学》,2001 年第 4 期。

(三)文集:①龚祥瑞:《比较宪法学的研究方法》,载《比较宪法研究论文集》(第一集),南京大学出版社 1993 年版,第 55 页。

(四)译作:①[英]梅因:《古代法》,沈景一译,商务印书馆 1984 年版,第 69 页。

(五)报纸:①姜明安:《多些民主形式,少些形式民主》,载《法制日报》2007 年 7 月 8 日,第 14 版。

(六)古籍:①《宋会要辑稿 · 食贷》卷三。

② [清]沈家本:《沈寄簃先生遗书》甲编,第 43 卷。

(七)辞书:

①《辞海》,上海辞书出版社 1979 年 9 月第 4 版,第 943 页。

(八)网络资料:①王生长:《中国加入世界贸易组织后的仲裁法》,载 http://www. cietac. org. cn /CD14/CD145. htm,2013 年 6 月 19 日访问。

(九)外文:

①Robert Gilpin, Economy of International Relations, Princeton: Princeton University Press, 1986, p. 5.

②See G. Gordon & P. Miller (ed.), The Foucault Effect: Studies in Governmentality, Hemel Hempstead, England: Harvester Wheatsheaf, 1991, pp. 32 –35.

③K. J. Leyser, "The Polemics of the Papal Revolution", in Berly Smally ed., Trends in Medieval Political Thought. Oxford: Oxford University Press, 1965, 3rd ed., p. 53.

④Alessandro Giuliani, "The Influence of Rhetoric of the Law of Evidence and Pleading", in Judical Review, 62 (1969), p. 231.

(十)英文以外的外文文种:依照该文种注释习惯。

《湘江青年法学》编辑委员会

2016 年 5 月

图书在版编目（CIP）数据

湘江青年法学．第二卷．第二辑 / 凌艳怡主编．--
湘潭：湘潭大学出版社，2018.5
ISBN 978-7-5687-0208-9

Ⅰ．①湘… Ⅱ．①凌… Ⅲ．①法学－文集 Ⅳ．
①D90-53

中国版本图书馆 CIP 数据核字（2018）第 080726 号

湘江青年法学．第二卷．第二辑

XIANGJIANG QINGNIAN FAXUE DIERJUAN DIERJI

凌艳怡 主编

责任编辑：刘文情
封面设计：郑柏超
出版发行：湘潭大学出版社
社　　址：湖南省湘潭大学工程训练中心
电　　话：0731-58298960 0731-58298966（传真）
邮　　编：411105
网　　址：http://press.xtu.edu.cn/
印　　刷：长沙鸿和印务有限公司
经　　销：湖南省新华书店
开　　本：787 mm×1092 mm 1/16
印　　张：16.5
字　　数：332 千字
版　　次：2018 年 5 月第 1 版
印　　次：2018 年 5 月第 1 次印刷
书　　号：ISBN 978-7-5687-0208-9
定　　价：55.00 元